本书由兰州中和集团提供出版资助

中和论道 第二辑

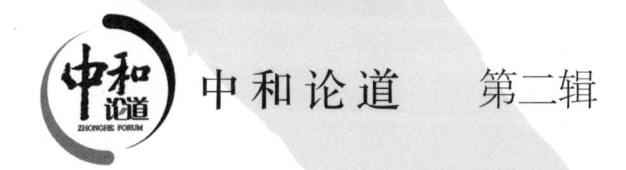

沉思与笃恭

主　编　朱海斌
副主编　牛正兰　李永亮

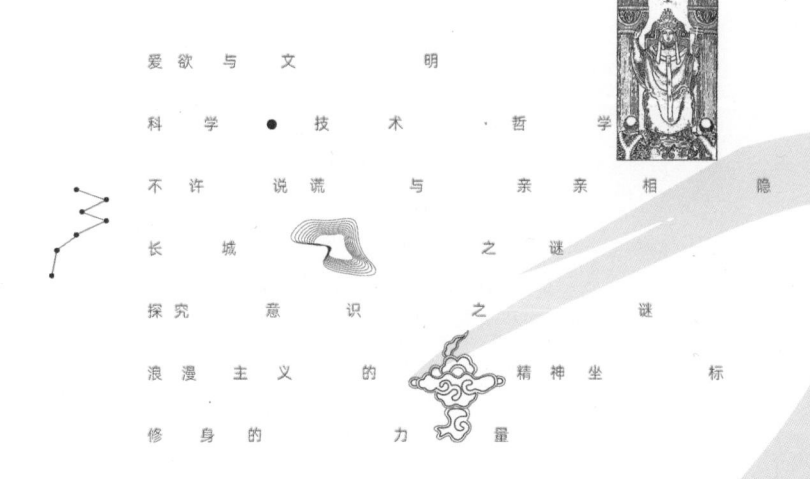

爱欲与文明
科学·技术·哲学
不许说谎与亲亲相隐
长城之谜
探究意识之谜
浪漫主义的精神坐标
修身的力量

中国社会科学出版社

图书在版编目(CIP)数据

中和论道.第二辑,沉思与笃恭/朱海斌主编.—北京:中国社会科学出版社,2019.12(2020.6重印)
ISBN 978-7-5203-5685-5

Ⅰ.①中… Ⅱ.①朱… Ⅲ.①哲学—文集 Ⅳ.①B-53

中国版本图书馆 CIP 数据核字(2019)第 259167 号

出 版 人	赵剑英
责任编辑	冯春凤
责任校对	张爱华
责任印制	张雪娇

出　　版	中国社会科学出版社
社　　址	北京鼓楼西大街甲 158 号
邮　　编	100720
网　　址	http://www.csspw.cn
发 行 部	010-84083685
门 市 部	010-84029450
经　　销	新华书店及其他书店

印　　刷	北京君升印刷有限公司
装　　订	廊坊市广阳区广增装订厂
版　　次	2019 年 12 月第 1 版
印　　次	2020 年 6 月第 2 次印刷

开　　本	880×1230　1/32
印　　张	9
插　　页	4
字　　数	238 千字
定　　价	59.00 元

凡购买中国社会科学出版社图书,如有质量问题请与本社营销中心联系调换
电话:010-84083683
版权所有　侵权必究

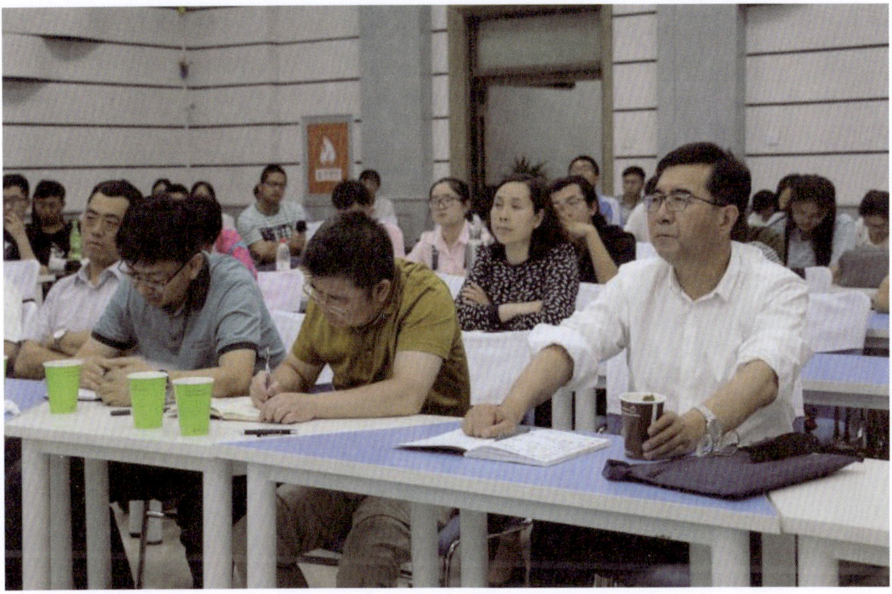

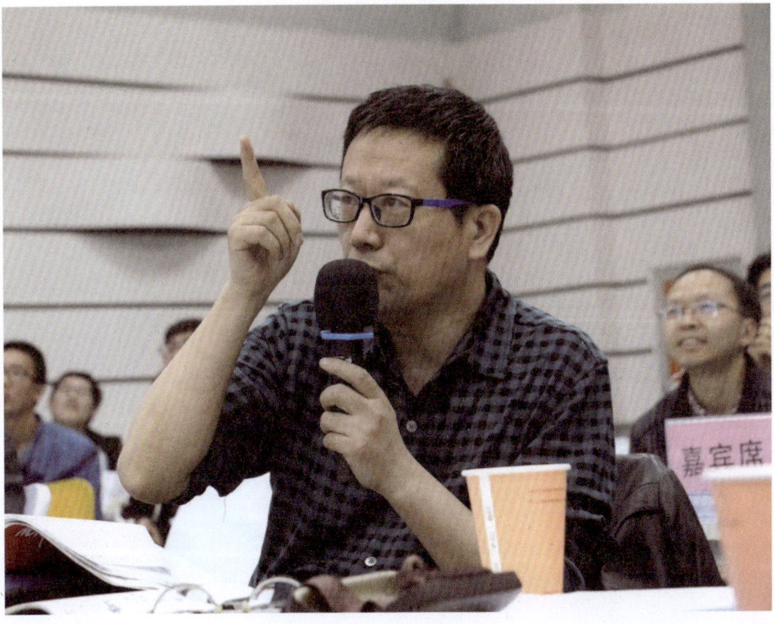
嘉宾席

钱学森《发展我国的数学科学》
“我认为每一门科学都有一个哲学总结，自然科学的哲学总结是自然辩证法，社会科学的哲学总结是历史唯物主义，数学科学的哲学总结就是数学哲学，思维科学的哲学总结就是认识论等等，所有这些哲学概括再汇总，我认为就是人类知识的结晶，即马克思主义哲学。这样一个体系，就是以马克思主义哲学为指导的科学体系，科学技术的发展并通过哲学概括，必然会发展深化马克思主义哲学。”
马如云

谢谢大家！
李朝东
胡 好
任 明

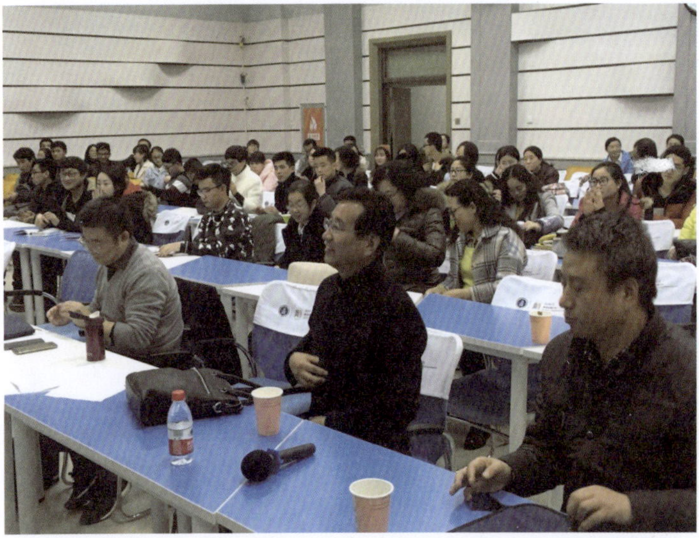

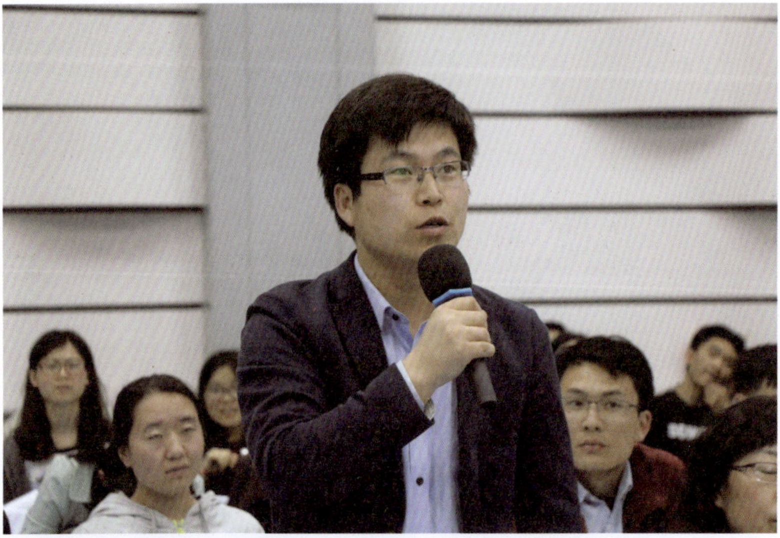

西北师范大学
NORTHWEST NORMAL UNIVERSITY
哲学沙龙——中和论道之十三
修身的力量——《大学》《中庸》的视角
张美宏
陈声柏
李永亮

序

我的爷爷和父亲都曾在大学任教，爷爷洪毅然是美学教授，父亲洪元基是外语教授，我也算是生长在知识分子家庭。从小时候起，就常常听爷爷、父亲和一些长辈们讨论一些很深奥的问题，诸如宇宙的本原、精神和物质、善与恶、美与丑、美的本质、世界是无限的还是有限的……

时常觉得这些问题神秘而有趣，自己也试着思考一些这个方向的问题，觉得思考这类问题好像更能让人透过现象较清晰地看到事物的本质和规律，可以让人有种超越现实的精神力量。

我觉得学习和思考哲学能使人在各个领域都比较快地把握本质和规律，也就能让人心智明确、理解得当，方法正确，身心能够更和谐，生活和工作更顺利。尽管我现在的工作与哲学没有直接的联系，但作为智慧之学，我一直对哲学问题保持浓厚的兴趣，对哲学保持一种神秘的敬畏……

2015年秋季，西北师范大学党委书记陈克恭同志倡议要尽可能活跃学校的学术活动，希望哲学在提升大学学术品位中发挥引领作用；哲学系李朝东教授与我商议，在西北师范大学组织一个哲学沙龙，我们一拍即合，并商定沙龙名称叫"中和论道"。我觉得这个沙龙应该能给西北师范大学增添一张学术名片，也能丰富大学的学术交流活动，给学校营造学术氛围，给师生提供一个交流学习的平台，所以欣然同意、积极参与其中。

中和论道从2015年秋季学期开始，每两周举办一次，每期一个主题，有发言，有互动，有问答，有辩论。在这里，我们思考，我们感悟，我们超越，时而安静聆听，时而热烈欢笑。大学之气象，欣欣然。

借此我也想说，任何哲学、科学、艺术、宗教都有三方面的价值：（1）让人们心灵更美好，更加快乐和智慧，从而使自己和他人更好地相处；（2）让人们更加理性，让社会更有秩序，从而使人和人更好地相处；（3）认识规律，感悟本质，让人理解自然规律以及未知的规律，从而人和自然能更好地相处。而我认为哲学在各领域都是有引领作用的。

就此而言，中和论道作为大学特殊的学术讲堂，是有益于自己，有益于学校师生，有益于社会的学术平台，是传播先进文化的阵地。相信各位哲人、老师在这个学术平台上能智慧闪烁，精彩纷呈。

我们希望，让中和论道成为广大师生交流学问、砥砺智慧的场所，将每学期学者们的精彩讲演集结为"中和论道"文集，更会使之成为思想宝库、学术家园。我们将竭诚合作，把中和论道办成西部地区传播知识、启迪智慧、培育人才的优秀平台，为理想枯萎的时代播种信念的希望……

洪涛
兰州中和集团董事长
2016年5月26日

目　录

第一讲　爱欲与文明 ………………………………（ 1 ）
第二讲　科学·技术·哲学 …………………………（ 31 ）
第三讲　不许说谎与亲亲相隐 ………………………（ 72 ）
第四讲　长城之谜
　　　　——战争如何转化为和平 …………………（114）
第五讲　探究意识之谜 ………………………………（151）
第六讲　浪漫主义的精神坐标 ………………………（206）
第七讲　修身的力量
　　　　——《大学》《中庸》的视角 ………………（242）
后记 ……………………………………………………（283）

第一讲　爱欲与文明

李朝东：各位老师、同学，大家好，非常感谢大家来参加我们的《中和论道》。从上学期开始，我们想请一些专家来参加《中和论道》，主要目的在于开拓我们的视野，启发我们的思维。今天我们《中和论道》的主题是"爱欲与文明"，在开始论道之前我先做一个简单说明。爱欲问题首先在古希腊柏拉图的《会饮》篇中被讨论。希腊语中的 Eros（爱诺斯）这个词很难翻译，待会我们的教授会专门给大家进行解释。在柏拉图《会饮》的记述中，当时古希腊有一个小伙子，是个大众情人，得了一个戏剧大赛的大奖，然后请人到家中去吃饭，大概有六七人，故事就发生在吃饭的过程中。柏拉图特别有意思，《会饮》中的讨论时间是在晚上，故事发生的地点是在阿伽松家里，讨论了一个主题，也就是参加这次吃饭的人对爱诺斯发表一些颂词，由此提出了关于爱诺斯的问题。

一般来说，爱诺斯这个词有三层含义。第一层含义是性爱，第二层含义是爱情，第三层含义是爱神。汉语没有一个词能够将这三层意思完全表达出来，后来许多学者倾向于用爱欲这个词来翻译 Eros，来表达这三层含义。还有一个是《斐多》篇，它涉及到了时间、理性与爱欲的关系。柏拉图在这一点上似乎达到了平衡，白天讨论理性，晚上讨论爱欲。

此后这个问题也成为西方人讨论的主题。在维多利亚时代，爱欲主要是三个方面：第一，禁止谈论，公共场合是不能谈论的。第二点是限制，即人和人之间的交往，尤其是男女之间的这种交往。第三是取消。我们知道，和《斐多》篇中的两性关系不同，那个时代的两性关系是非常严格的。从进入文艺复兴时期，风气一变，文艺复兴发生的原因有很多，其中一个原因和薄伽丘的《十日谈》有关。《十日谈》讲五对男女跑到郊外旅游，无事可做，于是就由每一个人讲故事，故事的主题是神道院的神父是怎么勾引良家妇女的。《十日谈》一经出现，引起了西方人的讨论：神父们竟然也干这种事情，那么他们能干我们为什么不能干。

我们今天的主题和德国哲学家马尔库塞讨论的主题相吻合。马尔库塞在上世纪60年代写过一本书，书名叫做《爱欲与文明》，他将爱诺斯的爱欲问题与马克思主义相结合，探讨爱欲与人类文明的发展问题。在接下来的讨论当中，我想专家也会涉及到人与人的关系问题。爱欲在他的观点中被称作性本能，我认为人性的五个基本方面是善、恶、性、爱、死。在我们前面的讨论当中，善恶的问题我们都已经涉及到了。希望我们下次可以讨论一下死亡与自杀的问题。爱和性的问题我们和大家在今天晚上讨论一下，它也是我们每个人十分关心的问题，我们将它放在更加宽阔的背景下来讨论，即它对人类社会的文明所做的贡献。

我对于这个主题做一简单介绍，更多的时间交给专家们来讲解。今天我们请来的专家是我们西北师范大学传媒学院院长、复旦大学博士，特别受学生喜爱的作家、诗人徐兆寿教授，还有一位也是才华横溢、语言特别优美，尤其是文字表达的能力非常强，驾驭语言的能力非常强，我们西北师范大学的硕士、博士，现在是兰州大学哲学学院的教授，郭吉军博士。

我们开始。我们还是和往常一样，自由一些，专家们可以放开讲，同学们有什么问题可以和他们互动与交流，提什么样的建议和问题都可以。下面由兆寿教授先来谈他本人对这个问题的理解。

徐兆寿：大家好！今天这个主题，恰好是我过去研究过的主题，那么不妨我把我研究的一些心得在这个地方汇报一下。可能跟各位搞哲学的人的思考方式有点不太一样，请大家谅解。

刚刚李老师介绍了那么多，实际上我最喜欢的一个身份，就是作家。我今天走路时，跟一个同事在聊天，历史学院的尚季芳教授，她说你现在怎么什么都搞？我说我也不知道，我现在是对什么都感兴趣，可能我又回到了90年代，那个喜欢思考的时代。恰恰李老师就是那个时代我们的思想导师。那时我们经常通宵达旦在一个教室里面谈论思想。我们那个时候也经常看武侠电视剧，我是一个武侠迷，刚刚我来之前还在看《萧十一郎》，很多有意思的情节今天我又回想起来了。所以，为什么说我喜欢一个作家的身份，就是我所有的研究都是取自于我的兴趣，从来没有一个学科让我沉迷下去，都是思想、问题在指引。因此我觉得我是一个作家，不是一个称职的学者。这是首先要给大家说的。那么由于作家的身份，所以，我今天在这个地方只能够探讨一些非常浅显的见解，希望大家能够倾听。

我认为这样一个话题，不是一个单纯的哲学问题，是一个社会学、历史学的讨论，同时也是一个文学、艺术和哲学的讨论。在做PPT的时候，我专门把马尔库塞的作品又翻了一遍，把他的第一章里的第一段话摘抄出来，我想这段话可以作为话题的引子。后来我发现我跟他的很多观点也有类似的地方，在此我就不展开论述了。当然，从今天来看，我觉得可能在我青年时代读马尔库塞的时候我过分沉溺于他的思想，现在我能站在远处看他，表达我的一些批判。

我的观点实际上很简单。按我的看法，这个世界上只有男人和女人两种人，所以，如果我们先把男人和女人的事情搞清楚，这个世界上的事情就搞得非常非常清楚了，笼统一点说是这样。从本质的角度来看，人类的历史就是关于男人和女人斗争的历史，不是吗？搞社会科学的认为是从母系时代到父系时代，再到今天我们讲两性平等的时代。人类经过了两个时代，我们正进入第三个时代。但这是社会学的观点。所以我想从这个角度出发，我觉得我们有必要从这些角度去探讨，但这都是非常大的话题，今天我没有办法来一一探讨。

从中国人的角度来讲，实际上"爱与欲"不能放在一起，它是一个相对的概念，就像"灵与肉"一样。有一本书就叫《灵与肉》，张贤亮写的。精神与肉体，精神与物质，神、人、动物，阴阳，本质，现象，佛教里的法和色等这样一些概念，实际上对大家来讲都是可以相对的。

阴阳，本质和现象，佛教的法和色，中国文化里面的性与体等这样一些概念，实质上都可以相对去讲，但是中国文化里面的性和西方文化里面的性是完全不一样的。西方文化翻译过来的性是一个物质化的性，中国文化的性是一个精神意义上的性。其实不能用物质和精神来概括它，它们本质上是一体的。所以我有必要把我在2004年讲的一门课的内容在这里重复一下。

我觉得人类的历史很简单，我们可以单纯从这样的角度去划分：一个角度是母系时代，一个角度是父系时代。母系时代是血缘家庭，在血缘家庭里任何人都可群居生活，人没有辈分，没有父母辈，没有子女辈，但是这个时代到底存在了多久我是怀疑的。第二个是"普路那亚"家庭。比如说有两个家庭，一个家庭中有五个男的，一个家庭中有六个女的，结婚的时候这五个男的把这个家庭中的六个女的都娶回家。但是在这个里面关系还是比较混乱的，任何一个男人都是这六个妻子的丈夫，任何一个女人都是这五个男人的妻子。实际上在今天仍然有一些这样的情况。第三个就是对偶婚姻，对偶婚姻就进入了婚姻一对一的关系，所以人类社会就经历了这样的一种时代。

孔子经常讲三代之前，实际上讲的大概就是这样一种时代。父系时代就是一夫多妻制。我曾经在上课的时候做过这样一项调查，我说你们现在到底赞成一夫多妻制，还是一妻多夫制，还是一夫一妻制？调查的结果，男同学都喜欢一夫多妻制，女同学都喜欢一妻多夫制，很少有人喜欢一夫一妻制。这是一种人性的表现，恰恰就是这些在人性中所萌发的东西，就是社会所制约的，这就是文明。爱欲与文明是一种相对的关系，今天社会学家认为母系时代是一个人类文明尚未建立的时代，我是比较反对的，我认为这把人类文明看的太简单了。第二个是女权时代，这个没有问题。现在我们到云南泸沽湖去看，那里依旧存在女权社会特征，男人是不能够参与政治的。我们看到在上个世纪，在泸沽湖旁边经常有男人被杀，因为男人犯了淫罪，女人不能容忍男人跟别的女人来往，男人是女人的附属品。第三，生殖崇拜。生殖崇拜我们今天看见的就比较多了，印度、希腊的一些雕塑作品，都是这种崇拜的反映。另一个就是灵性崇拜。我觉得灵性崇拜是我们母系时代非常伟大的精神时代，那个时代人类不需要像我们今天一样去做那么多的理性思考，那个时代人们是靠灵性来展开生活的，女性这种灵感是男人无法企及的，男朋友在什么地方发生了什么事情，女同学在非常遥远的地方就能够感觉到，这个是在女性的身上发生的。所以萨满教，最初就是在女性那里开始的。我们看到很多传说里面，比如说女娲，还有古希腊神话里面第一代地神，也是一个女神。几乎所有的传世者都是女性，实际上就是来源于女性的灵性，她们是通神的。后来萨满教和巫术开始进行男性传承，迟子建的小说《额尔古纳河右岸》写的就是最后一个萨满教徒领着他们的鄂伦克族进行迁徙，最后消亡的历史。

今天的鄂伦克族人就流落在法国等一些国家，他们认为他们是信神的，由神来指导他们的生活。没有神，他们就开始了流浪，所以迟子建在写这部小说的时候是非常痛苦、伤感的。巫术实际上是每一个民族都有的，但是最早的巫术就是从这里来的。李泽厚先生有这样一个观点我很赞同，史的文化被中国儒家继承了，而巫术的文化则是从孔子之后就断了，流落到了民间。巫的文化，不被正史或是官方历史所认同，所以只能在民间流传。巫的文化就有跳舞、算命，今天的这些都是从那里过来的。就是说，巫术直到今天并没有灭绝，只是官方并没有记载。另外一个特点，生态主义，母系社会是一个特殊社会形态，没有铁器。文明时代的开启，是从铁器发明开始，这是从古希腊的文明史借鉴的。随着铁器文明的产生，就进入父系时代，就不再是一个生态主义的时代。另外一个是，我们今天想象，它是一个从共和向专制发展的一个阶段，经历了共和时代的转型。所以马克思说，这是一个类似于共产主义的时代，一个共和时代。父系时代实际上是这样，大道废，仁义出，不是说它好到哪里去，恰恰是道德的产生破坏了母系社会所具有的道德，通过理性而不再靠人性来治理这个时代。

　　大道废，仁义出。道德崇拜，人神崇拜，父系时代就产生于这样一种背景。古希腊神话中很多神话都发生在父系时代，因为它是在造神。造神造的全是男神，像宙斯、普罗米修斯等这样一些神，几乎全是男神，女神非常少。这个时代也进入了宗教的一神教时代，人本中心主义时代。所谓进入人本中心主义时代，和今天进入一种生态哲学时代很相似。人本中心主义时代，人们开始反思，人究竟是这个世界的主宰还是只是这个世界上的一个生命。在西方文化中，人本中心主义是非常强的，因为上帝以自己的形象创造了人，所以这个时代就由人来管理，这是确立人本中心主义非常重要的基础。但是大家知道在东方文明中，尤其是佛教文化、道教文化中与此不同。佛教讲，人是众生中的一个，我们今天在座的都是众生中的一个，是没有进入轮回的一个单独的人。所以从这个角度来看人类文明的历史，从爱欲与文明的这样一个角度，我也大致捋了一下，我们中国基本上是同一个脉络。在古希腊神话中，脉络是非常多的。宙斯是一个万能的神，可以跟自己的佣人、自己的姨妈等很多人发生性关系。所以普罗米修斯预言，新的婚姻时代将结束宙斯的统治。新的婚姻时代到底是什么时代？我们不知道。但有一天我在想，是不是基督教的产生结束了这样一个时代？也就是说，乱伦亟需要道德的产生，而这就产生了爱欲与文明的关系。由于它的需要，古希腊的哲学、道德就开始产生，苏格拉底、柏拉图、亚里士多德，尤其是亚里士多德就开始探讨，到底什么是哲学，什么是道德，中间阶段到底是什么。在这个时间产生了哲学，但是又过了一段时间，又一次经历了古罗马的放纵时代，于是这个时候基督教就产生了。基督教就是在古罗马的淫乱风气中产生的，它要制止这样一个恶劣的时代，制止这样一个恶的时代向前发展。

　　实际上，国家不幸，哲人也不幸。在这样一个最苦难的时代就需要哲学来拯救这个社会，所以，这个时候，圣人就出现了。他不会在其他时代出现，不会在我们幸福的时代出现。因为幸福的时代不需要圣人的出现来拯救我们，圣人只能在非常苦难的时代出现。基督教产生不久又进入了中世纪，这个时代人们的思想就被禁锢起来了。紧接着，就像刚才李老师所说的，进入了欧洲文艺复兴时期，欧洲文艺复兴开始向古罗马学习。本来学习的是古罗马的语言文字，结果继承来的却是放纵的东西。后来又开始性革命的爆发，从上个世纪五六十年代的美国开始一直到今天，成为蔓延到全世界的一场革命。这个革命并不是贬义词，它是一个中性词，是我们今天在座的各位都在享受的福利。比如说今天在座的各位女生能够走出家庭，能够走出厨房，能够到大学来学习，能够在结婚前多谈几场恋爱，都是它的福利。爱情就是在这个时候受到了推崇，成为爱情至上主义。我是反对这样一种观点的。爱情不能超越亲情，不能超越友情，一旦超越，爱情就成为怪物。经过了这么多年戏剧式的时代之后，欧美社会开始追求回归，靠什么回归？靠基督教。

中国社会也是一样，中国在上古时代是一个群居的穴居时代。那个时代非常混乱，在那个时代过去之后，先秦诸子百家开始创造哲学、创造道德，这就是诸子百家诞生的时代，时间上大概和西方是一样的。紧接着一直到魏晋时期，又开始陷入混乱，而且这个时候有了佛教的影响。我通过阅读一些书籍，发现大家对中国佛教的理解有问题，对儒家的理解也是有问题。我们的认识，都来自于五四以来鲁迅、胡适、冯友兰这样一些大师的见解。但是我们知道在那样一个时代——一个"破"的时代——要先否定过去的文化，然后才能创立新文化，所以是大破大立，它必然会走向极端。孔子是一个祭祀的人，他是一个巫师，如果不相信某些东西，他为什么要祭祀？他为什么要把他的母亲和父亲葬在一起？他为什么研究《易经》，后半生又津津乐道于《易经》？他从中到底发现了什么？这些问题都需要重新去解读。

第二个问题是佛教，我们知道，基督教是公元前一世纪才进入西方的，我们现在能认可基督教是西方的文化，但为什么不能认可佛教是中国的文化呢？我们说国学的时候始终不说佛教，我们说儒家和道家，但是从公元一世纪它就已经影响了我们中国人的精神生活。在公元337年的时候基督教开始被罗马所承认，开始进入国教的时代。恰恰在这个时候由鸠摩罗什所引导的佛教开始进入中国社会，但为什么我们中国人总是不承认自己有宗教？我觉得对于中国传统，我们需要重新去解读，尤其是对佛教的认识。佛教是一个非常博大的哲学，很多的思考已经和西方哲学非常地接近，所以我觉得中国的这条脉络和西方的脉络是一致的。

雅斯贝尔斯注意到，在轴心时代，文明互补相通的情况下，可以产生这么多哲学家，但是他没有考察，实际上人类社会在很多的时候都发生相同的事情。中国社会没有经过文艺复兴，但是也有一个小的文艺复兴，这就是明清时期的文艺复兴。比如说很多小说，实际上都跟很多文艺复兴的东西是一样的。过分禁止人性的东西必然会导致新的人性的反抗爆发。"文革"后，中国接受西方的性革命思想，我们现在打开电脑看到那么多的广告，我真的很担忧，我真的觉得今天的网络太过了。所以我们要回归，但我们要回归到哪里，这是我们今天都没有办法回答的问题。西方向基督教回归，但这不是一个回归的原点。我们要回答人是什么的问题，这分为两个时代，一个是神学时代，一个是人学时代。

从鲁迅和他的弟弟周作人提出人的文学开始，我们中国文学就进入了人的时代，一个新的时代。之前的文学都是神学的，刘再复写了《人的三次解放》，我后来写了《人的第四次解放》，就是身体的解放。要回答人，我们必须要回到传统文化里。我们要思考，爱欲到底是先天的还是后天的？善真美呢？中国儒家有个思想，凡是天生的便是天道的，是不能动的，而人道是可以变的。若是天生的，我们便不能去扼杀它。进入人学时代，欲望是与生俱来的，那么欲望便有合法性。但是我们需要解释人学时代的精神性是怎么来的。而在后现代，你一个人的解释并不能使人信服。比如爱情是什么？很少人能提供满意的回答。从柏拉图到萨特，一直到美国加州理工大学写的《爱情哲学》，都在试图解释。中国古典哲学里没有爱情这个词，这是现代以来的东西。当然我对这个话题也进行了很长时间的研究，也回应了很多人这方面的咨询。

我总结了一下，尽管我们能找到很多的理论，比如性格互补、志趣相投，甚至我们中国人讲求的生辰八字相合等一系列的东西。最后发现都不能解释它，它都是一些既定的事实研究。只有佛教，实际上只有它能把这个事情解释清楚：因缘。因缘因缘，尤其到我们这个年纪就会发现为什么偏偏和我身边的这个人就走到一起了？不可思议。佛教里面讲不可思议，你想一下你们今天在座各位千里迢迢来到这里读书就遇到了那么一个人谈恋爱，但是很有可能本来走不到一起。经过千辛万苦终于和一个人结婚了，你就在想为什么和她结婚呢？她长得不如我前任，很多东西都不行，但为什么就行了？没有道理可讲。

爱欲与文明这样一个话题，中西方哲人都在不断探讨它。西方我举了两个，一个是神学时代柏拉图的精神之爱，超越肉体之爱。他首先相信灵魂存在，灵魂是实体。但我们今天是人学时代，谁会相信灵魂存在？我们说灵魂出窍，但是灵魂在哪里？灵魂重多少？美国科学家说灵魂重21克，就是人死了把他放在天平上称称重量，发现和死前相比差了一点点，所以灵魂就只有那么一点点，灵魂的重量就那么多，但这些都不能解释它。

再讲人学时代。刚刚李老师也讲了弗洛伊德，他是人学时代非常非常重要的代表。弗洛伊德开启了一个新的时代。我们说20世纪是由3个犹太人开启的，弗洛伊德就是其中的一个。另外两个是谁呢？马克思，还有一个是爱因斯坦，三个犹太人都很了不起。爱因斯坦是一个人学家，他的所有的一切都不是通过神学的创造，而是通过寻找人最根本的力量，最原始的东西来解释一切，所以找来找去就是信，就是依托。

我认为弗洛伊德开启了一个新的阶段，心理学的发展从此发生了巨变。过去心理学都在神学的地方，现在心理学独自发展出来，最后变成了实验室的科学。爱情到底在实验室里么？有多少荷尔蒙才能够产生爱情？现在许多心理学家都在研究这个事情，我认为走到了极端。爱是不能用这样一种方式来研究的，这就叫"器物阶段"。所以今天我们说利比多的时候就是所谓的神学解构，对原罪的解放。如果基督教里面说我们有原罪的话，那我们在人学时代，在弗洛伊德开创的这样一个时代中，原罪就不存在了，这就是我们可以为所欲为的时代，荷尔蒙可以决定一切。所以我们说"神啊"，过去没有人敢说这个话，今天说男神，长得好看的女孩子也都变成女神了。但是过去我们是不敢这样说的，神都是高高在上，来无影，去无踪。弗洛伊德后来的学生荣格，还有很多这样的心理学家，也可以称为哲学家，都是研究这样的脉络的。在解释人的精神社会时，我觉得又走到另外一个极端了。

那么中国呢？中国时代我是这样来看的，中国的神学时代有3个阶段，一个是孔子的中庸之道。孔子说，人分为如下几种，最低等的是庶民，庶民之下有小人，庶民之上有士，士之上有君子，君子之上有什么呢？有贤人，贤人之上有圣人。他是按一个一个级别层来分的，所以他更多时候是用中庸之道解读人到底是什么。世界上有很多大哲学家，唯有孔子不是从神学的角度谈"道德"，是从人性的角度上谈"道德"，谈中庸之道。但孟子就走向反面了，说不清了。从董仲舒的三纲五常开始，把女性打入地牢，再到程朱理学彻底走向人性的反面，到了王阳明的时候，就开始想回归，但是这个时候已经进入中国文化的末端。所以鲁迅就开始反对中国文化，因为它实质上是人性在逐渐起作用，人性开始反抗社会。

第二个是老子。老子《道德经》里面的思想被后人过分发挥了，比如道教、中医，其实《道德经》里面并没有那么多科学的东西，更多的是哲学，是一种思维。后世的实践家，多半致力于养生、太极这些方面。相比孔子来说老子创立了道家学派，对中国的影响是非常大的，它对人的精神和身体两个方面都有影响。孔子更多解读的是社会方面，而老子更多解读的是人本体的东西。有一个刚刚我说过的现象非常有趣，比如说，我们中国人，在中医里讲究补肾，遇到什么难题，中医就赶紧补肾。补肾是什么？是补生命，补元气。我一直在思考一个问题，怎么去理解《黄帝内经》里面讲的男女成熟的年龄不一样？女人是以七岁为一个界限，所以二七十四，十四岁就成熟了，成熟以什么为主呢，以"天癸到"，"天癸"到的时候女性成熟。男人二八，以八岁为主，十六岁"天癸到"。"天癸"到底是什么，标志着一个人成熟，我查了很多书，没有办法去解释，我的理解"天癸"就是一个"经"，这个不是我们今天物质上的"经"，而是人的成熟，代表生命力的东西。我们不要简单地否定它，而是应该进一步探索它。

但是佛教的观点不一样，我刚刚说了，应该把佛教纳入中国文化来看。把佛教当作中国文化来看，就必须以佛教的角度去理解。实际上从我们这一代，包括之前很多代，都生活在佛教的影响下，儒释道合一。但是佛教里面的派别太多了，鸠摩罗什的时候佛教已经达到了九十六个派别，各说各有理，就像今天的基督教有许多个派别，伊斯兰教也有很多派别。

就当代学术来说，有这么几个人需要提及。一个叫潘光旦，他是北京大学教授，翻译介绍了许多西方两性文化学者的书。第二个是费孝通，他写了《生育制度》专门来谈这个问题，但是也是从西方文化来谈的。第三个叫刘达临，他被称为80年代改革开放以来性学第一人，现在已经80多岁了。第四个叫李银河，大家都比较熟悉。李银河在网络上发表多边恋、群婚、虐恋等观点，而且每年都会为同性恋抗议，在人大会上提方案。她想要把西方福柯的思想全部搬到现代中国来。我跟她辩论过，我曾经在2006年的时候，本来想跟她合作写一本书，后来我发现我们观点相左就放弃了。还有一个叫潘绥铭，中国人民大学的教授，去年还见了一次。这些学者虽然都是社会学学者，但都有一定法的哲学的基础。

我问李银河，我说你谈的所有这些的支撑是什么？她说美国人就是这样生活的。我说美国人这样生活就是对的吗？她没话说。后来她就搬出福柯，我说福柯也不对，一定有一个基础的东西来探讨，所以她退休以后就开始写小说，就开始搞哲学。但谈的还是尼采、福柯这些人，因为这些人在那个时代影响过他们。

之所以今天我能够谈到一点感受，是因为确实做过一点研究。2002年我出版的一本小说叫《非常日记》，后来被大家批评，有了争议。我想搞清楚我到底是对的还是错的，于是，2003年我专门去上海，去找刘达临，去找他学习，写了一本书叫《非常对话》。2003年同时在新浪网开设大学生性心理专家咨询。开始以后没多久，哇！咨询的人太多了，都是令人啼笑皆非的问题。比如："我今天不慎，到我男朋友的宿舍里坐了一次马桶，请问，我会怀孕吗？"很多学生失恋以后就打电话，就问"老师，我失恋了，怎么办？我想死"。我一听，面临生命的危难，于是我就开始接电话，拯救。后来又打到我家里，我家的张老师就骂我，骂得是狗血喷头。那时天天家里都有莫名其妙的人打来电话，还有自杀的，所以后来就不开这个热线了。到2005年我没有课了，就另开了一门课，叫《爱情婚姻家庭社会学》。因为我是作家，很容易被炒作，有的说我是中国首个性文化者。不幸的是，很多人都认为我在课堂上教授的就是怎么样进行两性互动。我的祖宗十八代那个时候都被网上给骂遍了，我也没办法解释。到了2006年的时候，开了博客。当时报纸上说我是首位西北百万博客点击量的专家。那时候每天都在写这方面的文章，想在网上进行这方面的教育。每天早上八点钟起来，就开始看别人的评论，有些人也骂我，后来我也习惯了，骂吧。但我还是不停地写，写完以后，又开始与人争论，每天如此。后来发现不能这样写下去了，所以到2008年，我就不写了。2008年我出版了《爱是需要学习的》。2010年出版了的《爱与性的界定》，到此就结束了。

应该说从2008年到今天为止，我再没有谈过这方面的内容，今天是谈的最多的。当然今天没有放开谈，而且，我想也不好谈。所以后来做了一些其他方面的研究，向传统文化靠拢。

去年7月26日，我专程到山东去拜谒孔子。中国文化需要有人去崇拜，需要有人重新倡扬。拜完孔子以后，我回来写了3万8千字的一篇文章，然后我从那一天开始，不再讲文学，不再讲电影，我想专门来讲孔子。我觉得我们今天，需要尊重孔子，尤其需要去重新认识自己，认识我们的原点，认识我们的祖先，认识牵引我们走向精神之路的人。我不认为中国人很傻，这么傻地走了两千多年，我不相信这个事情。我相信先人一定给我们留下了精神财富，未必全对，但一定有对的东西，这就是我的想法。所以我最近出版了一本书叫做《为孔子辩护》，已经基本上写完了，是把过去写的东西编辑起来。另外一本书叫《荒原问道》，我想对中国文化重新发问：到今天为止，在我们解放人的道路上，到底走到了哪里，如何走向正轨，这是我的探讨。当然我希望能尽快出版，我现在已经基本上写完了。这本书是探讨佛教如何影响中国人的精神生活，儒释道三家如何能够互相沟通，佛教到底对我们中国人的生命提出了哪些有见地的看法，对我们中国人的生死之道提出了哪些可以让我们信仰的东西。

说了这么多，我仍然要说一句，我今天是班门弄斧，请李老师、各位专家、同学们批评指正。同样我也非常想听各位学子的声音，我把我的邮箱、微信号、公共号公布在这里，如果有什么问题我们可以私下里探讨、通过电子邮箱或者其他的方式来探讨。谢谢大家。

李朝东：

非常感谢兆寿教授的精彩分享，时间非常紧张，我不想多说，但是纠正一下，徐老师前面说把我当作精神上的导师，其实我们是精神上的朋友。很长时间以来我们就很多的话题进行交流和探讨，这是一个相互激励的过程，我的成长中也有他的影子。第二，我们看到教授把自己定位为一个作家，不管这个定位是不是窄了，是不是准确，都不重要，重要的是我们看到一个学者背后丰富的学养，西方文化、中国文化、佛教文化都给我们做了一个全方位的展示，使我们认识到一个作家不仅仅是会讲故事，而且他要表达的是他背后的文化修养和思想。当然这里面也有很多问题，从不同的阅读，不同的知识背景可能会有些不同的交流和探讨。比如说神学时代等的划分可能会有些不同的交流，我们留在后面来把握和分享。

下面我们有请郭吉军教授。我先给大家提前说一下，吉军教授在我们这儿读硕士研究生的时候就出了一本著作，后来在硕士毕业的时候又出了一本，文字的表达力非常强，但是他有一个毛病，说话非常富有激情但往往让我们听不懂。我曾经给他多次提过建议：吉军，你以后讲的时候能不能把语速放慢一些，让大家都能听得懂。我希望他今天能在这一方面有所改进，大家欢迎。

郭吉军：

应该是年前，我碰到李老师，听到他的想法，我就很紧张，年也没过好，一直在酝酿这个主题，没有带 PPT，但不等于我不认真，我做了大概有十页的一个演讲报告，态度是非常认真的。1995 年的时候，我就拜读了李朝东老师的《形而上学的现代困境》，这本书可能在师大的记忆当中已经沉到海底了，但是我在去年给学生讲到阿伦特的时候，有一天，我突然想到了这本《形而上学的现代困境》。因为那时候我刚大学毕业，正好有一个同宿舍的同学是师大哲学系毕业的，他拿的就是李老师这本书，书的封面我还可以想起来是思考者，现在兰州大学的徽标也设计的是一个思考者，也就是说我在没认识李老师之前，就阅读了他的作品。

2006年的秋天，刘小枫老师翻译的《会饮》第一时间到了李老师的手中，他当时就给我们开了这门课程，我现在主要从事的专业就是讲柏拉图，柏拉图世界以外主要的就是会议。正好那年刘小枫老师来的时候，我也有幸就这个问题参加了讨论，我说我一学期专门讲柏拉图的一篇，感觉非常吃力，我说是不是进度有些慢，结果小枫老师说他在人大讲的时候，两年时间才讲了一部《会饮》。这个作品在柏拉图的世界里所拥有的浪漫意义，甚至已经有着不可理喻的意义。第二个就是《斐多》，去年在兰大的萃英班，在一个非常狭小的课堂里，让学生读了一遍《斐多》。读了一遍，没有展开过多的课堂讨论，用的杨绛老师的那个译本，杨绛老师也是用英文翻译了柏拉图的作品。下面正式进入主题。

马尔库塞的《爱欲与文明》一书将西文文明的近代坐标放到了重新回归"爱欲"的框架。或许有其理由。

爱欲是古希腊视域中的最复杂的命题。这个命题的复杂性从柏拉图《会饮》足见一斑。公元前5世纪，悲剧诗人阿伽通（公元前445—前400，阿里斯托芬谓其危险的创新者）获奖，第二天宴请诸友，戏剧诗人阿里斯托芬和苏格拉底均在其列。席间就"Eros"各呈讲辞。而之所以就 Eros 提论，是因为自希腊古典文明以来，诸神都有了颂词，惟有 Eros 尚未被人赞美。作为列神信仰，席间自然呼应诗人们赞颂 Eros。在这篇戏剧对话中，分别论说出 Eros 值得赞美的理由。首先从神谱中说先有混沌，再有大地，再有 Eros 的生化的古老性上，认为其为最老之神，理应赞美。就连巴门尼德在他的诗篇中也是把 Eros 当作最古老之神称道的。（巴门尼德就差异万物何以相处，认为有一种隐蔽的"质"，这个质就是阿芙洛狄特引聚万物的力量）其二，这神又很年轻，它常常随伴在我们的生活当中，尤其生发在年轻人的身上。是它灿烂了青春，让青年人相互吸引，而这就是希腊

第一讲 爱欲与文明

人引以为动的"爱情"。但爱情却又有他细致但却复杂的形态。有爱和被爱的质性构成。爱，恰如亚氏开端在哲学里不动的推动者。

做一个解释，引起运动而自身不被推动的本体，也叫第一推动者。在《物理学》后部和《形而上学》卷十二，亚里士多德根据我们的欲望和思想以及它所表明的我们身体的意向动作这一事实推说，宇宙中必有一欲望和思想的终极对象，一种作用外在空间并间接作用于整个宇宙秩序的本体。这种本体运动不是因为它意图如此，而是因为它被爱被思想，it is loved and thought。因而它是一个不动的推动者，不受变化、质料、潜能的影响。它是纯粹现实，是以自身为思辨的纯思想，是思想的思想。这个不动的推动者也叫做神。"由于那既被推动又推动它物的事物是居间的，故必有不动的推动者，永恒的本体和现实"，用英文说，And since that which is moved and moves is intermediate, there is something, which moves without being moved, being eternal, substance and actuality。而被爱，则是在爱的存在路标上被推动。对Eros来说，发生在被爱者和爱者身上呢？这是决定其是否于第一神性的决定因素。论说的结果是Eros是被爱者推动了要爱者。也就是说，爱在人的视野中拥有神性根据。之所以要去爱，是因为他尚"欠缺"。或没有近及爱的存在本身。爱本身成为一种"欲求"的调动，或者说推动。而欲求就是"欠缺"。这与中国讲的"欲"字，谷与欠，非常相似（欲，异体慾，从欠，从谷，从心。谷，征象物用现实。欠，少乏亏欠，征喻缺乏。心，则托喻在心念想）。

当苏格拉底这样去回答并澄清问题的时候，Eros的神位已经抽调到神人之中。它既可能是神，也可能是人。属神便及身崇高，引人攀上爱的阶梯。属神便流于行素，汲身下位，成为被理性淘汰的东西。而Eros的这个身位，则又与哲人所处在的身位一致。哲学是什么？哲学是爱智慧。对神来说，已有智慧，所以不存在去追求智慧，但在人里面精神充盈者是不追求智慧的，只有哪类人追求智慧呢？只有那些欠缺者才追求。哲人自然属于智慧贫乏的一类。Eros 和哲人最似。这就回应了希腊人关于 Eros 的（柏拉图式的）神言命题：说从前阿佛洛狄特生下来的时候，诸神摆筵，默提斯（机灵，此神乃雅典娜的生母）的儿子波若斯（丰盈）也在场。他们正吃吃喝喝的时候，结果来了个行乞者珀尼阿（贫乏）——凡有热闹节庆，她总来，站到门口不去。波若斯（丰盈）多饮了几杯琼浆（喝大了），醉得头重脚软，便倒到宙斯的花园里睡了。珀尼阿（贫乏）想到自己一生欠缺，突生一念：何不与波若斯（丰盈）生他一子。于是，睡到他身边，便怀上了爱若斯。这就是为什么，爱若斯也是阿佛洛狄特的帮手和仆从，因为他是在阿佛洛狄特生日那天投的胎。而且，他生性爱美，因为阿佛洛狄特长得顶美。既然爱若斯是波若斯（丰盈）和珀尼阿（贫乏）所生之子，所以他就同时分有了丰盈和欠缺。若随了他母亲珀尼阿的天性，他就粗鲁无礼，不修边幅，席地而卧，恍若乞丐。因为此刻他总是与贫乏为伴。而若随了他父亲波若斯的一面，他就会图谋美的和好的，他有勇，热切，精神硬朗，还是很有本事的猎手，脑子灵光，热爱智慧。若类智者。所以他的天性既非不死的（神）那类，也非有死的（人）那类。一会儿朝气蓬勃，因为他所求得逞，丰盈足满，一会儿又不死不活的样子，因为求无所得，贫乏亏欠。因为丰盈与贫乏交织，所以他能源源不断地赢得，又会源源不断地流逝。所以爱若斯就处于既有智慧，丰盈自足，不赖依他者，又不明事理，愚蛮无知。真是既贫穷又富裕。而这恰恰符合哲人的身段，尤其符合搞哲学的：你可以想啊，没有哪个神爱智慧，因为神已经有智慧了。甚至那些有智慧的人也不爱智慧。反过来说，不明事理的人、同样不爱智慧或欲求成为智慧者，因为这类人的麻烦就在于，尽管自己不美，不好，不明事理，但总觉得自己很自足。"谁不觉得自己欠缺什么，谁就不会欲求自己根本就不欠缺的东西。"仔细再想，就会发现，哲学就处在有智慧和不明事理的中间。作为有些智慧，他就不会因为自己贫困而自觉自满。作为不明事理，他就会因为有点智慧而追求自己所欠缺的东西。爱智慧的人，也就是哲人就处于有智慧的和不明事理之间。所以爱若斯必定是爱智慧的人。

在这部对话剧里阿里斯托芬还举了个故事——他说"所有神中爱若斯对人最友爱，扶助人，替人医一种病，要是医好了，人就可享最美满的福气。要懂得爱若斯的力量，得先了解人的自然及其遭际。开始的时候，人的性别有三种，除了男的女的，还有第三性，也就是男女两性的合体。这种人已经绝迹。只留下一个名称，也就是骂人的话。其次，每个人的样子从前都整个儿是圆的，背和两边圆成圈，成球形，有四只手，脚也有四只，在圆成圈的颈子上有一模一样的两张脸，属同一个脑袋，只不过方向刚好相反；耳朵有四个，生殖器则有一对，可以想像，所有别的器官也都是双的。走起路来，从前的每一种人也像我们一样直着身子，不过可以任意向前向后，想要跑快时，能把腿卷成一团向前翻滚，像现在的人翻斤斗，八只手脚一起来，翻滚得飞快。从前人之所以有三种性，乃因为男人原本是太阳的后裔，女人原本是大地的后裔，既男又女的则是月亮的后裔，因为月亮自己兼有两者。既男又女的人体型和行走都是圆的，像生他们的父母一样。这种人的体力和精力都非常强壮，因此常有非分之想，竟要与神们比高低。他们想冲到天上去和神们打一仗。于是，宙斯和诸神会商应付的办法，可一直没有结果。他们总不能把人灭光，这样一来，神们就再也得不到从人那里来的崇拜和献祭了。可，神又不能让人这样无法无天下去。经过一番绞尽脑汁，宙斯说，'我想出个法子，既能让人继续活着，又让他们不会再捣乱，这就是让人虚弱。现在我就把人们个个切成两半。……这样他们人数就会增加，而且两只脚直着走路，如果还捣乱，就再切一次。'宙斯说到做到，把人切成两半，就如用头发丝分鸡蛋那样。每切一个，他就吩咐阿波罗把这人的脸和半边颈子扭到切面，人们看到自己的切痕就会学着乖点。然后，宙斯又吩咐阿波罗把人医好。人被这样切成两半后，每一半都急切地欲求自己的另一半，是紧抱不放，恨不得合作一处，由于不愿分离，饭也不吃，事也不做，结果就死掉了。宙斯看不过去，想出另一个办法，就是把人的生殖器移到前面——从前人不交媾，像蝉一样把卵下到土里。生殖器官前移后，男女就有了交媾生育，产出后代。所以很久很久以前，人身上就种下了彼此间的情欲，要恢复自己原本的自然，也就是让分开的两半合为一体，修复人的自然。这样看来，我们个个都只是人的一块符片，像被切成两片的比目鱼。所以，人人总在寻找自己的另一半。凡是由双性别的人——也就是既男又女的人切开的一半而成的男人，就成了追求女人的男人。相反，由双性人切开的一半而成的女人，就成了追男人的女人。凡由原女人切开的一半而成的女人，就对男人没有兴趣。凡由原男人切开的一半而成的男人，寻找的都是男人。这种男人最优秀，因为他们的自然最具男人气。……这就是任何人都万万不可学渎犯爱神——得罪了诸神，通常都是由于冒犯了爱神。所以，我们人这一类要得福，惟有让情爱达至圆满，由此回归自己原本的自然。只要我们好好敬重爱神，爱神就会治愈我们，使我们快乐，享福不尽"。

阿里斯托芬借此喻说出爱欲对人的意义：古代人是一个双头四臂的圆球。因力量愈来愈大，便向奥林匹斯神顶发难，天神共欢之时，人间但求分一杯羹。宙斯震怒，把人一劈两半。从此人便在世间寻找自己的另一半。爱欲就在这种渴求原初弥合的苦痛当中发生了。这个神话既喻了人类"性"合的问题，也喻了人之爱欲与神之存在的悲欢张力。

爱欲间处于神人之格。就是在这个空间里它交付着命运：上升与下沉，就如西西弗斯的神话处境那样，上升，充实，确定，始终随伴着希望。下降，空虚，怀疑焦虑，始终随伴着绝望。加缪说这就是现代处境的荒诞。但在希腊人或者苏格拉底那里，爱欲却能引领着上升。这个上升的空间就是知识的发生。知识即美德，美德即知识。

当希腊人的四大美德：正义、勇敢、节制、智慧，成为城邦公民履身的典范时，"文明"的原初属性其实已经被规定出来了。我们都知道"文明"（civilization）一词源自拉丁文"civilis"一词，它的原初含义就示晓了人的城邦化和公民化。city（城市），citizen（公民）均出此源。而希腊四德恰恰营合出人的城邦性和公民性来。这一点亚里士多德的政治学阐释得尤其清晰：人是城邦动物，是通过契约结合的城邦栖居者。公民的意义就在于共行城邦礼法，而不像神或动物，离群索居，如此才能显贵出人的文明形象。虽然阿喀琉斯是希腊史诗中最伟大的英雄，但苏格拉底并不取善阿喀琉斯，相反在城邦意义上他更愿塑造奥德修斯。当然，就整部希腊精神来说，人们宁愿又说苏格拉底其实是阿喀琉斯的修正。

亚里士多德除过定义了人的城邦性之外，还提到一个词"欲望"（desire），人天生就有渴求知识的欲望。我们大家想想，如果没有知识本身坐标，所谓的城邦美德是生发不出来，也维持不住的。只有接汲了求知的内在渴望是从人的天性引发出来的，知识才成为可能，也才能成全出满足人天性的意义。正是有了这柄尺度，我们才想起圣经神学当中的"知识之树"（the knowledge tree），这是不能摘食的人类禁区。因为一旦摘食，人就有可能因认识自我而构建出其自身的主体性来。这个词与爱欲又有什么关系？打开《创世记》，我们就会看到，当亚当和夏娃偷食禁果之后，被逐出伊甸园，他们真正开始了"人"的生活，圆房的时候，就用到了"know"这个词，也就是性爱，如是才繁衍出精彩纷呈但也颠沛流离的后代。诺亚就是他们的第一代子民。后来上帝又试图毁灭人类，才有了诺亚方舟及大洪水的传说。所以人成为神园中负罪的产品。靠近上帝便要悔罪。所谓道德归罪，便从其出。悔罪是一个自我拯救意义。但偷食禁果的人的选择性，才是神学谨视的问题。是什么力量参与了人的选择？人选择之后，又会发生什么？这就是李朝东老师讲过的精神自由与责任担当的主题。Maybe或许，或许吃了那些东西不会死，从而加动了人的冒险，人的选择。这个本身并不确定的东西一旦发生到人身上的时候，意志也就不由自主地发生了。意志will，用到现代语法时态里有will be，即将来，即将来到之意。这与古典理性是悖反的。古典理性reason，是典型的希腊人追求开端，追求地基，追求根据。它是就已经成为经验事实被世界逆向追问的。这条路不是通向未来，而是复回过去。表现在时间模态上，它是一个闭环结构，而不是一个线性方程。俄狄浦斯王每一天都面向未来，但他走向未来的每一步都在往那个过去的命运结构中回靠。他打开的每一扇故事，都是往他命运的原初境遇中回溯的。故事是有风险的，但每一次发生都是确定的，是从已经被规定当中遣送出来的。所以阿伦特说古典与现代的最本质区别就在于"理性"与"意志"。说一千道一万，意志是什么，其实就是统领现代人生居方式的欲望（就是叔本华所说的既能够作为世界又能够作为世界之表象的意志物自体，他得出此，也为了弥合康德问题），是希腊以来便谨言的爱诺斯容易下沉的那股力量。普罗米修斯盗火是借源于内心的这种血质，借希望之名，传递并遗留到了人的身上，宙斯为什么让老鹰啄食他的肝脏，据说，人的肝部就生发或隐藏着这股力量。喝酒脸红，说是肝的解酒功能不行。脸红，红脸，红脸关公，都是这种现象的病理学描述。阿喀琉斯一声怒吼，那怒吼也是血性作祟。俄狄蒲斯负气而走，也是血气作祟。奥德修斯一怒之下杀掉所有围绕在他老婆身边的那些求婚人，也是这股过于放肆的力量所引激。肆虐，放纵，自以为是，也就是"肆心"。所以希腊人特别擅防这种力量。

这是单向度的泛滥堕落。意味着欲望不是在向哲人企及的原初文明中靠近。欲望单独与身体对话，而将灵魂流放到了外面。美，不是善美，不再向往崇高，而成为了周流的时尚，瞬息万变。如何将欲望提升到爱欲的原初景象当中，也就成为克服现代性抑制的重力法则。这或许是马尔库塞择选的道路。非常遗憾，由于不太喜欢马尔库塞这个人，所以他的书读得很少。虽然他说："单向度的人即所谓丧失否定、批判和超越能力的人。这样的人不仅不再有能力去追求，甚至也不再有能力去想象与现实生活不同的另一种生活。"不喜欢是因为不太喜欢弗洛伊德，精神分析将哲学靠向心理学的这种靠本能腐蚀思想的图腾方案。

欲望在它的现代变形基座上像一颗烁亮而又晦昧的灯烛。这是与精神潮湿的现代性处境分不开的。或者说普罗米修斯盗火的神话复制到提坦的暴决气质中，依旧充斥着古代神史而造虐于现代。对诸神来说，普罗米修斯的阴影尚未除去。而普罗米修斯是什么意思，就是预见的意思。爱欲被意志这个坐标束紧之后，在现代性图式中，它能令人奋进，更容易令人绝望。虽然，叔本华扯开了莫耶的面纱，用意志—欲望的真实性颠覆了理性——但，人类的乡愁也就此断灭了。就连叔本华本人，最终也还是给出解决这种苦难的方式——要解决苦痛，必须消泯意志。而消泯意志，这既是希腊人毕达哥拉斯式的，也是罗马人的方式，同时也是东方人的方式，静观洞变，消泯欲望，剔除绝望。在他的沉思中径上，能够澄显的最典范的形象就是像阿基米德那样河边垂钓！还有如佛佗那般的涅槃静寂。静寂当然是要消泯欲望。

感谢大家。

李朝东：

我的感觉是，郭教授的报告像本小说，像部词典一样。其实我说他像赫尔墨斯。赫尔墨斯是古希腊负责传达神意欲的一个小天使，神有自己给人间的指示，但是要通过一个信使把它传递到人间。这个信使叫做赫尔墨斯。现在在西方人的眼中就有一个词叫做赫尔墨斯学，我们翻译为解释学。那当看到他时人们不清楚，等他走了以后，人们就揣摩、推测是什么意思。其实我并不是说这些老师的表达本身有什么问题，当然我估计我们相当一部分老师同学仍然没有听懂。但是我认为我是完全听懂了，而且理解了。为什么呢？因为这基本上是一个词源和基本的解释，也就是说，我们要知道这个问题，它是从哪儿来的。我补充一个故事，我讲完大家就明白了。比如说，今天在伦理学里面都有两个道德词汇，邪恶和美德。而有一个剧叫《季节》，《季节》里面写的就是宙斯和人间的一位女子生了一个英雄叫赫拉克勒斯。那么他到了要选择人生要走的一个道路的时候，这个十字路口有两个美女向他走来，一个叫卡基亚，一个叫艾力克。卡基亚许诺给他的是不用劳动，跟着我可以吃好的，享受人间的各种各样的快乐。赫拉克勒斯就问她叫什么名字，她说：我叫卡基亚，但是不喜欢我的人，都叫我邪恶。在这个时候，另外一个女人艾力克就走上去说：你不要听她的，她是让你变的堕落的，你应该听我给你指的路，这条路就是通过劳动、勤奋来获取自己的所得，或者说是有意义、有价值的生活所得。赫拉克勒斯又问：你的名字叫什么，她说：我叫艾力克。那么在古希腊的那个神话里面，艾力克和卡基亚是两个女人的名字，但是在现代伦理学里面，它又是邪恶和美德的概念。也就是说邪恶这个概念在希腊神话里称之为"卡基亚"，美德这个词在希腊语中称之为"艾力克"。我讲这个词的意思是，郭老师给我们其实展示了一个包括爱欲、文明等的一系列我们理解西方文化的词汇，我们想要理解它的含义，我们就要搞清楚一个一个的词在希腊语中的词源。

西方文明有两个根，一个是希腊文明，另一个是希伯来文明。关于希伯来文明，姜宗强博士就是研究《圣经》的专家，以后我们找机会再谈，上次他给我们展示过《约伯记》的分析和讨论。还有一个就是希腊文明，今天晚上我们听起来费劲一点，就是因为我们对于希腊神话相对陌生一点，而他（郭吉军博士）又构造了一个自己的话语体系。如果没有相应的知识积累，不懂得概念的流变和来源，很难进入他自己的话语体系所编制的思想语境中去，听起来就费劲些。他也告诉我们以后想要接近他，我们也来读一读古希腊罗马的书。古希腊罗马的书主要就是《荷马史诗》，包括《伊利亚特》和《奥德赛》。据说柏拉图最初是想做一个古典文学家，能够写超过《荷马史诗》的作品，但是他怎么都达不到那个水平，最后他就转过来，然后就跟苏格拉底学了哲学。但不管怎么说，真正的西方文化，我们通常说到古希腊。说到古希腊，我们说到更多的是苏格拉底、柏拉图、亚里士多德等，其实我们说真正的西方文化的根是在希腊神话。我们看到近现代以来，甚至文艺复兴以来所有的欧洲的大思想家，能够作出原创作品的，基本上都是从古希腊文化中汲取思想养分。在这点上，我也希望我们做中国哲学、研究中国文化的也应该从我们中国古典文字汲取它的思想养分，但是现在好像我们这种文字的变迁，从文言文到白话文，从繁体字到简体字，我们字体的这种演变使我们很难回到文化的开端，理解每个词赋予我们生命的意义和分量。其实我们现在所有的词语的知识都是来自于中小学教科书或者是现代汉语词典，它已经丢失了每一个词本身所承载的我们整个民族的生存分量和生命分量。我们还是给一些时间，下面的老师同学可能对今天讨论的主题还有自己的想法。我们改变一下，不一定要和两位嘉宾进行辩论，你就谈你的看法。宗强教授，请你从希伯来的《圣经》角度来为大家讲述一下爱欲与文明。

姜宗强：我非常高兴能有机会和大家交流，也是和我的老朋友兆寿教授、吉军教授来一起谈论这个话题。他们在讲的时候，我是在享受听讲。我觉得他们真的是用他们的生命在理解学问，诠释学问。我做一个简单的回应，简单地谈一谈自己获得的一点启发。兆寿和吉军都讲到了佛陀，吉军对 Eros 这个词做了很好的解释，他讲了神人关系的紧张。兆寿讲了两性之间形而上的基础伦理到底有没有。我想用希伯来的方式来回应一下，希伯来的伊甸园里面讲到的两种知识实际上就是涉及两个问题。

从人的观点来看，一个人要成熟，他必须要知道两件事情，一个是性，一个是死亡。小孩不会明确意识到这两种知识，但是一个成年人当然会意识到这两种知识。希伯来文明讲，Eros 是有局限的，Eros 永远是和它相对的，人的情感。叫圣爱（Agape）。Eros 就是爱欲，是人的情感，圣爱（Agape）是上帝的爱，又叫做圣爱。圣爱是完全的，在圣爱的基础上建立爱情。但这造成了一个非常大的局限，就是希伯来文明认为人不能成为神，即人永远不可能达到圣爱的这种程度。那么，佛教正好相反。你千里迢迢来到这里最后和他结婚了，这就是缘分，没有道理可讲。

李朝东：我们归纳一下。爱欲首先是一种力量，人类发展需要一种力量去推动，是什么在推动人类社会的发展和进步？更多地归结为一种本能的力量，来自于柏拉图在《会饮篇》里讲，第一，晚上的饮宴，是要颂扬他。最初人的形体是圆形的球体，男女为一体，四只手和四只腿是公用的。他们的力量非常强大，

第一讲 爱欲与文明

后来就向宙斯挑战。神得知后，就将他们分成了两半。同体是朝着对方的，劈开以后就分离了力量，就弱小了。

如果同体的是男性的，在后来就会有男同性恋，同体的是女性的，在后来就会有女同性恋。希腊人这样来理解同性恋，都是来自于神。当然，球形的存在是男女同体的就是异性恋。只要这种男女通过爱情，重新在一起成家，又变成强大的力量。这个在巴比伦的思想世界里，又发生了变化。那么，男女结合的个体，人类借助于自己强大的力量，要和上帝争高低。上帝也害怕了。人，白天建了通天塔，上帝晚上就搞破坏。最后上帝认为这样搞破坏不好，最好的办法就是男女之间有不同的语言，这就是男女的爱恋就要有共同语言，没有共同语言就无法在一起结合起来。这样的力量，两性之间的关系，不要理解为仅仅是男女结合在一起。这个是马克思的观点，人的本质力量，物质资料的再生产、人的再生产。这两种再生产就是人的本质力量。所以语言问题是非常专业的，是20世纪的主要话题。由于时间的原因我们这里就不再讲这个了。

徐老师引用了马尔库塞的一段话，"爱欲既是对西方文明最有力的控诉，同时又是对文明最难以动摇的捍卫"。为什么既是控诉又是捍卫，相反的词为什么在爱欲中又结合？弗洛伊德的人格理论认为，有三种人格，就是本我，最高的是超我——道德的我。处在本我和超我的中间的就是自我，呈现在别人面前的那个我就是自我。本我就是快乐原则行事，怎么快乐怎么做，可以创造一切也可以毁灭一切。但是有一个力量在控制我，在本我的上面就是超我。也就是道德，就是父亲来约束我，是不道德的，父亲要指责我，因为父亲是道德的化身。这个超我就是人类的文明，对每个人都有约束作用，遵循的是现实原则行事。本能要求我快乐原则，超我是在社会秩序下行事。所以，既是控诉又是捍卫。你我他就在这种夹击之中。弗洛伊德的理论中人都是病态，因为处在本我和超我的压力之中。所以，现在的人都是病态的。怎么办呢？弗洛伊德解决的策略，就是升华概念。有本能的欲望，既然可以创造一切毁灭一切，那就把本能往别的方向领。不是寻求发泄，而是用在阅读、写作、创作，你的本能欲望越强，创造力量越大，创造的成果越多，积累了人的文明。可是问题在哪里呢？你越是把本能的改造力量升华转移，人类积累的文明越厚，超我的力量就越大。超我越大，就越发的压抑。他在解脱对现代人的这种压抑解救感中绝望，所以只能在那种深深的期待中，等待上帝的降临和解救。弗洛伊德的这个理论被马尔库塞掌握。马尔库塞是德国弗莱堡大学的博士，受过胡塞尔和海德格尔的教诲，他最后是在海德格尔那里拿到了学位，毕业后从事编辑，后来又教书。他认识了法兰克福学派的学者，开始这方面的研究。后来希特勒迫害犹太人，他逃到美国，在美国法兰克福的一个分支机构任职。他在美国的任职是走下坡路的，最后在圣地亚哥学院当教授，也是在那里被解雇的。他是一个不讨好的人，马克思主义者不欢迎他。他把弗洛伊德欲望和本能理论引进来改造马克思的劳动本质，把马克思的社会革命概念替换为审美革命来改变人的心理结构，进而试图改造马克思的社会革命理论，所以马克思主义者不太欢迎他，资产阶级也包括在内，因为他动摇了西方国家的秩序。我想说的就是另外一个，马尔库塞的爱欲文明是在美国的一个精神病院讲的，后来人们就联系他能不能再加工整理成一本书。我倒不是说他具有精神病或者这本书本身有什么不健康，为什么呢？因为讲这个话题的时候他已经转向了弗洛伊德，正在寻求把弗洛伊德和马克思结合在一起。而且也认为自己是马克思主义者，所以他是想用弗洛伊德的理论来改进和发展马克思主义，但不被马克思主义者认同。

但是他提出了一个非常重要的理论，就是我们人的本能力量，究竟对社会文明的发展和创造有什么样的作用？我想这个问题，有时可能没有人给出明确答案的问题，需要我们自己去考虑。本能问题或者爱欲问题其实在柏拉图的笔下，我刚才讲在柏拉图笔下苏格拉底是吐着火焰的人，苏格拉底说出的话语就伤人，我们有古希腊常识的人都知道他辩论的结果看上去每一次都以他的胜利而告终，但是他每次总是把别人辩得下不了台。有些修养的人还好，修养不好的人还骂他。那他为什么脾气好能忍住别人的骂呢？找一个恶老婆每天回去用洗脚水从头上泼，他还笑呵呵的！他的老婆锻炼了他的耐力，我们每个人的欲望都有创造世界的能力，我们人类的力量就是引导它走上坡路。

柏拉图的其他理念告诉我们要不断地上升，从可能简单的性欲望上升到爱情再上升到神的爱。这种爱就是西方哲学 philosophy。翻译成哲学是一个非常不好的含义，准确地应该翻译为爱智慧。那么爱神，神的内涵是什么呢？是智慧。所以说我最能理解 philosophy 这个词就是爱智慧。实际上柏拉图已经告诉人们要把人的这种力量向智慧和神的高度去发展。那么由此也就有了创造革命的力量和我们人类的意识展开一场恋爱。所谓柏拉图的爱情实际上就指的是最后一层含义，以意识和智慧展开恋爱，柏拉图本人不结婚，而和智慧展开恋爱的结果就是，他成为一个以至于我们把西方哲学就称为柏拉图主义的人，柏拉图就是西方哲学的代名词。如果说柏拉图的哲学理性化的形态看做是整体，那么我们前面讲到希腊文明希腊神话就是流淌在机体中的血管和血液，它的养分是由它的神话提供的，形态是由柏拉图确立的，从近代以来所有的思想家哲学家提出创造性的理论推进他的思想形态的发展，主要是从古希腊神话中提取它的养分。

今天是爱欲与文明，我们下次讨论的话题是哲学和科学。下次我们会请三位做自然科学研究的教授来讨论哲学和科学的关系。谢谢大家！

（主讲人：徐兆寿　郭吉军）

第二讲　科学·技术·哲学

李朝东：

尊敬的中和集团董事长洪涛先生，尊敬的三位教授，各位老师，各位同学，晚上好！今天晚上是我们西北师范大学马克思主义学院哲学系和中和集团联合举办的哲学沙龙——《中和论道》的第八场。

以前我们讨论的话题主要涉及人文社会科学，今天晚上我们讨论一个非常高大上、非常有意义的话题——科学·技术·哲学。为什么要讨论这么一个问题？我们知道英国有一个非常著名的科学家，后来成为一个科学史家——李约瑟博士，他有一段很有意思的经历。我们中国的一个小女孩到英国去留学，住在他们家，这个女孩说一口非常柔美动听的汉语，深深地吸引着李约瑟先生，他之后就开始学汉语。从学汉语开始对中国文化产生了浓厚的兴趣，后来他发起了一个非常重要的学术活动，就是从全世界各国找了一些非常著名的历史学家、科学家，各行各业的专家，共同编纂写作出版了一套有世界影响的著作，叫《中国科学技术史》。在这本书里边李约瑟先生提出了一个非常有意义的命题，我们通常把它称为"李约瑟难题"。这个难题是，中国古代为什么有技术，没科学？这个难题有时候也可以表述为：中国近代科学技术为什么会落伍？从西方的"文艺复兴"以来，我们大概从明清开始以后，中国的科学技术和西方相比较就大大落伍了。他写《中国科学技术史》的目的，一方面是要替我们挖掘我们丰富的科学技术方面的史料和资源，但另一方面也给我们提出了一个非常严峻的命题——中国的科学技术为什么会落伍。大家可能都知道，美国哈佛大学有一个非常有名的口号，而这个口号让我在对中国文化和西方文化对比的过程中，产生了一种莫名的震撼。这个口号就是：一流的技术要有一流的科学，一流的科学要有一流的数学，一流的数学要有一流的哲学。当然它还有一句话，这句话是，（我把它完整地说出来，不代表我的观点）一流的哲学背靠宗教神学。美国哈佛大学是一个私立大学，私立大学有一个特征，它的好多教学大楼都是由资本家私人捐助，那么每一个楼上都会有一个教学口号，这个口号或者代表这个学院，或者代表这个捐助者的办学理念，或者代表整个大学的思想理念。当我读了哈佛大学的这句口号以后，我发现它是对整个西方文化的高度概括。对于西方文化实际上的构成，反过来说可以发现，神学支持哲学，哲学支持数学，数学支持科学，科学物化为技术，技术推动着整个世界的发展。李约瑟想表达的意思是中国古代有技术，但是我们技术背后没有科学。为什么会是这个样子呢？这个问题一直困扰着我，也是我想去研究和解决的问题。当然我是从一个非常专业的，因而是比较狭窄的视角去思考这个问题的。

今天晚上我们特别邀请了我们学校三个大牌教授，他们都很厉害，是我非常尊敬的三位教授：一个是我们数学与统计学院院长马如云教授。他1997年毕业于兰州大学，获博士学位，同年晋升为教授；1998年到1999年，在美国康涅狄格中央州立大学做访问学者；2004年到2005年在澳大利亚昆士兰大学做高级访问学者。他是美国、德国好几个大学、好几个杂志的评论员和编委。同时也是北京师范大学的兼职博士生导师，省政协委员，甘肃省数学协会的副会长。他的主要研究方向是非线性方程边值问题及解集的分析。出版了很多的著作，也获了很多的奖项，他最近有一个特别厉害的事情是在2014—2015年中国高被引学者榜单中位列第八或者第九。什么叫高被引，就是发表的论文在全世界的同行中，引用的频次靠前，就叫高被引。这是我们学校唯一的一个高被引学者。

第二位是物理与电子工程学院的段文山教授。本科毕业于我们西北师范大学，1997年获南京大学博士学位，1999年到2000年在德国亚琛大学做博士后，2000年到2001年在英国做博士后，获得很多自然科学奖。马教授发表论文二百多篇，段教授发表论文一百九十多篇，也是很大牌的教授，我就少说一点。

我们的莫教授大家就非常熟悉了。三位都是博士生导师，二级教授。莫教授我不多说了，他是全国最受学生喜爱的教师之一，而且，他文才好。我老是说，他搞化学有点屈才了，你们有机会去他的微信里面去看看他的一些关于师大的精彩记事，文字特别优美。一个搞理科的把文字能够驾驭到这样一种程度，有时候真让我感到汗颜啊。

我刚才介绍了我们西北师范大学的三位教授，他们是各自学科的领头羊，走在最前面。我一直觉得，我们中国的学科建制，太受苏联模式的影响，一进来以后学生就学自己本专业的东西。我们西北师范大学党委书记陈克恭同志，中和集团洪涛同志，他们倡导和支持我们举办这样一个哲学沙龙，就是想给我们的同学和老师提供一个跨学科交流的平台和机会。让我们能够在自己的本专业之外，领略一下另外一个学科的风采，如果我们受到其他学科领域的一些激发或者鼓励，我们也许会对自己的学科有一些新的启发，就好像一束阳光通过缝隙照进了一个幽暗的深不可测的优美之处，那么在那个地方我们能够发现他人或者前人没有发现的新的学术领域，所以我们期待三位教授今晚给我们的精彩讲演。

下面我们先请马如云教授分享他的思想。

马如云：衷心感谢尊敬的董事长，也感谢李校长，以及各位专家，学者，教授和亲爱的同学们。非常感谢。我在这儿感觉这个题目范围有点大，我心目中的哲学和在座的师生心目中的哲学是两回事情。但是我不将我想的东西拿出来，你们又怎么知道我是怎么想的呢？我也挺好奇的，好在我讲的不好，后面这二位将会讲得很好。那我就给大家献丑了。

鉴于自己的知识水平，我在这儿只能是浅谈，浅谈一下数学与哲学。这两个中的任何一个都是非常大的领域，不是我这种见识不广博的人能够讲清楚的，但是李校长给我布置了这个作业，我必须认真去做。我们搞数学认为哲学是这样的，是自然科学，自然知识和社会知识的概括和总结，哲学是关于世界观的学问，是人类思维的结晶和提炼。最主要的一点是，哲学是关于世界观的学问。哲学专业的怎么定义哲学这一概念，我不知道，我没有研究过，还没有来得及请教。哲学与自然科学是辩证的统一，又是有区别的，它们的区别在于自然科学以自然界的一定领域为研究对象，研究物质运动形式的特殊规律，而哲学揭示现象的共同的东西，揭示现实世界当中现象之间固有的普遍规律即共同规律。哲学和自然科学之间是相互依存相互影响，彼此不能替代的。

作为一个研究数学的，接下来我将数学解释一下。数学是研究客观世界中数量关系和空间形式的科学。它不仅提供计算方法，而且提供思维的工具，科学的语言，更是建立辩证唯物主义哲学的科学基础之一。数学根据精细的概念，严密的推理，奇妙的方法，简洁的形式，去描绘细节，扩展内容，揭示规律，形成整体认识，数学反映了哲学范畴或基本矛盾的数量方面，而且数学只是反映矛盾的数量方面。前几天陈书记让我学阴阳学说，里面主要是讲阴阳理论量化，我们也做一定的量化，这个工作反应还是好的。数学反映的还是矛盾的数量方面。数学有其逻辑严密性，高度抽象性，应用广泛性等特点。哲学是研究世界观的学问，是人文的东西，是人类和自然科学之间的桥梁。什么是自然科学呢？自然科学不依赖于人，地球上的人死的光光的，一个都不剩，但是自然科学的那些规律还是在的。你把勾股定理"三的平方加四的平方等于五的平方"做成模型，扔到宇宙空间，不是地球人——智慧的生物也能懂这个东西，这是不会变的。这就和化石一样，埋到土里面、埋到沙子中、埋到宇宙中是不会改变的！什么是自然科学呢？那些东西的错对不依赖于人。而作为一个搞数学的人来说，我认为哲学是因人而异的，农民有农民的哲学，商人有商人的哲学，学生有学生的哲学。因此哲学是世界观的学问。基于自然科学，基于规律，又填进去人为的因素，这个是我个人理解的哲学和自然科学的区别。一个人跑出去感觉头晕也会产生哲学，喝醉酒也会产生哲学，一般人也会产生他的观点，世界观。而机器怎么连接是不会的，过会我会讲"阿尔法狗"大战李世石。我将主要讨论两大类问题，第一，数学对哲学的作用，从下面四个方面来讲。一个是毕达哥拉斯学派，他们传授知识，研究数学，很重视引导的过程，他们提倡数的和谐和美，产生了一种看法，数产生万物，数的规律统治万物。"一"是最神圣的数字，一生二，二生出数，数生点，点生线，线生面，面生集，集生万物。有趣的是，毕达哥拉斯的一个发现导致了万物产生于数的破灭：边长为一的正方形对角线长为根号二，也就是1.414……无限不循环小数，是个无理数。这个无理数对他们来说是个恶魔，是无法接受的。当时有人证明这是一个无理数，就被丢到河里了，认为这是一个恶魔。能够数清的有理数和自然数一样多，无理数则多得多，因此这并不是和谐的。数学导致了哲学对整个宇宙的认识改变。第二个要举的例子就是灾变论，法国学者居维叶发现社会科学与自然科学的大量不连续的现象，借用微分方程的奇点理论，为解释这类现象创立了灾变论。灾变论可以预测诱发灾难的突变现象。比如一条狗可能有两种情绪，一种是害怕被打，一种是愤怒要咬人，但同时害怕被打。哪个是主流呢？这往往是变化而不是连续的，是有突变发生的。你看这个图，这狗刚开始比较恐惧，恐惧到一定程度开始咬人了。这个过程不是慢悠悠的而是突变的，这从数学理论来说很简单。哲学上以前认为很多东西都是渐变的，子弹总有慢慢加速的过程，奇点理论认为这是错的。进化论里，渐变是一定的，突变是必然的。还有一个例子，微积分里存在大量的问题，从无限走到有限，从二分之一、四分之一、八分之一，一直截下去，全局到局部的关系，图像联系极小到极大。什么叫微分呢？就是曲线不能算，用直的来算。积分就是集零为整，分成好多小块，每一个加起来就是整个区的图形的面积。集数呢，从无穷到有限，无限都加起来结果是有限的。这些都丰富了哲学的内容，这是对立统一关系。整个微积分就是一个矛盾，因为充满了矛盾。第二就是数学发展有助于逻辑，逻辑发展和哲学是非常密切的。数学家对数学领域里的许多东西经过对比比较，概括科学推理分为论证推理和合情推理两种。我们课本上学的，都是论证推理，这是不好的思想。严密推理解决的问题很少，它是必然的，由逻辑所制定的。每一步推理都经得起逻辑规则的检验。合情推理是一种或然的、大概的推理，它是由一系列的构想构成的。它的标准是不定的，好多人跟着感觉走。小孩子把什么都学会了，这是合情推理，丰富了逻辑规则，这是根据数学定理丰富的，因此数学对哲学是有影响的，逻辑和哲学的关系是十分密切的。

数学方法为哲学提供了很大的便利，哲学中某些巨大的进步与成就总是和科学的重要思想方法变革有关，这是对科学领域的变革，对哲学思想也有冲击。比如，美国统计论专家扎德，创立了模糊数学这样一个学科。经典的集合论认为，我在这个教室里面，或者我不在这个教室里面，二者只居其一，必居其一，要么是零，要么是一；要么是开的，要么是关的。扎德认为，一个元素可以0.8属于这个集合，0.2不属于这个集合，模模糊糊的，这就是模糊数学的概念。属于这个集合的程度可以用0到1的任何数来刻画，这就是对以前的推广。这样的话，比如，谈个女朋友，不是一下子没有任何关系，不是一下子就成为自己老婆了，不是！中间可能要经过亲密一点，亲密朋友，是不是？亲密的亲密朋友，亲密到一定程度就发生质变了。因此，谈朋友用原来的集合论刻画太粗糙了。集合论、人工智能是现在的好多学科的基础，这就是数学对整个自然科学、社会科学的影响。影响这么巨大，当然这就是对人类世界的影响，也是对哲学的影响。第四点，数学的发展带来了哲学思想的革命。有这样一件事情，哥德尔有个不完备性定理，他认为如果有一个复杂的逻辑体系，任何一个命题都可以用这个逻辑体系来判定其真假，比如有一个，平面几何也好，或者其他的概率问题、学校的政策问题等等。如果都能说它是对的错的，这样的话，这个体系就不可能是无矛盾的，这个体系本身就是有矛盾的。它里面的有些命题就是不能判其真假，必定有命题不能判断真假。什么意思呢？你们对我们搞数学的很崇拜，我告诉大家一个事实，我们数学的基础就不可靠，建立在悖论的基础之上，我们数学的最基本的基础有几条，我们承认它是一种数学，不承认它是另一种数学。比如，集合学，你承认两条直线相交是一种数学，不承认，又会成为罗素集合论。因此，体系放大之后，就不能这么严密了。数学没这么严密就是根子不严密，根子烂了。里面有三个要命的悖论，我说了，根号二是一个，集合论是一个，还有别的，今天没时间说了。一个理发师说，我从来不给理发师理发。在他的这套语言体系里头，他的发谁理呢？或者，照相机不能给自己照相，你说什么、描述什么，这必定有个基点，必定有个坐标系、参照系。撇开了这个，想把什么都说得清清楚楚，很困难，无矛盾的体系是不存在的。这个定理是数学家哥德尔证明过的，并由此而得了沃尔夫奖。这个奖是很著名的，类似于诺贝尔这样的大奖。这是哥德尔证明的。这就是说，数学思想的确丰富了哲学思想。因此，数学加深了哲学的发展，对哲学起了促进作用，丰富了哲学的内容。下面我们看哲学对数学的作用。

哲学作为世界观为数学的发展提供了指导，人类的科学手段科学方法尚未达到认识真切事物的时候，哲学往往有很强的前瞻作用。哲学作为人类认识世界的先导，其首先关注的是哲学的未知领域。如果没办法了，先是关注哲学的未知领域，往往对一门科学的发展有着预言作用。在一门学科发展的萌芽阶段，其粗浅的认识经常以哲学的形式出现，这方面的例子不胜枚举。比如，哲学家，多少年前就谈论原子，原子真正被找到也仅仅是一百年前的事情。爱因斯坦还用光电效应去说原子的存在的。哲学家谈论水、火、土这些元素，而化学家也是去发现这些元素。发明元素周期表的门捷列夫也是很晚才发现元素周期表的。那个相差了又是多少年。哲学家谈论的无限、连续性这些概念，一直都说，书里面的文字都创造出来了，数学家把这些说清楚刚一百一十年。这个连续性，是柯西说清楚的，在1905年，也就是一百一十年前。牛顿那个时候说不清楚，他是稀里糊涂的。作为方法论，哲学为数学提供认识工具、探索工具。比如，数学模型，这种方法被认为是发展人类社会、解决科学技术的最重要的方法。大学生都知道，数学模型的建立，它的形式是高度抽象的并且是形式化的，如何把握这种抽象的形式结构的规律性呢？用的就是数学的变换。把左边的移到右边，两边同乘以一个数，放大多少倍，都是变换，数学的灵魂就是变换，它的思想其实就是变换。任何事物都是相互联系、相互发展的，而这个联系、发展就是变换。作为一个数学系统和数学结构，其组成要素的相互依存和相互联系的形式是可变的，数学家正是利用这种可变的规律性，通过数学变换不断地解决问题。我们所有的方程式都是变出来的，给你一个方程，你移项、合并同类项、同乘多少，这都是变换。一遍又一遍地变，在具体的现实世界中，就是这么回事。你可以操作，把这批人堆到一块，把那批人再分上几个，然后再怎么怎么，具体操作就行了，就可以最后把这个结果推出来、算出来了，就是这么回事情。数学比较抽象一点，但是，就是对实际的反映，实现了解决问题的目的。比如阿基米德有一个非常重要的故事：有一个国王给一个工匠一块金子，对他说，你给我做一顶王冠。做出来漂亮得出奇，他戴在头上沾沾自喜。但他转念一想，如果这家伙把铜和钢铁给我铸进去了，我岂不是白高兴了？怎么办呢，他就请教阿基米德。阿基米德一直想不出来，直到有一天他洗澡的时候，水哗啦哗啦往出流，这流出来的水，不就等于我身体的形状吗？因此他就把王冠扔在水盆里面把流出来的水量了一下。体积知道，密度知道，多少克的黄金知道，一算，确实是假的。是铜上面包的金子，就把那个人给杀掉了。我们国家也有一个故事叫曹冲称象，他把象放进船里面，把刻度画上再把石头放上，用石头变换大象。因此变换的思想是非常非常重要的。数学的灵魂就是变换，而这个变是基于哲学的变，是基于哲学思想的变。我们数学界有一个非常重要的数学家叫陈省身。陈省身教授说我干一辈子，充其量只能当个罗汉，他是微分几何之父，菩萨是谁呢，高斯和黎曼。他就说过哲学是幼苗，数学是因他而成长起来的大树。所以我认为，模糊的哲学是望远镜，看不清楚，但是能看的很远，而精确的数学是显微镜，我们能够做的很精确。根号二绝对不等于 1.414…，后面多着呢，写不完，你把省略号忘了，就错了。

有人说李世石败了就是人工智能的胜利！我觉得这是个彻底错误的想法，我现在用我的观点在这里解释一下：这个家伙就是人的手指头，是人脑，是人的工具。李世石是败给了一个有工具的人，是一个人战胜了另一个人，就好比你有枪，我没枪，就像打仗的时候，这是人之间的战争而不是人与机器之间的战争。把人和机器对应起来，这本身说白了就是素质低。

最后呢，我没什么资格总结哲学，或是数学，我只是说了些实话，最后我以大科学家，非常非常大的科学家钱学森先生的语录作为结束："我认为每一个学科都有一个哲学的总结，自然科学的哲学总结是自然辩证法，社会科学的哲学总结是历史唯物主义，数学科学的哲学总结就是数学哲学，思维科学的总结就是认识论，所有这些哲学知识的汇总，我认为就是人类社会的结晶，马克思主义哲学！"这样一个体系就是以马克思主义哲学为指导的科学体系，科学技术的发展，并通过哲学概括，必然会发展加深马克思主义哲学。谢谢大家！

李朝东：非常感谢如云教授分享他的思想和见解。我们西北师范大学原来的历史系，现在的历史文化学院，有一位已故的老教授，叫金宝祥，他说过这样一句话，"任何一门学科只有提升到哲学的高度才能成为真正的科学"。前面用的是学科是吧，任何一门学科只有提升到哲学的高度才能成为真正的科学。马教授他们平常是在做非常专业的研究——数学研究，今天呢，我们也给他这个平台机会，我们也把他提升一下，让他提升到科学的领域来做哲学的思考。如果我们在座的各位听一个纯哲学的演讲的话，可能我们会感觉他这个更精彩。即使如此，让我们超出自己的学科的界限，用哲学的思绪讨论这个问题，也让我们从他这个地方获得了很多灵感和思想，感谢马教授。下面我们请物电学院的段文山教授。

段文山：首先，很高兴得到李校长的邀请，同时感谢各位。我对哲学也是外行，也不懂。所以我就从物理学的角度对科学与技术做一个简单的讲述。我讲的主要内容有这样几个部分，第一个部分是物理学、科学与技术，第二个部分是技术革命，第三部分是科学技术与现在面临的挑战。

我先讲第一个问题，物理学、科学与技术。王冠沉底，一个定理浮出水面，这个就是马教授讲的阿基米德的故事。在这个地方讲了两个论述，这里面包含着科学问题和技术问题。当时要证明一下皇帝的王冠到底掺没掺假，这是一个技术问题，那么在这个技术问题的推动下，阿基米德发现了浮力定律。这就说明什么问题呢？技术推动着科学的进步、科学的发展。第二个问题，苹果落地，人类飞向太空。传说牛顿看见苹果掉在地下，而没有朝上，他就想到了万有引力定律。但事实上这只是一个传说，实际上万有引力的发现是由于牛顿做了许多复杂的数学理论推导，而且是建立在伽利略、哥白尼等人的天文学观察到的数据来推导的，所以并不是这么简单的事情。那么这个问题实际上是科学推动指导着技术的发展。为什么呢？因为牛顿发现万有引力定律以后，人们才能根据万有引力定律发现制造卫星火箭，可以到月亮上去，也可以探测火星，条件是必须能够计算出来从地球到月亮这个过程中要做多少功，需要多少能量，如果没有万有引力定律是不可能做出来的。那么这个问题就说明了科学指导技术的发展，科学问题是万有引力定律，技术问题就是发射火箭卫星。

现在还有重大的发现，这些都是物理学上重大的标志性的成果。"蝴蝶振翅，风云为之色变"，这是什么意思呢？我们现在做天气预报，一般来说今天的天气预测明天的天气是比较准确的，但是谁能够从今天预测到两个月以后的天气呢？这是不可能的。如果你想去预测而没有科学理论指导去预测，那么花了很多时间也是不可能预测出来的。因为这个里头就有一个"蝴蝶效应","蝴蝶效应"是什么呢？我们大家都听过,假如说在北京就现在的这样一个条件,可能在两个月以后是晴天；可能就同样的条件,蝴蝶就扇了下翅膀,加上这么一个小小的举动,在两个月以后有可能就是狂风暴雨。这样的事情必须是时间很长的,那么这就是"蝴蝶效应",这是大约在五六十年前物理学一个重要的发现,非线性现象。但是往往大家容易把它混淆成,就是蝴蝶扇动一下翅膀,两个月以后肯定把晴天变成阴天,这一般是不可能的。绝大多情况下蝴蝶扇动翅膀是没有任何意义的,但是个别情况下,确实能把阴天变成晴天,这就是蝴蝶效应。所以你努力去预测两年后的天气情况是不可能的。

三棱镜能投射出七色光彩,叫七色彩虹,这是一种发现；大荒原上升起蘑菇烟云——核武器,核武器的产生,这也是一个技术问题,但是它的科学理论是物理学上的核裂变。核裂变理论出现大约是20世纪的30年代,在物理学上发现核裂变理论后,人们就预言可以制造出来非常厉害的炸弹,在第二次世界大战期间,美国首先制造出来原子弹,取得了第二次世界大战的胜利。是什么揭示了世界的奥秘？是什么改变了我们的生活？是什么推动着人类文明的进步？是科学还是技术？

我们来看一个人,亚里士多德,他是一位生活在大约公元前300多年的古希腊的伟大哲学家、科学家、教育家。几乎是一个百科全书式的学者,他在各个领域都有贡献。在这里我只说物理学上他有什么贡献。他在物理学上有这么一个结论,他说,如果一个物体比较重的话,它下落的速度也就会越快,越轻它下落的速度就越慢,如果太轻呢,它就朝上走。这是亚里士多德的见解。在当时谁都认为是对的。但是后来就有人认为是不对的,第一个提出这个问题的是伽利略。伽利略在意大利的比萨斜塔上面做实验,他拿了一个五公斤重的铁球和一个一公斤重的铁球从比萨斜塔扔下去,同时扔下去,结果同时落地。但是按照亚里士多德的结论,重的应该先落地,轻的应该后落地,后来他就做了很多实验,就发现亚里士多德的结论是不对的。但在当时,谁说亚里士多德结论是不对的,那肯定是有麻烦的,后来他就进了监狱。但是,错的毕竟是错的,总会有人来代替,这个伽利略做不到,但是牛顿做到了。

牛顿的贡献是很大的,他建立了他的哲学体系,这个哲学体系在自然科学中叫经典力学体系。那么牛顿是什么样的人呢?我们都知道,他是现在公认的第一伟大的科学家,没有之一,就是最伟大的,谁也比不上,连爱因斯坦也这样说,在他以前和以后还没有人像他一样决定着西方的思想研究和实验的关系,这是爱因斯坦的话。那么牛顿到底做了什么呢?虽然大家都知道,咱们还是再来看一下。第一,牛顿三大定律,这奠定了物理学的基础,也就是自然科学的基础。第二,提出万有引力定律,奠定了天文学的基础。第三,他发现了光由七种颜色组成,奠定了光学的基础。第四,发明了微积分,奠定了数学的基础。这里只列举了四个,实际上牛顿的贡献不止四个,还有很多,他这么多的发现形成了他的哲学体系,经典力学体系。经典力学体系其实主要出自于牛顿第二定律,用麦克斯韦的话来说,我们应该把宇宙现在的状态看成它过去状态的结果,并且作为征服状态的原因,也就是说,任何一个事情它都是有原因的,有了原因才能有结果,这是确定的,世界是确定的。

但牛顿的经典力学体系是不是完全正确的。在上个世纪初,人们发现,如果研究微观粒子,牛顿的力学体系就是不对的,取而代之的是量子力学。如果研究的物体的运动速度接近光速的时候,取而代之的是爱因斯坦的相对论,这是物理学革命。那么自然科学的革命呢，和物理学的革命基本上是一样的，经历了两次，一次是牛顿建立的经典力学体系代替了亚里士多德的哲学体系，第二次是爱因斯坦建立的量子力学和相对论。这是自然科学的两次革命，但是技术革命就不是一回事了，它们是不一样的。

技术革命我大概总结为三次，一次是蒸汽机革命，第二次是电气革命，第三次是原子能革命或电子计算机革命，这就是三次技术革命。下面我从技术革命开始来说明科学与技术的关系。

在过去很早以前，几百年以前，工业一般是手工业，后来人们发现蒸汽机，蒸汽机发现了以后内燃机也就出来了，就是现代的汽油机啊，柴油机啊，火车啊，轮船啊就相继制造出来，但是制造出来以后有一个问题，因为内燃机在工业中技术很重要，不论是火车也好，轮船也好，总是要想办法提高效率。汽油机我们知道需要燃烧汽油，于是人们就在想，不燃烧汽油，不用汽油，能不能制造一个机器让汽车转起来？那么这就是说，一种永动机，不需要任何能量来做功。在这过程中，做了半天都是废的。但是在他们探索的过程中人们找出一个定律。这个定律就是热力学第一定律。热力学第一定律说明了什么呢？能量守恒，要想做功必须要吸收能量，必须要用能量来做功，这就是热力学第一定律。热力学第一定律发现了以后，一个新的问题产生了。在内燃机中汽油燃烧以后，燃烧的热量也是能量的一种，让它全部都用掉，不要浪费掉，也就是说，我们的热机效率让它等于1，我们不违反能量守恒，做出这样的热机也很好，但是这样的热机还是做不出来。包括现在，我还接触过一些人，不太懂物理的也在做永动机，是因为他不懂科学，他不知道科学是什么。后来人们在造永动机的过程中发现了热力学第二定律。热力学第二定律是这么说的，不可能从单机热源吸热，使得全部做有用的功，而不引起其他变化。实际上我们的柴油机也好，汽油机也好，在汽油燃烧以后它一部分热量用来做功，带动轮子转动，另外一部分要放出是必须的，这就是热力学第二定律。热力学第二定律同时有另外一种表述，就是热量不可能自动地从低温物体传到高温物体，而不引起其他变化。这个定律是怎么来的呢？是技术。内燃机蒸汽机技术，推动科学的发现。这就是技术与科学的关系。

由此我们可以看到，科学指导技术的进步，技术推动着科学的发展。科学是认识世界，而技术是改造世界。科学是发现世界上已有的东西，技术是发明世界上没有的东西。比如说蒸汽机，内燃机，柴油机，这是技术。这原来是世界上没有的，我们现在把它发明了。这是技术问题。但是热力学第一定律，第二定律，能量守恒，这本来就是存在的，只不过我们原来不知道，我们现在知道了，这样的目的就是科学目的。它的形式也不一样，比如说现在我们发表一篇论文，科学就是发表论文包括著作。而技术衡量它的标准就是它的经济效应以及能够带来什么样的社会效益。

下面我们来看一下第二次技术革命，第二次技术革命，也比较有意思，法拉第做了一个实验，或者说他偶然发现了这么一个实验。有一些线圈，就是导线，把它绕起来以后将这两条线连到电流机上，电流机上有一个磁铁在里头来回拉动，就会产生电流。这样一个现象叫法拉第电磁感应定律。这是在我们物理学中学过的一个定律，这是法拉第偶然发现的。这是一个科学的东西。但这个发现非常重要。它为什么重要呢？因为这个实验的发现，这个科学问题的发现，最后导致了技术的第二次革命，就是电机革命。发电机、电动机等相继出现，到处都离不开它，都要感谢法拉第的电磁感应定律。就那么一个小小的实验，而且是偶然发现的，就可以指导我们做很多很多和电相关的一些东西。这就是第二次技术革命，这个革命跟刚才的第一次革命不一样。第一次实际上是技术推动科学发展，就是为了内燃机的效率提高结果发现热力学第一定理和热力学第二定律。而第二次则是，先是有了法拉第的电磁感应定律,后来制造出来很多种电机、电灯等等。

我们再来看看第三次革命,第三次革命就更重要了。第三次革命有很多内容,其中原子能革命就是其中的一种。为了把第三次科技革命,就是原子能技术的革命说清楚,我们先看看化学元素周期表,周期表大家都知道,现在地球上发现的元素有一百多种。第一个就是氢,第二个是氦。氢呢,最外面有一个电子,氦呢,一个原子有两个电子。我们现在来看一下相变,相变比如说水,水这种物质是由两个氢原子一个氧原子构成的水分子。如果在现在的大气压下,温度比较低的情况下它就是固体冰,在温度高的情况下就是液体水,再高就是气体,再高就是大等离子体。比如几千上万温度的时候,既不是气体也不是液体,更不是固体,它叫做等离子体。相变的过程中,不管是从固体变成液体还是液体变成固体,要么是吸收能量要么是放出能量。这个是比较简单的一种变化。再一种比较复杂的变化就是化学反应,化学反应是物质变,比如说两个氧原子和一个氢原子可以变成一个水分子。不管进行什么化学反应,元素是守恒的。比如说等式的左端和右端都是两个氧原子一个氢原子,这个是不变的。化学反应同样可以吸收能量也可以放出能量,比如说燃烧产生的化学反应放出的能量可以带动汽油机,那么我们的一个新的想法就是元素会不会变?这个问题是肯定的,但是条件非常复杂,温度可能要达到几亿度才可能实现,这就是核反应。确实有这样的变化,两个氢原子可以变成一个氦原子,但是要释放出能量,这就是核反应。那么会不会有用呢?有。我们知道原子弹爆炸和氢弹爆炸就是核反应。那么核反应是怎么来的呢?首先在 20 世纪 30 年代,德国一个科学家发现了核裂变现象,核裂变的主要元素是 92 号元素铀,92 号的铀可以变成 32 号的氪和 56 号的钡,它的反应是这样的:一个铀元素由一个中子轰击以后可以变成一个钡和一个氪，同时释放出两个中子，这两个中子又去轰击另外两个铀元素，这两个铀元素又会变成两个钡元素与两个氪元素并释放出四个中子来，这四个中子又去轰击四个铀元素形成裂式反应，一变二、二变四、四变八这就是核裂变，同时放出巨大的能量，这是物理学上的一个重要的发现。发现之后好多科学家预言可以造出非常厉害的炸弹，有了这样的一个科学发现之后，当时正好处于第二次世界大战期间，好多国家加紧制造原子弹，美国首先造出了原子弹，投到了日本。后来苏联、英国、法国、中国也相继制造出来原子弹和氢弹。后来核裂变技术不再仅用于军事上，于是制造出来了核电站，用核裂变技术来发电。

下面讲述第三个问题，科学技术目前面临的挑战。现在国际上提出来了两大难题，一个是能源，一个是环境。各个国家投入大量的财力做这方面的研究，因为这个关系到人类的生存。我们看下这个世界环境图，海洋里面颜色不一样的都是受到污染的，另外我们知道雾霾天气以及温室效应对人类的生存构成了严重的威胁，所以现在很多国家在研究环境问题。现在我主要强调的是第一个问题，能源问题。能源从古代就开始利用，水能、太阳能、风能，再到后来的燃烧木柴，再到后来的石油。这些能源目前在地球上的分布状况主要是煤炭、石油和天然气，但现在的问题是不管是石油也好煤炭也好天然气也好，在地球上的储藏量是有限的。据估计，煤炭大概在两百多年之后用光，石油大概是四十年，天然气大概是六十年，并且分布地区不均匀，主要分布在中亚地区。这里面的巨大问题是，石油这些资源用光了怎么办？现在各个国家重点研究能源方面的问题。国家顶层领导人和科学家们研究能源主要从哪个方面走呢？目前的主要进展是核聚变。那么核聚变是个什么东西呢？这个我刚才已经说过了。核聚变是两个氢可以变成一个氦，实际上氢的同位素是氘或氚，氢元素多一个中子是氘，再多一个中子就是氚。两个氘或者两个氢原子可以变成一个氦，这样就叫核聚变。为什么定为核聚变呢？因为在地球上还是有大量的氘或者氚，如果核聚变可以实现的话，可以供人类用几百亿年，也相当于取之不尽用之不竭。而核裂变不行，核裂变首先铀这样元素在地球上蕴藏量不够，很快就会用完的，并且对人类的危害很大，放射性很强。所以就定为核聚变。核聚变现在是由很多国家共同研究，其中有两个最大的研究方向就是激光聚变和磁约束聚变。在这些核聚变的时候温度一般要上亿度，这样问题就复杂了，首先就是拿容器来容纳的问题。那么我们面临的问题，一个是材料，另一个是高温的时候物理状况是什么，这是非常大的一个问题。去年还是前年，美国做了核聚变的"点火"，没有成功。还有一个是磁约束聚变，目前也没有成功。不是做不成，而是有很多问题约束，很难做成。比如在一些学术会议上，有人问主持这些项目的著名院士，核聚变能不能做成？因为核聚变在现在可以商业化，可以由核聚变发电，他的回答是这样的：在研究核聚变的过程中我们发现很多重大的科学问题。好多做核聚变的人都说还没有结果，也就是说现在我们做核聚变研究到底是科学问题还是技术问题呢，搞不清楚。核聚变是个科学理论，到底这个理论对还是不对搞不清楚，因为没有"点火"成功。也有人说可能是技术问题，现在面临的科学和技术在核聚变这个方面是非常难的，甚至也有人说实际上超出了目前科学现有的水平。

最后，有一点我赞成李校长刚才的观点，他说"一流的技术必须要有一流的科学"。现在核聚变是一个技术问题，那么已有的核聚变的科学和理论到底对还是不对，现在还是持怀疑态度。好了，我的报告就到这。

李朝东：非常感谢。就最后一个问题我想讨论一下，究竟核聚变是科学问题还是技术问题，我认为是在已有的科学框架下的技术的增长。我特别感兴趣的是，现在我们不知道西方人哪一天会搞出第四次科学技术革命。也就是说,刚才文山教授讲的都是在前三次,尤其是在第三次科学技术革命的范畴里来讨论问题,它是在已有的科学框架中技术的生长、增长,就好像科学给它画了一个圈,在这个圈里它,散发出科学技术的光芒,它改变了我们的生活,但我更关心的是第四次科学技术的革命与谁的名字联系在一起,这才是一个真正创新的理论问题。我们下面请莫尊理教授来给我们讲。

莫尊理:非常感谢今晚能够参加我们的《中和论道》,作为科学的一个分支,我们很向往进入到哲学这样的环境中来,但是我们一直只是在门外张望的人,如何让我们的每一个学科都上升到哲学这样的高度,我觉得这是我们刚刚开始思考的问题。好在李校长给我们这样一个机会,让我们数学院的著名教授,也是咱们学校在自然科学领域里面我觉得可圈可点的马如云教授,另外在物理方面也是可圈可点的段文山教授来讲,他们两位代表了数学和物理相当高的高度,但即便如此,我们都在路上。下面讲的内容是我希望给大家提出一个思考的方式,而不是要告诉大家什么内容。我要讲的这些东西看上去很哲学,其实很外行。但是我愿意和大家一起去想。我在想这样一个问题,在最初的这个数字的世界中,水火气土四元素,还有我们古代说的金木水火土阴阳五行,实际上这些内容也是我们学科发展的内容。就是到现在我们也没有根本性地去颠覆我们的一些认识,为什么这么说呢?因为后来我们发现所有的这些学科基础,都是在这些小的根本性的东西上做一些最基础的改变。我们没有把它提升到科学甚至是哲学的高度去认识。所以化学漫长的历史都是在极其细小的东西上徘徊,而就在这个时候,自然已经把第一个化学展示给我们看了,那就是火。关于火的产生、火的保留和火怎么样去应用,这一连串的问题就使得这一学科开始了,整个人类的饮食文化就产生了。光明和温暖是我们在理性层面还是在感性层面思考的问题，无论是哲学还是科学，我们应该回归到怎样的层面去认识光明和温暖呢？这个问题在技术层面上，在化学方面就已经做了。但是化学不能给大家提供的是怎么样就感受到了光明，怎么样就使得温暖传递给大家，这是化学不能解决的。还有制造工具和生产武器，这也是化学的作用。技术就是给科学画个圈去发展，而化学就是个不争气的技术，化学就会越界，就从画好的圈里面跑出来了。每跑一次化学就发展一次，同时也就变异一次。工具制造好了，武器也制造好了，但是这个武器是用在好的地方呢还是不好的地方呢？这个问题也是我们后面要讲到的一个命题了。我们用火产生了化学反应，也就是凝聚了的形象，也就是由化学给我们产生美感。这一点就是后来的上升到哲学或进入到科学，这就是我们要说的淘气的手指，把抽象变成一种具象的东西然后表达出来。这是所有的学科上升到科学或者哲学的时候要做的功课。化学在这个时候就要做功课了，事实上冶金就是从抽象到具象再从具象到抽象的过程，而这个过程就是大家前面说的能源。人们一直以来的梦境就是实现光明，温暖和能量自然就是化学关注的问题了。当你考虑到能源的时候自然资源也就是你要考虑的了。这是在技术的层面上需要关注的。必然的路径就是对新能源的开发。新能源的发现仰仗人类能否发现新能源，以及用什么方法去发现新能源。我们用什么样的手段把这个呈现出来，我们又用什么工具去使用它。这就让我们思考怎样在理性的约束下把这个脱缰的野马拽回来。化学就是为了改变我们实在的身体，或者由它再蔓延出和生发出其他的东西。因为化学的路径就是这么走出来的，就是这么实在。因为它很技术化，所以它很实在。从远古时期的服装到各类染料的发展和应用，我们就像真正的工匠一样，而真正的学科就是从这个时期开始的。后来发展的化纤其实就是在技术层面发展的。天人合一是我们跑了一大圈以后才发现的。自然的才是最美的，自然的其实是我们一直追求的。而这之后我们对火的开发就更是技术层面的问题了。比如说，我们发现了火之后，我们慢慢发现我们会造酒了，在酒的酿造之后我们又有了一个新的发展，其实质在整个文化层面上是非常非常重要的。前沿不管在古代还是在未来它都是很重要的，这是在技术层面上，而更让化学体现技术层面上的是后来我们人工合成了香豆素，人们一下子兴奋了，在此之前人们认为自然要一下子复制起来是非常困难的，但化学家在这个圈子里一不小心又跑出去了。跑出去了以后，人工合成了香豆素。由此香料整个过程产生了。这种相依迷幻的过程，为什么会进入到我们感受系统然后上升到学科里面作为一个技术由我们去发展？当然让这个世界有所异化的是食品添加剂的产生，为什么我会这样说呢，它既有好处也有不好处。更说不清楚的是农药，农药让我们有饭吃了，可是农药也改变了我们现在生活的很多方面，这两面都在改变我们的生活，让我们离也不行弃也不行。这种情况实际上在推动我们进步。医疗问题也是化学在技术层面上提升的过程。从炼丹术开始到人工合成激素，再到青霉素的产生，还有牛胰岛素，我们把它的氨基酸序列确定，这实际上标志着化学在技术层面上的又一步递进，那何时我们能在化学的角度上再一次审视它呢？

我们再看看艺术在化学技术层面上怎么推动的。陶艺，这是中国六七千年前所创造发明的，这个过程是手工磨制的过程，其实更深刻的反应是技术，只不过从宏观层面来说，化学显得微观了一点。而纸的产生，几乎是我们在化学层面上的一步一步的临摹。瓷器的产生已经进入到一个高峰了，但那仍然是在技术层面的一个发展。珠宝，在1902年法国科学家维尔纳成功制造了人工宝石，他对于化学从科学层面进入到科学技术层面上作出了贡献。在此之前，他一直在想如何把一个模糊的不确定的东西变成确定的而且精准的东西，成为我们认识的纯粹的高点。我们知道钻石是天然的最纯粹的化学物质，而人所向往的纯粹呢，就是要到这个境界。维尔纳第一次成功地合成了人工宝石。凡此种种我们所说到的问题都没有进入到哲学范畴，我们仍然是在技术临摹的阶段，就像李校长前面说的那样，你要是研究中国古代科学技术过程以后就会发现，我们只有技术而没有科学。因为我们就是在这么一个细碎的过程里看得眼花缭乱。

之所以我们拿不出一个具体的东西，是因为我们一直在研究技术的精湛程度，没有在理性和思想的高度进行一个集中组合归纳。在这样一个过程里面造成了很多的问题，而这些问题一直没有被制造物质的化学家仔细地思考过，那样我们所做的事情就是多一些物质，多更多的物质，到现在我们一年所创造出来的新物质达到一亿多种，可是这一亿多种物质到底有多少种对人类的文明进步起推动作用呢？有多少种是对我们思想和理论有所说明的，有多少种是可以用来对未来进行思考和预言的？这些在此之前都没有说明。到上个世纪80年代的时候，实际上在西方早就有化学哲学这样一个提法，道尔顿的一本书《化学哲学新体系》讲的就是他如何将化学放在哲学的高度上去思考，在他之前西方的一些大化学家也作出了杰出的贡献。我同意李校长的看法，数学应该是一个独立的学科，而物理学、化学应该打包起来成为一种科学。化学是属于比较年轻的学科，马院长刚才讲的数学是很精彩的，它的历史悠久，成果辉煌，它对思想的引领曾有过那么多高潮，而且在思想上的革命一浪高过一浪。化学在这个过程中只能作为配角，但是有的时候就反串了，配角变成主角。这个主角是怎么产生的呢？就是做了好事别人看不到，做了坏事就被别人揪出来。为什么会有这种现象呢，这就是化学伦理出现的必要性。

这个学科的开始是源于上个世纪80年代的一篇文章，这篇文章主要是介绍西方是怎么认识化学哲学的。无论是东方还是西方都没有化学哲学这个学科，我们一直在不停的试探，我刚才说我们化学就像是在门外窥探别人上课的孩子，一会听一会又跑开，我们一直没有长大也没有成熟，我们一直玩的是铁环和沙包，所以我们算不上高大上。但是有一天几个热爱化学的哲学家和几个热爱哲学的化学家坐在一起，商量共同创建一个化学小组，于是1993年在德国就形成了这个小组，其形成的意义确是非同凡响的，它成为了科学哲学里的分支即化学哲学开启的里程碑。这20年里它的发展是很快的，因为我说过它是小孩嘛，小孩的成长是很快的。

关于化学哲学的归属以及它归属之后研究的问题是什么，我大致做了一下总结：一个方面是经典哲学著作中的化学思想，这是这个学科刚开始的时候大家集中研究的一个领域；另外一个是还原论和反还原论，这也是我们研究的问题。还有实在性问题，还有化学的自主性与化学史，这些问题总的来说就是经典与传承的问题，这是化学与哲学的一般性问题。在这个一般性问题中我们发现这样一个现象，即化学哲学的新热点主要集中在三个方面，一个是化学伦理学。即化学伦理学是研究化学的社会伦理问题和化学家的职业伦理问题。因为哲学家一直致力于世界本原的研究或是伦理的研究，对于具体科学的伦理是涉及不到的。对于化学就没有约束了，这样化学哲学就产生了，化学美学就是基于数学和物理学对于化学的具体阐释后可以进入哲学本体进行讨论的化学哲学分支，它是对自然的可视和不可视，可预测与不可预测，变与不变，复杂与简单，具体的符号与图像以及结构构造等范畴的研究。当然数学和物理有很大的研究成果，刚才两位教授的一些实例都是对我观点的支持，虽然段教授讲的核聚变、核裂变是物理学的研究，但是化学在其中也是功不可没的。马教授讲的他们所研究的内容，镜面问题和表面问题也是我们研究的领域。化学领域研究的就是表面的问题，它的关注点就是界面。唯一缺乏的就是哲学的头脑，哲学的头脑再庞大一点化学就可以驾驭了。数学、化学与技术的研究也是我们这个学科的三大热点之一，我今天先简单说一下化学伦理学。

化学伦理学是基于什么样的情况提出的呢？随着全球问题的日益突出，化学产品的副作用也显现出来。在一个化学产品出现之后，我们没有作出评价。因为技术先行，当这个过程已经结束的时候，我们对它规约的方式还未出现，使得我们的化学产品到底产生什么样的副作用不得而知。第二个问题是化学武器的研究。核武器的产生很是伟大，可是很多事情恰好是向不好的方面发展的，所以我们要有很多规范去约束它，以防范不好的方面出现。第三个方面是化学污染。化学污染是很宽泛的，大到宏观，小到微观。食品的污染，空气的污染，化妆品的污染，所有的污染都很重要。而化学污染的过程，很有可能造成将来的大脑污染。因为所有的物质都被污染，必定会影响大脑。有可能哪一天我们看到的东西都是错的，白的是黑的，黑的是白的，视觉系统改变了。因为食物的污染，污染物在身体中所产生的变化，就像脱缰的野马，根本无法控制。还有化学的生物异化，这是在一个不节制的无约束的过程中，化学产生的一个病态科学的结果，大家会深受其害。本来我们只有两个耳朵，到时候可能就有四个耳朵。虽然耳朵多了，但功能不见得比现在好。可能我们会有四个胳膊，反而分不清主次。生物的异化是非常可怕的。前面的几个方面是对宏观或者某一方面的说明。还有化学药品与毒品。实际上从专业角度来说，化学药品全是毒品，为何要这么说，是因为无约束的过程使得一部分化学品、毒性更大的化学品，更加精纯。这就是冰毒、海洛因。这些东西的泛滥，对这个世界的搅扰是不可想象的。在这些问题之下，社会和公众不断谴责化学给人类生活所带来的严重危害。这些问题都归咎于搞化学的人。从本质来讲，化学家有责任，但是不完全是化学家的责任，大家都有责任。

哲学界的哲学家们，他们无意于思考我之前所谈的问题。但是他们是从更大的范围来思考，不会深入到化学这个学科之中。

他们会深入到环境、技术、药物和战争中来讲。当然，对于人类前途和命运的思考，在哲学角度来说追求的是终极命题，追寻在整个系统当中我们是完美的，还是不完美的，过程产生了什么，但是却忘却了我之前说的问题。这样就会产生两个问题，一个是化学社会伦理问题，另外一个就是化学家职业伦理问题。这是化学伦理里面最应关注的两个问题。化学社会伦理，是要探讨化学对社会产生的影响、化学共同体的责任与义务、化学中的"研究自由"以及高等化学教育的伦理问题。这其实是几个方面的问题。这几个问题对社会所产生的影响，是化学共同体的责任，是所有从事化学工作的人的责任，需要明确我们共同的约束是什么。再一个是化学中的研究自由。虽然对于所有的研究来说，如果你要创新，你必须是自由的。但是，化学显然和数学不一样。数学家们思想的自由，的的确确不会造成污染、生物异化等问题，他的研究的自由是纯粹的。但是，化学仍然摆不脱技术，在这样的过程中，他的责任和底线就不一样了。所以，伦理问题的反思是需要的。更重要的是我们对新生的学习化学和研究化学的人要有伦理学的规范，否则他不知道什么是对的，什么是错的，该做什么不该做什么，是把野马拉到高速公路上跑呢还是在草原在沙漠跑呢？在化学里边应该是有界线的。再一个就是化学家职业伦理的问题，这里边主要探讨化学科学的不端行为，科学共同体的道德规范，以及行为准则与化学研究道德价值选择问题。这两大问题，就是我们化学伦理学现在必须面临的问题。那么化学的社会伦理问题主要体现在哪些方面呢？传统的社会风险是不能覆盖科学风险的，给社会学和哲学带来的风险是感知的，现在人们面临的风险已从可预测和可控制的自然风险转向了难以预测和控制的现代人造风险。人造风险就是前面说的给你扔一个原子弹，或者其他的（类似核武器的）风险，这些其实都是人造风险。这种情况下，人们如果没有伦理准则，问题就大了。再一个，化学家认为他们的职责就是为增加化学知识的积累作出贡献，忽视了合成新化学物质等化学行为可能带来的风险和责任，这是他们在实验室想的很少的问题。还有一个是化学研究的商业化走向，还有科研结果的商业化可能破坏科学的客观性。大家知道，化学作为科学是纯粹的，但是作为技术的时候它和科学就有了区分。如果把这个过程商业化了，就意味着利益的驱使改变了我们的底线，责任和道德就在这底下等着我们。

解决这些问题的路径有这些：一个是依据道德责任的要求把化学放在伦理学的语境之下，处理好合成新化学物质可能带来的风险和责任。这就是说，如果要做一个化学研究，先要进行一个判断和评估，以确定应不应该做。这就像前段时间我们说的，能不能做克隆人的试验，虽然我们还没有对科学伦理进行严格的界定，但是几乎所有的国家都认为这是不可以的。假如说再复制几个我，我还可以规范自己，别人不规范怎么办？这样问题就太多了，完全不可想象。再一个，反思当代教化问题，里边极其紧迫和重要的是伦理学课程应该引入到大学自然科学和工程学这些专业当中，学这些主要是为了让他们知道自己学的这门专业的道德底线在哪里。通过推行教育实践的这些过程改变我们最初（完全为了兴趣去研究）的想法，知道哪些行为是不行的，有可能给他人、社会造成危害。还有一个是功利性创业的学术文化中建立严格的保障措施和标准制度，在鼓励科学、社会和经济发展的同时，确保高等化学的道德责任教育，如果不进行这个改变，那么化学真的太不理性了。像数学和物理学，都很有绅士风度，但是化学却到不了那个程度，所以我们需要哲学的约束。

前面谈是化学的职业伦理，我们现在再看看化学家的职业伦理存在什么问题。化学家的职业伦理存在这样一个问题：因为他从事研究，所以化学知识的商业化、利益的驱使使得化学家对自己职业的坚守缺失了。第二个，有些科学家因为没有经过道德或者伦理学方面的思考，没有想到自己的研究是为了什么，从而可能导致研究走向病态。这些病态的例子太多了，包括我们前面说的聚合水等稀奇古怪的东西，都属于病态研究。但是，病态研究毕竟不是剽窃，它还有它原创的成分，它唯一的意义就是它是原创的。但是，如果它不是原创，而是复制的，整个这门学科就没有意义和价值了。所以，物质的污染是怎么造成的呢，是因为它没有原创，而是复制，复制的过程就是污染。前面我们说了，一年造出那么多的物质，有用的、有价值的有多少，我们需要评价，我们需要有约束。什么样的东西是我们需要做的？我可以举例。目前来说，全世界的科学基金几乎没有在这个方面建立标准和规范，都是以推动原创的思想为主，而没有进行这方面的约束。唯一约束的是他的目的是要干什么，可是这个目的是不是终极的目的呢？这个不得而知，所以考评非常重要。还有一个是科学自身的缘故，道德冷漠就这样造成了，管你怎样一回事，我做的开心就行了，使得我们对于社会的责任感不强，正义感缺失。因而以下两个问题非常重要：一个问题是创新性研究的本质在于尝试非常规的方法，这就是创新，但是它也会导致出错风险，因为你是要原创，出错的风险就会更高，更重要的是它出错的风险高，而自由度也就高，那么自由的规范恰好体现了科学研究的意义。另一个问题是化学知识的效应化使得技术的追求代替了科学知识的探索。传统认知价值导致了科学界的道德冷漠，在这样一个过程中，我们需要做的是迎接大科学时代的到来，如科学、化学不再是以单一追求科学知识为目的的纯粹意义上的科学，它已经成为与社会发展紧密联系的社会核心要素，社会面临的各种问题也成为化学家关注的问题。因此，化学家应从伦理学角度去评价化学，承担起必要的社会责任。从思想上正视科学家应当追求的职业伦理要求，从实践上消除化学以及技术可能会对生态和人类带来的危害，这是非常重要的。

那么什么样的要求才能使我们遵守道德底线和原则呢？我觉得有如下四个方面：第一，公众道德。作为科学家，我们首先要有公众道德。第二，作为社会的一分子，我们要有责任。第三，这个责任连带的是义务。第四，最终体现的是正义。通过这四个因素推动的是探索和创造科学新知识研究的核心价值，建立化学共同体系的道德规范。我甚至觉得所有的化学家都应该联合起来，制订一个研究共同体道德规范，并成为全球性倡议。但是目前还不行，我们期待哲学家给我们做这个约束。

那么讲到这里我就不由地想借用哲学家们的一个成果，这是柏拉图的三大价值理念；我觉得也非常符合化学家追求和非常纯粹的理想：即追求真理，追求正义，实现美丽，我觉着这些应成为化学家的追求。如果是这样，我们就可以得出个什么样的结论呢？化学发展的伦理要求直接导致一些真理，使得化学不断发展的同时成为真正能够给人类带来益处的手段和工具，化学哲学已经从传统的基础化学研究转入到跨学科的讨论，所以刚才两位教授所谈到的内容让我受益匪浅。还有，化学有更多更有趣的问题和紧迫的问题有待于哲学家们去思考。所以今天我是讨教于哲学专业的导师，也是讨教于今天所有在座对哲学以及科学对哲学发展的问题感兴趣的老师。谢谢大家！

李朝东：我觉得不是在听一个科学家在做报告，而是在听一位诗人为我们激情朗诵。这就是我们做教师努力的方向，同时我也希望未来要成为老师的同学们也把这个思路整理得无比清楚。

莫教授的最后一个问题使我突然想起30年前我上大学时读到的一本书，作者是英国科学家查尔斯，他写了一本书，书名叫《科学究竟是什么》。这本书一开头的一段话，直到现在我还记得：人类社会就像一列火车，科学技术是它的火车头，科学技术这个火车头正在拖着人类社会这列火车向前奔驰，速度越来越快，可是驾驶室里却没有驾驶员，谁也不知道科学技术这个车头会把人类社会带向必然的王国还是偶然的地狱！我想莫教授最后给我们分享的这个问题确实值得我们思考。非常有意义和非常有价值的一个问题，那么我们还是请三位教授上来，利用一段时间，回答各位哲学、科学以及技术爱好者们的一些疑惑和提问。

李朝东：我先提一个问题，在座哪一位回答都行。文山教授前面说到，大家都达成共识的是，西方有三次科学技术革命，那我想问一问三位科学家，你们预测一下有没有可能发生第四次科学技术革命，如果是的话，将会以什么名字来命名，可能会在哪个领域？

马如云：第四次已经有了，信息领域，到最后，我看一下你的眼睛就知道你的头脑里想什么。现在一个北大的教授，美国人，到我们数学会上作报告，讲的就是读心，他就通过电子，好比在那放电影，我看电影，他把这里看到的东西，想到的东西到这里显示出来，就已经把好多东西知道啦。因此心里想什么，别人已经基本就知道啦，因此呢，如果是这个样子的话，以后的信息呢，比任何东西都重要，比黄金钻石重要得多。以后是信息革命，这个毫无疑问。

李朝东：两位教授都同意他的观点么？

莫尊理：第四次技术革命肯定会有，我觉得第四次技术革命已经发生了，就是前面马教授说的，信息革命是伴随技术与科学的混杂体。到底它是什么样的，大家还在描摹中，但是已经进入了，为什么我们没有感受到呢，因为它确实是一个突变的过程，偶然造就一切，到那一天肯定就知道了，就像我们不知不觉春天就来了，我们怎么能分出哪一天就是春天，哪一天就是冬天呢？

提问：我是国际文化交流学院的老师，今天非常荣幸，也非常感谢能给我们提供这样一个平台，感谢中和集团，让我们一睹理科教授的风采。我有一个问题想请教一下马教授，马教授在谈到数学的时候，数学的一个重要的思想就是变换，我们中国文化典籍《周易》，它的意思就是变化的意思，形而上者谓之道，形而下者谓之器。从真正哲学的角度来说，《周易》作为哲学来说，还缺少系统性，它作为一种技术，也没有被更好的利用。我想起了爱因斯坦曾经说过，他觉得万物背后有个上帝存在，他用优美的数学公式描写出来，我就特别想请教马教授，请马教授谈一谈你的观点，谢谢。

马如云：实际上我对《周易》阴阳五行了解的不多，但是差不多在过去的一年之内，我也是非常刻苦地在进行这方面的研究，我跟陈书记发表了两篇文章，我也到全国十所高校，包括山大威海分校，还有其他高校去做报告，反响挺好。我们古代变换的思想事实上的的确确有非常合理的成分，说透了就是勾股定理，一个一，阴阳加起来就是一，阴就是勾的平方，阳是股的平方，这两个的规律就是这样，千年不倒，我认为合理的部分就是勾股定理。我们的上帝，阴阳学说的上帝精髓就是勾股定理，就是正弦函数。同时黄河流域气候的变化、人的衰老过程这就是我们的余弦函数。

李朝东：我们学校新来的党委书记陈克恭同志，提出了一些他的哲学思考，其中很重要的就是阴阳平衡理论，西方人认为我们中国人是辩证思维，我们也认为我们是辩证思维，这个辩证思维在西方人的观念中是什么意思呢？是模糊型的，缺乏数学的精确论证，西方人认为他们是逻辑思维、形式逻辑，那就是非常精确的推导。陈书记给马教授一个课题，那就是阴阳平衡理论的变化，要作出数学证明，如果这个课题成功的话是非常具有创造性的，非常值得祝贺的是我们马如云教授完成了这个证明过程，他已经去十几所大学做过报告了，在今年还要到美国去，讲我们中国人的思维不再是那种辩证的模糊思维，我们也能用数学证明，也有非常严谨的数学逻辑，这个科学研究工作非常有意义和价值。我也有幸参加了马教授研究工作的几次研讨，学习和聆听了他的思想。作为一个补充，但是他今天在这解释比较简单，希望以后其他人再和他讨论。

姜宗强：刚才马教授讲了不完美性就是数学，数学包括的那些科学理论，到底是人的一种构造，还是对客观世界的反映？因为数学有不同的构造体系，其中的不完美性是说数学反映了人的认识能力的局限性，你怎么看待人的认识能力？人的认识能力的限度在哪里？有没有限度？

马如云：的的确确是这样的，自然科学所有的东西不依赖于人，人可以拿尺子去量，结果不一样，实质是一样的东西，就像埋在沙子里的东西，都是客观存在的。我认为人的认识过程是这样子的，人的认识过程是无穷无尽的，赢了α这个机器人呢，过几天又发现一个β，人的认识是无限的，除非像莫教授讲的，化学物质吃多了，吃的不像人了。如果由着科学家们瞎折腾，人类不到千年就完了。为什么呢？石油没有了，空气污染了，基因变异了，小孩子生不出来了，用机器做小孩子。那么人和机器生出来的是人还是计算机？因此很多事情很麻烦。但是我认为人类的精神是无界的。

莫尊理：人类认识的不完备性和发展的不完备性，我今天讲的实际上就是这个话题。人类在不断挖掘自己，而马教授刚才也谈到，自然是不变的，人是改变的，人的改变让我们更加完备，这是我们的发展过程，而我们所做的事，也存在一个不完备性。在发明创造技术学里面有八个规则，而不完备性就是其中一个规则。正因为不完备，技术的动力就是不断让它完备，但是完备了以后又有了新的问题。出来一个α，又出来一个β，这个过程就是一种超越它的不完备的过程。但是能不能接近完备呢？我认为不管怎么样做它都没有自然完备。我们现在的问题是把人的不完备性附加在自然的完备性上，这就是我们破坏了自然本体的和谐，所以技术和科学的产生到底要把我们带向何方，这是我们所有人都要关注的问题。

  提问：我来自心理学院，我对数学和哲学都怀有敬畏之心，因为我们心理学脱胎于哲学，而我们心理学研究的最高深的阶段就是用数学来解释。我有一个想法想要表达一下，刚才各位教授讲的物理、化学和数学可能更关注的是物与物的关系，或者是人和物的关系，但是在这个过程里面，人创造那么多物化的东西时，人的作用在哪里？我想请各位老师讲讲从化学、物理、数学的角度来看，我们怎样来认识人的心理的问题？人的心理发挥了怎样的作用？刚才各位讲到了人的认识的无限性，又讲到人的认识的不完备性，那这两者之间又是怎样一个关系？

  马如云：我认为知识是唯一的，宇宙的结构是确定的。不同的人、不同的心理状态、不同的文化可以写出不同的教材来，比如外星人可以没有三角函数，直接从有机数，直接由基数论演绎出三角函数，但其实质是一样的。外星人可能是从人的肩膀往下面走，而我们可能是从脚底下往上面走，但这个人，这个宇宙结构的规律是有标准的、是唯一的。

  莫尊理：对于第二个问题，我觉得不完备性和无限性在认识论水平上是一致的，不完备性实际上就存在了更大的一个过程，它的对面、它的发展方向就是完备性；无限性从认识角度来说，其实也是朝着这个方向发展的，在这个过程中是统一的。关于物与物、人与物之间，在技术层面上是怎么认识的问题，我认为，所有的技术与科学从哲学的角度来看都是人给自己布了个局，关键在于他怎么玩，玩得好不好。玩得不好就玩出了问题，玩的好就推动了发展。实际上我们对于物，是寄予了我们精神索求的，而它表达的是什么则是需要我们所有人去感受去领悟的，也是我们需要去诠释和再次发现的过程，这样我们玩物才是有意义的。如果我们仅仅是为了造什么样的化学物品，这是没有意思的，这就是物质污染。如果我们造的时候，恰好就领悟了这个过程，比如说多巴胺，这是对人很有价值的物质，每个人都有一定的指数和水平，可是这东西不是越多越好，同时没有了也不行。我们给予了它什么，推动了一个什么样的过程，这其实就是我们赋予物一种想象和一个实际的寄托。再说物与物之间，从技术层面来说，就相当于音符，要看我们怎样去组合弹奏这个旋律了，如果不是旋律那就是噪音，噪音当然就是污染了。所以这也存在一个人如何去驾驭的问题，这些问题也就必然上溯到哲学里去讨论和解决。

胡好：我比较关心的是人工智能这方面，我的一个思考是在技术不断发展的未来，人工智能和我们人之间的区别究竟在哪里？以前认为人有意识会思维但机器没有，但现在这一点已被攻破了，有人就预测人工智能在以后的发展中也可以写小说，这是一种创造能力，和下围棋的纯靠技术是不同的。现在已经有这个苗头了，腾讯在前几年就有写的新闻报道，这个写出来以后，一般人看不出来这是机器写的不是人写的。随着科技的发展，原来我们人引以为自豪的东西——人有意识而机器没有，这个界限可能会越来越模糊，如果连小说都能被人工智能写出来，人和人工智能的区别究竟在哪里？也许有人说在情绪方面，但说不定，人工智能也可以有情绪，当以前认为不可能的问题一个个被攻破之后，人和人工智能的区别究竟在哪里？

段文山：刚才李校长说的一句话我很赞成。人类就相当于一辆火车，未来火车走到什么地方，是不是会走到一个地狱里去，是不确定的。现在人类的科学技术发展太快了，你根本不可预知。那么人和人工智能之间，将来会是什么样的也是无法预知的。因为现在科学技术发展实在是太快了。就比如说我们地球上的恐龙存活了2亿多年，而现在人在地球上是最发达的生物。以后会到什么样的程度很难说。前面两位老师提的问题我是这样想的。搞自然科学，每个人都有每个人的想法。宇宙的知识是无限大的。人认识自然总是有限的，永远是有限的，就像是盲人摸象，以后很有可能是由人工智能来控制人。而且越往后面科技越发达，一个人就可以决定整个世界，人类的命运一个人就可以操控。科技越发达个人的能力就越强。这是我的第一个想法。另一个想法就是刚说的社会问题，实际上更复杂。我们物理学解释一个事物可以列方程，如果社会也可以列一个方程，比如说南海会出现一个什么样的情况，按理说也可以列一个方程。只是这个方程太复杂了，现在的人列不出。如果人类的寿命是无限长，一直能够存活下去，或许有一天宇宙的诸种现象就会被人们发现。

莫尊理：我想这个问题完全是不用担心的。强烈推荐大家去看一下《三体》这部小说，获得过世界科普最高奖。我们今天所讨论的这些问题在这个小说中全部涵盖。作者的见解和描述，为我们将来科学怎么去做指明了方向。让人工智能反过来去驾驭人，这几乎是不可能的事情。机器和人去对弈，说穿了不是机器和人，是人跟自己设定的一个程序对弈。所以我们完全不用担心而应该愉快地活着。现在我们需要面对的是科学伦理和责任的问题。我们如何建立一套不让人去毁灭人的秩序。这可能就是我们所有学科都应该关注的。

马如云：一个人工智能制造出来的工具是集中了上百万人的智慧，那样的一个高科技产品和一个简单的人去对弈，人肯定会败下阵来。将来会有更大的工具之间的较量，这是可以比较的。的的确确也有这种可能性，会有这种情况，第二个法拉力出现了，找到了一种非常非常大的力，这种力和地球上的一切力都不一样。要是把感冒病毒和艾滋病毒一结合，整个人类都灭绝了，这是有基因结合的理论根据的。所以说刚才谈到科学的伦理，值得认真地思考。

李朝东：我是一个围棋爱好者，今天中午是李世石和机器人的最后一场比赛，还没看完就要上班去。后来问了结果是四比一，以此引出了胡好教授的这个问题。Alpha 是字母 A 的希腊语读音，德语里面是 Anfang，我们一般把 Alpha 翻译成开端，把 Anfang 翻译成开始。开始是一个时间过程，开端是一个逻辑过程，所以这个人工智能的命名也是有深意的，刚才三位教授对这是不是一个新的起点做了一个解答。人在中国象棋上输给了人工智能，围棋奥妙无穷，居然也下输了。

也就是说，只要你在这个地方出现了，我就可以参照所有高手下过的棋，检验了所有的步骤之后就可以找到一个最佳的应对，但 Alpha 还有一个计算的过程。我今天看到在靠近天元那个地方，李世石是一下靠过去，机器人下了极其烂的一步棋，他就粘上了，可是接着让李世石一扳，那个地方所有的围棋高手们以及评论员都说李世石大优，后来因为自己没看，询问别人后知道是机器人胜了。就是说你一旦下出这步棋之后，虽然是很烂的棋，它反倒不会输，也即它应对的那些招法都是最高的，最优的。后面怎么样我没看，但关键是他有直觉能力，机器人有直觉能力吗？当然这中间还包括情感，情绪什么的。但是话说回来，机器人追上人类还有一段漫长的道路，毕竟人是创造者，它是被创造物。但是我们人类自己担忧未来，就像我们把动物关在动物园里耍杂技一样，机器人能不能强大到有一天把我们关进人物园里，它们看我们耍杂技，我们在里面表演仍然是问题。其实这个担忧从机器人诞生起，从上个世纪六七十年代开始，一直是人工智能领域里考虑的问题之一。现在这个问题依然存在。

学生提问：我对物理学上的一段轶事比较感兴趣，请两位老师谈谈自己的看法与评价，牛顿在晚年转向神学、宗教学。能不能结合一些具体的历史事实，谈谈自己的看法。

段文山：很多物理学家，包括自然科学家，搞研究时越研究越会觉得神奇，神奇到他可能会觉得这个世界好像是上帝创造的。就是说，越研究越相信上帝，牛顿就是最典型的一位。宇宙的知识无穷多，人的认识永远是有限的，所以有好多知识是我们不知道的，那么不知道的话就认为是上帝起作用。牛顿在研究完万有引力定律之后，认为宇宙中间没有绳子，它什么也没有啊，那么它究竟为什么会有这么大的力呢？它从哪里来的？所以当时因为这个原因他相信了神学。在当时他具体是怎么相信了神学，以及怎么做的，我不知道，但是有一点我知道，牛顿不仅对自然科学做出了贡献，而且在哲学界、神学方面也产生了影响。

李朝东：其实牛顿当时用了很长时间去研究神学，上帝问题不足为奇，爱因斯坦在获得诺贝尔奖之后的讲演叫《我的信仰》，其中有一个问题是上帝是什么。上帝可以有多种解释，其中有一种是，当科学走到无路可走的尽头的时候，它作为一个假设。也就是说，人类最聪明的大脑走到前人所没有走到的路的尽头的时候，发现这个问题已经找不到答案及解释，他就把这个归给上帝。实际上这并不是在研究上帝，他不是一个神学家，实际上那个时候的科学家们有非常全面与广泛的兴趣。1月4号是牛顿的生日，当时我在转发一篇文章的时候，曾建议马老师在数学、物理等学院举行一个小型研讨会来庆贺牛顿生日。主要是万有引力定律、物理学定律发明之后，整个世界是一个力的支配体系，牛顿出现之后还是无法解释亚里士多德问题，亚里士多德认为当我推动这个杯子在桌子上运动的时候是我给了它一个力，那么我的力从何而来？由此亚里士多德在运动系列当中提出了一个不动的第一推动者，他把他的形而上学也称为神学，我们在讲他的哲学体系时叫做神学形而上学体系，那个神学形而上学就是在找它的第一推动力。牛顿最后发现整个世界就像我们拿的一块表一样，当我们把发条上紧之后，它就开始运动，可是世界作为一块大钟，是谁把这个发条给上紧的，这个手是从哪里来的？从亚里士多德一直到牛顿他们都是从外部世界来寻找事物运动的第一推动力或者叫不动的第一推动力。黑格尔就改变了这种模式，他不从外部找，而是从内部找。他说两个事物或者两个概念之间就构成对立又统一的规律，这个规律我们现在叫做马克思主义哲学中的矛盾概念，是内因，不要从外部寻找上帝。当然，最初，黑格尔解释的概念和概念之间相互的作用推动世界的发展，马克思把概念变成事物，认为事物与事物之间的相互作用推动世界的发展。其实牛顿并不是在那儿认认真真研究上帝，而是给这个世界为什么会永恒运动找了一个第一推动力。当然现在的物理学有新的解释了，比如宇宙大爆炸，它就说明为什么这个世界会运动，它就有新的解释。但是在古代的时候这个世界是怎么起源的，它的运动动力来自于哪儿，这个在西方的概念系统中叫做 cosmology，即宇宙论，cosmos 就是宇宙。宇宙运动最初的原因来自于哪儿？牛顿最后没办法解释了，所以依靠了上帝。每个个人智力有限，他没办法解释的时候就会推出上帝，说是上帝这双大手把宇宙这块大钟的发条给上紧了。我认为最重要的刚刚几位教授都提到了，用数学论证了万有引力定律、三大引力定律，这是很重要的。今天晚上三位教授从数学、物理、化学三个学科探讨了不同的知识，我们不仅可以把它当作给外行们做的一个科普，而且也可以把它作为一个共同爱好的追求者在建构精神家园的过程中的一个重要意义的实践。

我自己对形而上学的观点如下：形而上学在德语里面读作 Metaphysik，physics 是物理学，在物理前面加上一个 Meta（在某个东西之后），所以形而上学应准确地译为后物理学，但是在中国翻译时，别扭地将其译为形而上学。形而上学在中国语境中的含义是什么我们不去讨论，在西方语境中它的核心包括两个部分，一个是 ontology，一个是 cosmology，分别将其翻译为存在论与宇宙论。宇宙论与存在论核心的命题是什么？它们研究后物理学，即哲学要给物理学一个基础，一切科学问题最终都要通过后物理学来辨析，从古希腊到牛顿一直都是这样。我们都知道在欧洲有一个历时 1500 年的中世纪，它是在神学院里进行研究的，神学牧师通过念经建立自己的信仰。第二个是数学，第三个是逻辑，数学和逻辑在中世纪是被神学家研究的，到文艺复兴之前，那些神学牧师们研究的主要是解方程，一元一次方程，一元二次方程，一元多次方程……它可能和我们今天的不一样，我们可能会计算，他们可能会给一个逻辑证明过程，这非常了不起。就比方说我们算一加一等于二，但是我们并不能给出一个一加一等于二的逻辑证明过程一样。因为 1500 多年数学和逻辑的积累，文艺复兴时就有了牛顿和莱布尼茨分别发现的微分、积分定理，这样就由原来的哲学为科学奠定了基础，引向了数学这个基础。由此也出现了一个问题，哲学还有必要吗？你必须要为自己的存在做辩护，或者放弃自己存在的权利。我在 20 多年前写的一本书，1995 年出版的，题目为《形而上学的现代困境》，就在讨论这个问题：当科学的基础被引向数学的时候，哲学还有存在的必要吗？问题是，我也看到过苹果落地，可是为什么我发现不了万有引力定律？这问题就好比比尔·盖茨在大学时是不是肄业也好，是不是学习过数学、物理、化学知识也好，但是他在计算机领域中的成就只能归咎于他的文化土壤。换句话说，比尔·盖茨产生在欧美是必然的，产生在中国完全是偶然的，因为我们没有那样一个土壤，所以当牛顿把物理学、科学引向数学的时候，从此一切科学的合理性、必要性、尤其是真理等都要通过数学来证明。数学的前进推动着科学的进步，科学进一步在各个领域物化为技术，技术改变着人类社会与世界，它给我们带来正反两方面的影响。莫老师已经从化学的角度进行了清晰的展示，但是与牛顿同时的还有一个人，发明微积分的莱布尼茨，他用微分、积分发现了创造计算机的二进制语言，就是世界最早的计算器。如若说从牛顿到上世纪 40 年代这是物理学的年代，莱布尼茨的发明则是上世纪 40 年代之后大显神威，当时好多欧洲的，尤其是德国的科学家跑到美国以后，美国人开始制造原子弹，为了完成制造原子弹需要进行的大量的计算，那些科学家们就开始试制计算机。所以计算机不是一下子就发明出来的，它已经从17世纪莱布尼茨以来一直处于不断试验的过程中，就像我们今天说核心价值观是主流，还有一些意识是支流，计算机一直在那个地方处在边缘。但是，20世纪40年代，为了制造原子弹中需要完成的大量的运算任务，计算机走在了前面。不仅走到前面，物理学还在以它的方式继续发展，同时计算机也越来越深刻地在改变着我们。

这两种力量结合在一起会把我们带向何处，就是我前面说的查尔斯的那句话，为什么说科学技术是火车头，人类社会是一列火车，科学技术是火车头，可是火车头里面没有驾驶员？因为科学家们只是埋头在证明自己的聪明才智，却较少去问科学技术的发明对人类究竟意味着什么。他不关心他的科学发明的伦理价值问题，而我们莫教授今天讲的这个问题非常好。也就是说，至少有些化学家已经开始探索他们的科学工作究竟给人类，给社会带来了什么。

当然，我还想回到我们一开始的主题上来，我觉得在我们中国语言中"形而上学"这个词不能翻 Metaphysik，因为我们的"形而上学"不支持数学，也不支持科学，它更多的是支持伦理和政治。所以，不管我们"形而上学"的意义是什么，它有多么发达，我们仍然都不太能读得懂康德的《纯粹理性批判》。

康德的《纯粹理性批判》有三个问题。第一是用感性理论解决数学知识如何可能的问题：数学知识是否可能？如果可能则如何可能？知性理论解决以物理学为代表的科学知识是否可能，如果可能则如何可能？理性理论解决的是"形而上学"——哲学知识是否可能，如果可能则如何可能的问题。我们更读不懂胡塞尔，因为胡塞尔也是有现代数学理论教养的。他在大学时代学的是物理，精通物理学，而物理学的基础是数学，所以他最后拿的博士学位是数学。精通数学之后,他问数学的基础是什么,是心理学,所以,他在大学获得博士学位毕业以后,跟当时欧洲著名的心理学家布伦塔诺学习心理学。当他精通心理学以后再问,心理学的基础是什么,才追踪到哲学。从此以后,就定位自己终生从事哲学事业。为什么我们现在读胡塞尔这么难,读现象学这么难,就是因为胡塞尔的那一套理论是建立在对数学、物理学、心理学这些学科的精通上,是建立在一个有全面知识素养的思想框架上的,而且胡塞尔本人又是一个天才级的人物。

作为一个中国人我非常担心。我曾经写过一篇文章讨论的是周国平写的一篇文章,叫《哲学是走在信仰的路上》,我就批评他。关键在于,他认为西方人已经放弃了对本质的追求,也就是说哲学不再探讨本质了而是追求信仰了。我就用不好听的话说,周国平的精神教父,是学者罗素。本来罗素也是我很崇敬的哲学家,但是因为周国平的观点来自于罗素,那顺带也把罗素批评一下。周国平现在给我们的结论是欧洲人现在不探讨本质了,脚步停下来了。我们中国人一个多世纪以来追赶西方的脚步是多么困难,而周国平给我们的结论是既然欧洲人已经不往前走了,脚步停下了,那我们就不追了吧?我一开始问,如果我们不知道第四次科技革命,我们还能描述大概的样子,但第五次技术革命我们根本就不知道。到今天为止,我们还是一茬接一茬派人到国外,我前面介绍几位学者的时候,马教授和段教授都在国外学习过,这基本上是我们的模式:我们培养人才,然后送到国外学习科学,学完科学回来以后再把它转化为技术。什么时候欧洲人到我们国家来学科学,再回去转化技术的时候,我们的科学才领先。所以,在这个意义上我说我们目前是一个技术大国,但远远不是一个科学大国。

是什么支持西方科学的发展,从而推动技术的进步,改造着我们这个社会的变化?是数学,那么数学又是怎么发展的?是哲学。究竟哲学对数学有什么样的作用？严复说过一句话："西方强大的秘密不在于它的枪炮，也不在于它的制度设计，也就是说法律制度、民主这些都不是西方强大的秘密，西方强大的秘密是它的思想家对社会的体认，也就是说，西方强大的秘密要到哲学家的著作中去寻找。"就我有限的知识来看，西方的大多数科学家，不管是数学家、物理学家、化学家、天文学家、心理学家，至少阅读康德都没啥问题。因为在他们大学的课程里，康德也是必学的东西。坦率来说，我们中国的科学家读过康德的极少，这就是我们这个民族缺乏原创力的所在。我们自己的哲学不支持科学，不支持数学。我们向西方学数学，学科学，这些都可以，甚至可以再往前一步学哲学。但是我们学科学的没有数学基础，学数学的再不会触碰哲学，哲学背后的宗教就跟我们再没有关系。然而，那种不做假，那种不粗制滥造，那种不粘贴拼凑，那种对真理的认真执着，那种奉献精神，也就是说，科学家的内在品质精神，却是由信仰塑造的。

好的，我们今天就先到这儿，下一次我们讨论一个伦理学方面的问题。谢谢大家，我们下周再见！

（主讲人：马如云　段之山　莫尊理）

第三讲　不许说谎与亲亲相隐

李朝东：各位老师、各位同学晚上好！由西北师范大学马克思主义学院哲学系与中和集团联合举办的哲学沙龙——《中和论道》第九次讲座现在开始。我们每两周周二晚上一次，欢迎大家回到我们《中和论道》的现场。今天晚上我们要讨论的主题是"不许说谎与亲亲相隐"，担任我们今晚主题的两位主讲嘉宾是马克思主义学院任万明博士，他是一位知名的高等学府哲学系培养出来的一位学者，他主要做中国哲学和中国伦理研究，正好对应的亲亲相隐就是一个中国文化的命题。另外一位嘉宾是我们哲学系的胡好博士，他是我们中国一个特别著名的高等学府——武汉大学哲学学院培养出来的博士，他的主要研究领域是康德哲学。我们今天晚上要讨论的主题是"不许说谎与亲亲相隐"。"不许说谎"实际上是西方文化的一个命题，只不过后来康德对它做了特别的论证。最初出现在《圣经》的摩西十诫中，其中就有一诫是不许说谎，那么，作为西方文化的一个道德律令，康德后来在他的伦理学里边专门做了论证，在康德看来，在任何情形下都不许说谎。所谓"绝对命令"在任何情况下都不许改变，如果说有改变的可能，这个道德律令就不是绝对的，是相对的。那么"亲亲相隐"呢，从康德的观点来看，如果我的父亲和兄弟杀了人，犯了罪，法庭如果传唤我出庭作证的话，在西方伦理学，在康德的道德律令中，你也不许说谎。那么我们中

第三讲 不许说谎与亲亲相隐

国文化又恰好规定亲人是可以相互隐瞒的，比如说我的父兄如果有犯罪或者违法行为，法庭传唤我，我就可以替他隐瞒，作伪证。当然这个中国"亲亲相隐"的话题，大概是五六年以前，最初是法学界提出来的，法学界就探讨证人在出庭作证的时候，如果是亲属关系是否可以隐瞒，法学界提出这个问题以后，哲学界马上跟进和参与，这个参与最激进的而且讨论最热烈的也是在武汉大学。武汉大学有两个非常著名的哲学教授，西方哲学教授是邓晓芒，中国哲学教授是郭齐勇，那么邓老师和郭老师分别率领着西方哲学阵营和中国哲学阵营展开了一场论战。西方哲学从西方文化的角度认为就是不许说谎，哪怕是亲人违法犯罪。而中国哲学从中国文化的角度论证"亲亲相隐"的合理性，为"亲亲相隐"提供一定的论证。我先做一些简单的介绍，我们选择"不许说谎与亲亲相隐"这个话题，实际上也是试图找到一个切入点进行中西文化的对比，在这个对比中我们看一下中国文化和西方文化各有什么优点，各有什么缺点。我们今天晚上请的两位主讲嘉宾，也刚好分别具有中国文化背景和西方文化背景。下面有请任万明博士。

任万明：大家晚上好，这个题目原来设计的是"不许说谎与亲亲相隐"，我想设置这个题目的时候大致有一个考虑，就是亲亲相隐，以《论语》当中的"子为父隐"为背景，以这个故事作为一个代表，那么"亲亲相隐"就涉及到要不要说实话，可不可以说谎话的问题，跟西方讨论的比较深入的话题就是关于谎言的问题有一种交集。一开始就是这个题目，但是我自己因为接到这个题目很晚，看了一点亲亲相隐的材料，觉得它跟谎言关系不大，所以我跟大家做的这样一个报告，也不涉及不许说谎这样一个话题。但是，关于不许说谎，我可以从哲学的角度去提一下，尤其是从原始儒学那里，这个问题还是有值得进一步思考的地方。你比如说，美国的哲学家安乐哲和郝大维，他们提出，一个志士仁人，他们有这样一个道德标准来进行道德判断，但是对于我们普通人来说，或者没有自己的标准，我们往往是人云亦云的，随波逐流的，或者我们有自己的道德标准，有自己的行动的一个规则，但是，我们屈服于社会的压力，按照他人的标准或者迎合他人的标准进行道德判断。那么这样的话我们实际上有意无意地，自觉不自觉地在自欺欺人。孔子给我们提供的一个思路就是为仁由己，那么我们作为一个仁人，并不一定要遵循别人给我们制定的规则，或者别人确定的道德标准，如果我们扪心自问或者发自内心地有一种信念，具有对自己所坚守的道德标准自信的话，那么我们完全可以放心大胆地来保持这样一个信念，我们在外在言行上似乎是没有遵循规范，或者说有不诚实的地方，但是我们遵循了自己内心的一种诚实，这个可以说也就是为仁由己的一个路径，我用这样一个例子来回应一下不许说谎这样一个话题。

那么下面我们就进入亲亲相隐这个问题，我以前仅仅知道亲亲相隐这个话题，但是没有看过这方面的资料，我最近梳理了一下，因为我和胡好老师合作来讲这个题目，我主要把背景性的东西交代一下，然后我自己觉得，可能思想和创新性的观点是提不出来的。

我先说第一个问题，就是亲亲相隐之中的学者及其观点。亲亲相隐问题形成了一个巨大的争议，有人把它跟"科玄论战"相提并论，是一个非常壮观的学术场景。它主要是在2002年由刘清平教授发表的一篇文章引发的，他的文章题目是《美德还是腐败？——析〈孟子〉中有关舜的两个案例》。在此前后，刘清平也发表过一系列的文章。他的主要的思想是什么呢？他认为，儒家实际上是一种血亲情理精神，任何的事情，它都要站在一个，用他的一个词来讲叫血亲团体性，这样一个角度去考虑。就是说是一个小范围的利益的考虑和道德的标准，比如说父慈，子孝、兄友、弟恭、父义、子顺。它实际上是在一个熟人的关系网络里面考虑自己的行事。这样子的话他说就会引发一个腐败的问题，就通常所说的走后门，拉关系，或者是这样一种熟人好办事，所有这样一些我们现在深恶痛绝，但是又不能够完全摆脱的腐败现象，都可以追溯到儒家这样一种伦理精神上面去，就是血亲情理精神。这篇文章一石激起千层浪。首先是引起了郭齐勇的回应，他写了一篇文章叫《也谈"子为父隐"与孟子论舜——兼与刘清平先生商榷》，此后一发而不可收，有很多长期研究儒学的学者发声，他们基本上对于刘清平形成了一个合围之势，形成了一种围攻。正方的代表，我们大概罗列几个人，郭齐勇、杨泽波、丁为祥、龚建平、胡治洪、范忠信、梁涛。如果说反方以刘清平和邓晓芒为代表的话，那么正方的人要更多，他们更加人多势众。刘清平在2002年左右发表了这一篇文章之后，像黄裕生是研究西方哲学的，他主要是从普遍主义与特殊主义这样一个角度讨论儒家的一些伦理道德是无法变成一个普遍规则的。2004年的时候，郭齐勇出了一本书，书名叫做《儒家伦理争鸣集——以"亲亲互隐"为中心》。但是此后，到了2007年的时候邓晓芒出马了，他写了一个《再议"亲亲相隐"的腐败倾向》，这就引发了第二波的争议，然后，邓晓芒把他跟儒家学者的一些论战做了一个总结，大概在2010年左右，写了《儒家伦理新批判》，郭齐勇针锋相对写了《〈儒家伦理新批判〉之批判》，之后他们也有一些交锋，但是慢慢也就失去兴趣了，过程大概就是这样的。

我讲的第二个问题是与亲亲相隐有关的三个案例。首先我们看一下人们经常引用的子为父隐这段话，这也是亲亲相隐所涉及的第一个案例——直躬证父。这主要涉及对"子为父隐"中几个关键词的、辨析。

叶公语孔子曰："吾党有直躬者，其父攘羊，而子证之。"孔子曰："吾党之直者异于是。父为子隐，子为父隐，直在其中矣。"（《论语·子路》）

原始文献非常简短的这段话出自《论语·子路篇》，我们把它称为"子为父隐"章，那么这段话里边有几个关键词，首先我们应该解释一下这个"攘"。"凡六畜自来而取之曰攘也"，比如说牛羊牲口走入了你家羊圈，我们没有把它及时归还，我们就把这叫做"攘"，顺手牵羊就是"攘"，这个"攘"字应该没有太大的争议，但是第一个字是"证"字，从这段话里面，包括《论语》的其他文献里面我们可以看到"证"字有三个意思。第一个是揭举、揭发、告发。那个叫直躬的人主动揭举、揭发、告发了他的父亲，这个人可谓是一个很有意思的人，就是说相当于他主动挑起了一种诉讼。第二个意思就是证明、出来作证，在案例中，直躬被动地进入了一场民事诉讼，也就是说官府找他父亲的麻烦，他自己就证实了他父亲攘羊。第三个意思是告知，但这个告知指的就是失主，告诉丢了羊的失主，我告诉他，你的羊到我家了，那么这个与官府没关系，可能跟法律也没关系，可能根本就没有诉讼，这是证的第三个意思。

第二个需要解释的字是"直"，有人区分是三种意思，我认为是两种意思，第一个是公正，正直。那么它关乎到我们所说的道德规则，我们一般的道德品质问题。但是第二个意思是率真，率直。也可以理解为这个人很质朴，有非常老实的品格特征。那么如果有这么两个意思的话，我们来看，这段话有三个地方有"直"。我自己相信，也包括我看到的资料，基本上把这里的"直"解释为率真、率直。就是它不是一个与伦理道德相关的概念，而是跟人的真性情有关系。我们有时有一种本然的直观的反应就是将这件事告诉别人。

第三个词是"隐",这个隐更麻烦,这儿我提供了四个意思。关于隐,在《论语》里面有好多。关于隐的意思,基本上涉及到了三点。第一个是隐匿;第二个是微小,就是微妙的意思;第三个是不言,不说话。然后我们再来看,所有在《论语》里面与隐相关的,我们看在"子为父隐"里面,就是不言、我不说。我不积极主动地来说这个事。我就装醉,我什么都不承认,我回避,这是一种意思。但是与直躬相关的论述,在好几部文献里面都有,包括《庄子》,包括《韩非子》,包括《吕氏春秋》,包括《淮南子》,它们里面都讲直躬的故事,因为这个故事很有意思。我们看到在不同的地方这个"隐"有不同的意思。一个意思是微谏,微谏的意思就是要给父亲提出委婉的批评,要建议他有一个反省和改正。第四个意思是隐而忍之,就是我把这个事情隐瞒下来,我帮他承担了。事亲有隐而无犯,这个涉及到一个出土的文献,这个文献叫做《曲礼》,它提及对于父母君王师长,有不同的态度和言谈的方式,事亲是要有隐而无犯,事君是要有犯而无隐,这个有犯而无隐就是要犯言直谏,对于师长要无犯无隐,对于具体的内容我们就不再去探究。

这一段为什么会有不同的意见?为什么我们对它的解读会有巨大的争议?就是因为我们对这几个关键词的理解不一样,所以我们得出的结论是大相径庭的,那我们就有可能陷入众说纷纭这么一个状态。宽泛地来讲,我们所说的亲亲相隐就是这一个案例,对于这样一个重要的例子,为什么大家的理解不一样,很可能就是我们对关键词的理解不一样,所以我在这里就给大家说一下达成共识的这几个意思。

亲亲相隐涉及的第二个案例是《孟子》里面的,叫做"窃父而逃"。这个故事让我们印象也特别深刻,因为舜贵为天子,他作为一国之君,因为他的父亲杀人了,所以他就处在这样一个特别艰难的境地。皋陶是他的一个执法官,舜认为皋陶应该把罪犯抓拿归案，就是要把他的父亲绳之以法，舜就问孟子，难道我就不去干预或者阻碍吗？孟子说，舜在这个时候应该把天下看作是一双破鞋，丢掉它，然后把父亲窃负而逃，遵海滨而处，终身䜣然，乐而忘天下。就是他逃到天涯海角，然后在这样一个地方享受天伦之乐，颐养天年，大概就是这样一个做法。在这里我罗列的一段话，意思就是子思和孟子的不同，他把亲亲相隐的内容扩大了。基本上我们刚才说的就是这样一个事情，就是小错小过，我们可以亲亲相隐，我指的是子为父隐，但在孟子这里是杀人越货的事情，人命关天，为什么孟子也要把它纳入亲亲相隐的范围内，给它这样一种似乎违背了社会正义，逃避法律制裁的解决方案？孟子和之前子思的思路不一样，小爱和大爱相冲突的时候，子思是坚持不以小道害大道，而孟子试图在这之间维持一种平衡，这种平衡的关键在于舜要放弃天下。那么当舜从天子降为一个庶人的时候，他的性质就发生了变化，他所肩负的这样一种国家的重任，或者说他肩负着维持人间正义、正道的这样一个使命，这个时候就大大弱化了。这个时候，他就忽然一身轻了。当然，这其中还存在很多的问题，我们把这个简单地看一下，朱子做了这样一个简单的解释，舜的父亲叫做瞽瞍，瞽瞍杀人而逃，当时舜爱亲之心迫切，至于自己的做法是不是合乎道义，是不是合乎社会正义，他已经无暇顾及了，舜凭着自己这样一种本能、这样一种朴素情感，自己当下的一个心愿，做出这样一个决断，这样一个做法也是一种情理之中的事情。那么这里我们看，这样人命关天的事情，舜做了一个这样的处理，所以我们说，这是个两全其美的方案。一方面，他是承认法律的，他还是要遵守这样一个一般的社会规则，或是这样一个法律规定，他也不能阻止皋陶这样一个执法官的执法，所以我们说，他没有徇情枉法，或者说，他不敢徇情枉法。但是另一个方面，他又不能置自己父亲的安危于不顾，不能眼睁睁地看着自己的父亲被绳之以法，被送上刑场，最后死于非命。那么这个时候，孟子就设想舜为了保全父亲而逃到了法律社会之外，似乎就解决了这样一个冲突。但是我们知道这样一种解决方式是不完美的，就是，罪犯没有受到惩罚。也就是说，正义并没有得到声张。

下面我们说第三个案例，叫做"封象有庳"。象是舜的弟弟，这个人很卑劣，舜的父亲和舜的弟弟都很不像话，他们千方百计地都想把舜置于死地，所以这样的人是卑鄙的。但是舜坐拥天下以后呢，他对他自己的弟弟并不薄，他把象封到有庳这样一个地方去。这一段话很长，我们看起来可能不是特别容易看懂，也在短时间内不能完全理解，这里面涉及到一个问题。如果说，前面是徇情枉法，那么这个就是任人唯亲。孟子关于舜的两个案例，一个是徇情枉法，一个是任人唯亲。这样一个无才无德的弟弟，你把他封到有庳的这样一个地方让他安享富贵，天理何在？或者说，公道何在？当然这里有这样一种情况，当时有很多正方的人，他们认为，舜把他弟弟封到这样一个地方，是一个顺理成章的事情，是一件我们完全可以正大光明来做的事情。就是说，我已经是如此位高权重的一个人，我的亲属能够被封地，这被认为是天经地义的。那么在当时，这样一个社会制度，就类似于现在的事业单位，有公职的人，有编制的人，他可以退休，他可以在他去世之前一直领工资，吃饭什么都是报销的。至少对于农民的话，上世纪八九十年代，他们连温饱也解决不了，补助也没有，也不敢住院。现在虽然我们解决了很多问题，但还是不太公平的。我们现在认为以上所说的事情理所当然，但是你想一下，实质上这是一种制度性的安排。有一波人，他们享受到了福利，还怨声载道。如果他们和其他一些人比一下，那么其他那些人必然会有一些心理落差。但是还有一个制约性的办法，就是把他封到那个地方去，派一个监督者，或是派一个代替他行使职权的人。要有人把他管起来，当然，也要养着他，社会井然有序就行了。这是这样一个情形。那么这样一个例子，不管是怎么样，不管分封制是合情合理的还是合法正当的，但是，毕竟象这个人是很麻烦的。且不说，他跟舜这个兄弟关系，这个说来话长，就说他凭着自己的兄弟，有这样一种关系，就可以安享富贵，那么这个在我们看来，可能是不合情理的一个事情。

我讲的第三个问题是关于亲亲相隐的几个论题。第一个论题就是"门内之治"与"门外之治"。这个问题在郭店竹简《六德》里面，就说"门内之治恩掩义，门外之治义斩恩"。这个"门外之治与门内之治"，郭齐勇把它等同于我们现在所说的公域与私域，即公共领域和私人领域。当然这也是有争议的，但是这个词大致说明了一个问题，就是"门内之治与门外之治"应该涉及到一个恩和义的问题。那么我们还是以"窃负而逃"的例子来说，当舜作为天子时，其面对的是"门外之治"，自然应该"义斩恩"，秉公执法，为道义牺牲亲情；但是当舜回到家庭，成为一名普通的儿子时，其面对的又是"门内之治"，则应该"恩掩义"，视亲情重于道义，故面对身陷囹圄的父亲，自然不能无动于衷，而必须有所作为。通过门内之治和门外之治这样一个思路我们能够看到，儒家在亲亲相隐这个问题上有一个范围，有一个限度，有一个条件。那么大致在公的领域里面是不隐于亲，在私的领域里面尽量要私域自治。然后当公私领域发生冲突的时候，这就是一个见仁见智的事情。那么私域自治，它还有一个行政成本的问题。我们有这么大的一个地域，但是我们又没有一个强大的中央财政来支持这么多的官员来派驻到各个地方，我们很大程度上要靠公序良俗，靠这种一般意义上的乡绅来治理地方的事务。那么这个时候呢，公权力反而不要介入，它越介入的话，那么就可能引起一系列混乱或者悲剧。所以我们说越是能够自治的地方，我们就尽可能地让它去自治。这样的话，实际上我们就能够节省很大的行政成本，而且我们也能够获得更大的幸福感。我们现在动不动就是打官司，有这么多的公检法部门，有这么多的社会管理部门，但是如果我们能够有一个很高的道德意识或者说是自治意识，那么我们肯定可以把这些问题消弭于无形。这样的话，我们就不会付出这么多的人力物力财力，来干这样一种事倍功半的事情。亲亲相隐涉及到的是公私领域交错并且发生冲突的时候所面对的这样一种艰难。

第二个论题就是亲亲相隐与大义灭亲。我们看到，亲亲相隐有人性上的一些依据，就是古代这样一种社会环境，各方面的因素，对它的一种诉求。所以亲亲相隐很大程度上被认为是一种不可避免，或者说必不可少的一种信念。但是我们说门外之治涉及到的是公共利益，涉及到的是整个的社会秩序，关乎社会稳定的时候，兹事体大，这样的时候你就不能讲一些在人前常说的东西，这个时候你就必须大义灭亲。这在孔子那儿，就已经提到了。我们还是要在大是大非面前有一个明确的思想和一个坚定的举措。比如说那种关系到谋反、谋大逆的事情的话，那就不能够再去维护他，不能够再去袒护他，必须大义灭亲。孔子本身也主张。包括《左传》很多故事就说我们要大义灭亲，这也是儒家一贯的主张。这里我要引入一对范畴，一种是作为义务的爱，一种是作为情感的爱。"亲亲相隐"的正当性来自情感，源于"作为情感的爱"；这种爱是以亲情、血缘为基础的，是人的自然本性的体现。因此就情感层面而言，"亲亲相隐"是有其合理性的。而"大义灭亲"的行为的正当性则来自"作为义务的爱"，源于对普遍的人类生活之正义性的思考，以及对各种不义包括亲人所行不义的憎恶，它体现的是人作为类的一种普遍性的爱。要根据不同的情况来选择我们行动的原则，选择不同的爱。

第三个论题是亲亲相隐与容隐制度。我们说亲亲相隐在原典里面，它涉及到的都是一种信念，或者说是一些理论，但是后来尤其是从秦代、汉代开始就变成了一种制度，我们把它称为容隐制。这个问题特别复杂，它涉及到好多法律，而中国古代的法律又是非常复杂的，现在又要和西方法律做一个对接和比较，这个话题就特别大，要谈论的问题就特别多。所以我觉得重点就在于我们所说的亲亲相隐，我们要把它进行一个区分，把它分为经典文本之中的相隐，法律制度中的相隐和人性倾向中的相隐，或者说这三种亲亲相隐之间的叙述。第一种是经典叙述，第二种是制度叙述，第三种是人性叙述。我们把它完全混为一团的话就一团乱麻，我们把它区分一下，然后我们就可以主要对容隐制进行一个探究。容隐制，我个人觉得更多地就是分析与比较。西方是从权利的角度设计和落实容隐制度，而中国古代人更多地是从义务的角度建构和落实容隐制度，这是很大的一个分野，这样一个分野背后是有社会等级等各方面因素的影响和制约的，比如中国古代政治制度中的等级制或者分封制，比如三纲。在这样一些因素的影响和制约下，再去设计容隐制度，它就可能会有一些在我们现在看来稀奇古怪的东西，比如说卑者、贱者、幼者不能告发长者、尊者、贵者；相反，长者、尊者、贵者来揭发控告幼者、卑者、贱者的话，它是对的。比如一个人，他有一个大老婆，有一个小老婆，这个小老婆的儿子要告这个人的大老婆说，"她把他的母亲害死了"，即使这个事实成立，但是小老婆的儿子仍然要承担法律责任，他可能是要受刑的，因为他是庶出的不是嫡出的，他处在一个卑劣的地位上。通常人们谈论亲亲相隐，都是从道德和人性角度而言的，从权利和义务的角度来看亲亲相隐，涉及到一系列法律和制度的设计与评判。

我讲的第四个问题是我对亲亲相隐的评判。我看了很多有关亲亲相隐的资料，但是这些资料我还来不及消化就到了演讲的时间，我自己觉得实在没有一个很明确的结论。我的一个大致的结论是，"亲亲相隐"致力于既保护人类亲情又维护社会公正。首先，"亲亲相隐"体现了亲情与礼法的统一。我们可以使用各种各样的词，比如情与礼，情与法，仁与礼，忠与孝，通过这样一些对应的术语来看亲亲相隐引起的各种各样的争议和困境。这里我们就用亲情和礼法这一对词语来表述在儒家的设计中，人往往要尽双重的义务。一重是其处于家庭人伦关系中所应尽的义务，另一重是其处于国家和社会关系中应尽的义务。"窃负而逃"乃至"亲亲相隐"似乎就是在家与国相冲突及孝与忠相冲突情况下的一种利益博弈的结果，也是一个勉为其难的处理方式和行动方案。我们所面对的情礼冲突中，这个礼就是我们所说的礼法，它就是这样一种外在的社会规范和制度，它的背后贯穿着一种天理或者是某种社会公义。面对"情"与"理"（礼法）的冲突，孟子选择了"情"，并把其当作自己理论的出发点和基础。认为舜的行为是腐败的论点，对人提出了过高的道德要求，也没有充分认识到现实的复杂性，不理解人作为自由个体在道德两难下的悲剧角色。孟子为什么特别强调情呢？在人命关乎天的时候他还强调情，而且他自认为通过这样一种处理方式，他觉得能够保持，或者能够维护一种人之常情的东西，能够继续强化我们所珍重的一些朴素的道德情感。包括我们看到的三个案例能够长期流传下来，经过了两千多年，我们还在讨论，没有把它抛弃，没有对这个问题完全做出一个负面的结论，就说明这个问题是有它的说服力和生命力。宋明理学家用天理、人欲这些观念，来要求人、约束人、制裁人。实际上理学家们没有看到，那些下层普通人有很多难言之隐，有很多不足为外人道的艰难困苦。对此，我们应该有一种宽容和忍让。

其次，我认为"亲亲相隐"既不是美德也不是腐败。在亲亲相隐中，我表现我自己的真性情，按照我自己的普通情感做事情，我也不考虑那么多了，是非曲直我都可以置之不顾，我就表达我的意愿而已。我们还是以后来的文献中关于直躬的论述为例。一方面直躬要取信于官方，取信于公众，所以他把他的父亲告发了。然后人家把他抓起来说，告发你父亲是有罪的，你这样做是不对的。直躬说，我父亲要被判刑，我愿意替我父亲受刑，但如果我代他受刑，我父亲就没有人赡养了，我就有一个不孝的声名了，我既有信又孝顺，你凭什么杀我？官府也就没杀他。这个故事背后，孔子就批评直躬靠父亲两次来获取名声，是沽名钓誉的表现。总之，"父为子隐，子为父隐"的"直"道本身并不是什么美德。孔子肯定了"父子相隐"是出于"直"道的自然情感反应。"亲亲相隐"也并不是什么腐败。"亲亲相隐"并不违背社会正义原则，甚至也不违背国法。"隐"只是消极的言语上的隐默不言，不是积极主动地隐瞒实情和窝藏罪犯，不能视为腐败。"窃负而逃"中，舜的行为并没有直接否定社会正义，舜也没有利用职权之便谋取利益。孟子对"窃负而逃"的违法行为本身并未加以肯定或赞赏，孟子实际上觉得，我已经黔驴技穷了，我只是想提供这样一个解决办法，维护我所建立的那样一个思想体系，为了维护那样一个思想体系，我必须通过这样一个极端的非常别致的案例来加强论证。

如果要谈谈当前中国社会与亲亲相隐的关联，我想简单地提示几点。其一，当前中国社会中，腐败的产生主要是制度缺失的问题。制度安排好了，腐败实际上也就消弭了，化于无形了。我们现在反腐的思路是，首先通过惩治腐败分子，让拥有公权力的人不敢腐；其次是制度先行，制度建构起来，你就不能腐；最后是通过提高全社会的思想道德素质，让你不想腐。其二，当前的亲亲相隐与古代中国已然不同。因为中国古代要考虑婚丧嫁娶，你都是要在一个家族，在一个亲属范围之内，要靠众多亲属好友相帮，但是我们现在的话，主要靠公共设施，靠社会力量来解决它，所以我们可以老死不相往来。所以我觉得这个亲亲相隐，必须要经过创造性的转换，它才能对中国有一种直接的功用。其三，当前中国社会需要培养健全的亲情意识。以上是我对于亲亲相隐问题的一些粗浅的思考，很杂乱，多半都是点到为止，我就讲到这里。

李朝东：好，非常感谢万明博士的精彩讲演，他基本上从词源、词义的阐释和三个案例以及后来对我们中国社会的影响几个方面对亲亲相隐问题做了讲述。听起来呢，思路清楚，我们基本上理解了亲亲相隐的语义涵义，并且也听起来很温馨。中国人特别强调家庭血缘关系，除非颠覆国家，颠覆皇权，在中国古代这种情况下是不允许亲亲相隐的。如果说，不是大是大非的事情，一般情况下我们父为子隐，子为父隐，倒是维护了我们的一种人伦关系。当然，关于亲亲相隐的语义涵义我们基本上搞清楚了，可是，我觉得我们还需要进一步讨论，就是，这个背后有一些背景。比如说，北京大学有一个教授叫杨适，他曾经写过一本书，叫做《人伦与自由》。中国文化就是讲人伦的，人的伦理道德，西方文化是讲自由的。那么如果说我们拿自由作为参照系来比较我们的人伦的时候，我们是不是处在一个伦理关系的束缚之中，在这个人伦关系中个体有多大的自由度？杨适教授做了这样一个质疑。德国的马克斯·韦伯也写了一本书，书名叫《儒教与道教》，在这个书里边，他是把整个中国文化置于与西方文化的一个比较之中来讨论的，其中有一个很重要的观点，就是中国古代一个通过科举考试，或者通过读儒家经典，获取官职的人，一旦任县官，州官，或者是各级官员，他基本上掌管着政法、行政、司法。也就是说，地方官员，既掌管经济命脉，又掌管行政权力，同时还是承担法官的责任，更可怕的是，没有辩护律师，这个县官判他是什么样的刑罚，承担什么样的罪责，就是承担什么样的罪责。如果说皇帝派一个钦差大臣来巡视，查一查可能还会查一些冤假错案出来，如果没人查，县官基本上在没有辩护律师的情况下，基本上判什么刑，就是什么刑罚。所以马克斯·韦伯提出了一个儒家伦理制度下的一个非常重要的问题，人格的独立问题。好,我们还可以再讨论,下面我们就来有请胡好博士来分享他的思考成果,大家欢迎。

胡好: 大家晚上好,特别感谢我们的西北师大哲学系和中和集团,给我一次机会能表达关于研究的一些心得,因为作为一个年轻老师有这个机会不容易。我刚开始选的题目是关于说谎的道德分析,试图从康德义务论进行分析,这个时候李老师独具慧眼,他说,要不你就把亲亲相隐也一起讲了吧。当时我就抱着试一试的态度跟他说,那好吧,但是说谎一定是我的重点。哪里知道到后面看了一些关于亲亲相隐的资料以后,我发现,把说谎那部分砍掉了一大半,最后改成了以亲亲相隐为主体,太有意思了。所以我也特别感谢李老师给我一个学习和成长的空间,特别感谢。当然我看的这些资料因为时间是有限的,所以可能有很多错误的地方,所以接下来如果你能听到有错误的地方,希望大家能够批评指正。好,现在开始。

我们看一看今天我的一个思路。我准备讲两个问题,第一个是说谎的道德分析,第二个是关于亲亲相隐的。先看第一个,关于说谎,在这个话题里面,我说我砍掉大部分的内容,只剩下两个小问题,第一个,就是何为说谎?就是可能我们连说谎的意思还搞不清楚,第二个就是善意的谎言有错吗?我们先看第一个,说谎到底什么意思?很简单,你去百度一下就知道,说谎的意思就五个字:故意说假话。这就是说谎,两个要素,第一,故意,第二,假话,那在这里边有什么值得探究的呢?

我们一般认为假话的意思就是说,与实际情况不相符合,这就是假话,对不对?比如说,我现在说现在天上月亮好圆呢!可能月亮不是很圆,那么这样说的话,就是给你们说了一个假话,因为这和实际情况不符合。但是,这样一个日常的理解,很可能把假话的界定搞得太严格了。什么意思?我们看一个案例,比方说这样的:我以为明天是九点钟上课,但我想整一个同学,当他问我明天几点上课的时候，我说是八点，其实呢，明天真的是八点上课。结果他准时到，我却迟到了。你们觉得我有没有骗他？有对不对？但是你仔细一想，跟事实情况是不是符合的？相符对不对？哎！那就很奇怪了，与事实实际情况符合，却仍然是假话，那么是不是刚才对假话的界定稍微有一点点问题。所以我修改一下刚才的一个界定，将其稍微定位得宽泛一点：自以为与实际情况不符的话，这就是假话。不需要真的跟实际情况不符，你自以为与实际情况不符合但其实是符合的，这里我也认为是假话，因为有一层欺骗的意思在里面。这是我的一个思考，你们也可以深入地思考一下到底说谎是什么意思。

这是关于第一个问题，下面我们来看第二个问题。这是对说谎这个问题的评价。说谎按照简单的意图将其分为三种意思，第一种是礼节性的谎言，无所谓善意还是恶意。礼节性的谎言很多，比如客套。比方说我今天给你们讲一个讲座，实际上讲得特别好，但是当你和我说，胡老师你讲得特别好，这时候我马上说没有、没有，其实很一般。这就是一种礼貌性的客套。这是不是谎言？是。但是这种谎言无所谓对与错，我们不讨论它。还有一种恶意性的欺骗，这个性质就严重了，比方说一个男孩子和一个女生谈恋爱，他说，我只爱一个，却脚踩两条船，恶意欺骗。像这种很明确的、肯定错误的我们也不讨论。我们来讨论第三种，善意的谎言。

那么很多人从直觉来看就会告诉我，胡老师这个问题太简单了，叫做具体问题具体分析嘛。善意的说谎有的时候是对的，有的时候是不对的，所以具体问题具体分析不能一概而论，不能眉毛胡子一把抓。这句话好像很有道理，但是有用吗？有指导性吗？没有，它是句正确的废话，所以我们不用看。那我们现在来看看真正严肃的说法，比如功利主义。功利主义告诉我们只要能带来利益的最大化，就应该去说谎，但在说谎之前，如果你真的说谎，而且确实带来了利益最大化，那告诉我们这是对的，这是功利主义的说法。就比方说是一个癌症晚期的病人，主治医生考虑一下要不要欺骗，要不要隐瞒他的病情，如果你考虑到你的隐瞒能让他活得更久，活得更加快乐更加幸福，那么功利主义者告诉你们应该隐瞒，应该欺骗他，因为能带来更好的结果。所以对于功利主义而言，你是善意的还是恶意的根本就不重要，你是说谎还是说真话这也不重要，重要的是结果要好，这就够了。所以在这种情况下他们的立场是能够赞同善意的谎言的。

但是这样的一个观点可能会造成两方面的危害，第一个就是功利可能难以计算。说谎未必会带来一些好的结果，可能说谎的时候你的预期是为你带来好结果，可是结果却可能和你的预期不符。比如面对癌症晚期病人，你刚开始觉得我隐瞒病情可能会让他活得更好、活得更长久，但是他某天突然看到病例单的时候他会发现，而且这个时候雪上加霜的是他发现你居然在骗他，你居然替他做决定。这个时候可能心脏病爆发而提前死亡，好心办坏事。所以世界太复杂，未来不可知，在这种情况下，功利主义的那种计算很可能不具有操作性。这是第一个反驳。第二个反驳，即便说谎能带来一些好的结果，但从全局来看它仍然是有害的，它伤害了那些诚信的原则，它伤害的是整个契约的体系。如果每一个人只要抱着善意的态度去说谎的话，那我们还要诚信体系干什么？很可能我们为了某些个人的利益去说谎，但你不知道的是，你却伤害了更多的，伤害了整个诚信体系。所以从这一层面上来说仍然是得不偿失的，所以我们说功利主义对于善意的谎言这一解释可能也是站不住脚的。

下面，就有一个大家出场了，就是我的偶像——康德。但是大家都可能知道他是一个义务论者，义务论的代表。他的观点是什么呢？不许说谎，善意的也不行，所有的说谎都是错误的。康德有一典型的案例，了解康德的都知道。是这么一个例子，我们可以看一下：假如右边是一个杀手，但是这个杀手还不太冷，颜值还比较高，但是假如左边是一个纤弱的女子，我们都是。有一天，一个壮汉来敲门，咚咚咚！敲开之后，你把门一打开，他就问你："请问你的朋友小明有没有藏在你家里？"实际情况是什么呢？实际情况是刚刚小明跑到你家里，而且告诉你情况就是说，马上就有一个人来追杀他，如果你告诉他真话，那小明可能就会被杀掉了，所以请你隐瞒，这是一个事实情况，现在的问题是，这个杀手已经站在你面前了，你要不要向他隐瞒说：小明没在我家里，要不要这样做？你明知道他在追杀小明，而且如果你告诉他，他可能真把小明杀掉，这个时候要不要隐瞒？（学生：要）都说要对不对？人之常情。但是康德给出一个很意外的答案，他说不要！你必须给他讲真话，必须的。康德是不是人哪？他还有没有人性哪？康德的朋友遇难，居然见死不救，这个是值得我们在心里谴责的，这个人到底怎么回事？

康德可能会给你这么解释，他说刚才我已经说过了，功利是可以计算的，假如你隐瞒，也并不能真的避免他的死亡，你知道吗？比方说我现在给你说谎的同时，很可能小明就已经从窗户里逃出去，已经到街上了，但是我给你说谎的结果是，这个杀手也回到了街上，结果他们偶遇，杀手刚好把小明杀掉，谁知道呢？所以，未来是不可知的，世界是很复杂的，会出现各种各样的偶然情况，与其我们去猜以后会怎么样，不如我们放弃功利主义的主张，采取康德说的义务论的主张。义务论主张什么？它的原则是什么呢？它的意思是说，善意的谎言也是错的，为什么？它把他人人格中的人性，当作手段，他把杀人者仅仅当作手段，在利用他。而对于康德而言，杀手也不能利用。

有一个背景知识我需要给大家解释一下，自从启蒙运动以来，不偏不倚的那一种理念是深入人心的，什么叫不偏不倚，就是我们对待任何人都要一视同仁，对待家人和对待陌生人要一样,但是在公共领域,不是在私人领域,对待家人和对待陌生人要一样,对待杀手对待朋友也一样,所以这个时候你完全欺骗杀手,你就不把杀手当人看,这是对杀手的一种侮辱,他说这样也是不行的,这是康德给的说法。但是康德给的说法,我们隐隐约约还是觉得不对,怎么跟心理的那种感觉不对,太铁石心肠了。有时候我们可以想到,说谎明明可以避免犯罪,为什么就不可以呢,就比如说刚才那个案例,如果选择说谎的话很可能就能避免一场灾难,那为什么不可能呢?是的,确实有可能小明从窗户里逃出去了,然后他们偶遇,杀手把小明杀掉,但是扪心自问,那种可能性到底有多大,比起以说谎来避免一场灾难的可能性相比,哪种可能性更大?显然,你说谎避免灾难的可能性更大一些,对不对?所以,这个时候如果说谎可以避免灾难的话,为何不可?反过来说,真话它往往会造成伤害,那为什么还要说真话呢,就像刚才那个,你说真话会导致有人会死,死在你家里,对不对?所以这个时候会造成伤害,那你为什么还一定要这样做呢?

于是,我在康德的基础上提出了一个温和的义务论。我的观点是这样的,他认为说谎,即便是善意的谎言也是错的,这一点我和康德的一样,但是和康德不一样的是,在某些情况下,我允许说谎。谎言之所以错,是因为它违背了诚信原则,我们之所以允许,是出于情感的考虑,也就是说,换到那个位置,你可能跟他一样,所以,人与人之间是同情的,那种感受我也体会过,所以我知道,需要帮助的时候,我就会给他帮助,就是这样。但是很可能在你心目中有一个疑问,或者纠结一个问题,你们想过没有,在道德上允许的事情,他怎么是错的呢?是不是很奇怪啊,你既然允许了,它为什么错了?有没有人想过?胡好的这个立场是不是有点自相矛盾呢?一个允许的事情却是错的,好像不合常理对不对,怎么解释?

第三讲　不许说谎与亲亲相隐

其实很简单，我们举个例子你们就知道了：黄世仁和杨白劳在一起。黄世仁是个恶霸，假如你所住的村子里面就有像黄世仁这样的恶霸，欺男霸女，无恶不作。这个时候有个壮士，出于公义杀死恶霸，你是不是觉得大快人心，是不是这样？允不允许，允许是吧，可是他最后还是错了。因为任何一个个体在当代社会都不具有剥夺他人生命的权力，这是第一点。第二点，它违背了常态真理。所以之所以允许的事情是错的，这不是一个难理解的事情。之所以允许，是出于同情；之所以错是出于公义原则。很简单的事情，那么为什么我们要给出这样一个允许，它错了还要允许他呢？有两点原因。第一点，善意的谎言不是一种美德，是一种无奈。善意的谎言不是美德，它不值得提倡和推广。不是告诉大家只要你是善意的你就可以去说谎，毕竟善意的谎言有伤害，它伤害了诚信的原则。第二，它不是一种常态而是一种例外。就是我们确实可以允许善意的谎言，但是请你知道，这不是常态。不要以为只要是善意的，你就可以去做任何事情。常态是人与人之间保持一种诚信，这才是常态。如果你把说谎当作一种常态，这会导致你去理直气壮地说谎，而正确的是，你去切身地问自己，这个事情我可不可以例外。这两个态度是要告诉大家，对此要保持一种谦卑，不要狂妄自大。我们在生活中常常一片赤诚，以为我是为你好，说个谎算什么？可是我要告诉你，不要这么狂妄，而是谦卑一点。是因为它错了，就这样。这就是第一个话题。下面我们来看第二个话题：亲亲相隐。

什么是亲亲相隐呢，简单来说就是当你的亲人做了一些违背社会公众的事情的时候，你可不可以隐瞒？如果可以，你是不是必须隐瞒？大概讨论的就是这个问题。比如说，胡好的父亲杀了人，这个时候胡好理应跟他的父亲去自首。但是胡好没有这么做。请问这个时候胡好可不可以把他的父亲藏起来不让警察抓到。这是第一个讨论的问题。第二个问题，胡好是不是必须把他的父亲藏起来？这就是亲亲相隐简单来说讨论的问题。

下面我们来看关于这个话题要讨论的三个小问题。第一，容隐制的根据是什么？第二，容隐制何以成为法律？第三，容隐制会滋生腐败吗？大家注意，这里的关键字不是亲亲相隐，而是容隐制。那么我们会在心里有一个疑问，到底亲亲相隐和容隐制之间有什么关系？简单说，容隐制就是亲亲相隐发展到一定程度的结果。什么意思？最开始的时候，亲亲相隐是一个原则，是一种规范。就是说，当你的亲人犯了罪以后我可以隐瞒，这是一个原则，一个规范。到中国的秦代汉代，这就成为一条法律固定下来，在西方的古罗马，这也成为一条法律固定下来。固定下来之后这就叫容隐制。简单来说就是这个意思。

那我们为什么要讨论容隐制？我的意思是说，如果现在讨论亲亲相隐还有必要性和紧迫感的话，这个制度应该怎么看待。所以我选择容隐制和大家讨论。那么看第一个问题，它的根据是什么？我分两块来讲，一个是中国，一个是西方，我们来做一个对比。首先是中国古代，容隐制的根据是什么呢？尊卑伦理纲常而不是亲情。请注意这是和我们日常的看法是不一样的。因为我们日常的看法是认为，我们之所以要隐是因为我们爱我们的亲人，是因为爱，如果你认为爱就是亲情，那么对不起，中国古代不是这样。能够隐瞒的根据不是爱，不是亲情，而是因为尊卑关系。

我为什么这么说，我参考了一个法律界比较厉害的教授，叫范正鑫老师，来佐证这些观点。第一条，它出自于秦律。"子告父母，臣妾告主，非公室告，勿听。而行告，告者罪。"意思是说，儿子去告父母的话，官府会不受理，即便被告的这个人有犯罪行为。这里面有两点启示：第一，它只强调儿子不能告父亲的原因是子为父隐，而并没有说父亲要不要为子隐。它只是单方面强调。而且到汉武帝时，说得非常明确，那就是子必须为父隐，但是父不一定要为子隐。这种单方面体现的是不平等。就是说作为儿子你必须为父亲隐,但作为父亲却不一定为儿子隐。这体现尊卑之间的一种不平等。第二条,告者罪也。这说明子为父隐是你的义务。你不这么做要受到惩罚。还是不平等。它要是平等的话应该是权利。你可以告也可以不告,这才是平等的。但这在秦律里没有的。

我们来看第二条,它出自唐律。自唐律以后,一直到清末民国,关于亲亲相隐的条律都来自于唐律。因为它的整个规定都非常细致和完备,所以它很重要,到清代还在沿用。那我们来看唐律怎么说:"告发祖父母父母视为不孝处以绞刑,父母告发子女只是受罚,而祖父母告发子孙即使是诬告也不罚。"这说明什么,我给大家两个概念,祖父母和父母统称为尊亲属,子女我把他叫做卑亲属。那现在我们可以从这段材料中看出,如果卑亲属告发尊亲属的话,受的惩罚要大得多,而尊亲属告发卑亲属可能不受罚。这条很重要,这条说明什么?这条说明卑亲属应该为尊亲属隐瞒,比尊亲属为卑亲属隐瞒来的更重要一些。也就是说,你必须重视对尊亲属的隐瞒,而忽视对卑亲属的隐瞒。这仍然是一种不平等。

第二点,卑亲属告发尊亲属处以绞刑,这仍然是一种义务,是一种不平等,要是权利的话应该是平等的。

第三点,很有意思,母杀其父,子不得告,告者死。你想想,自己的母亲杀死了自己的父亲,都是自己的亲人,亲情有没有?都有,而且你可以自己假设一下如果这种情况真的发生那你是非常悲痛的,如果容隐制真的来源于亲情的话,那这种情况下是可以去告发的,因为你很悲痛对不对?但是现在确实不允许你去告,理由很简单,就因为她是你的母亲,她是尊亲属。这说明什么?这说明容隐制的背后其实重视的不是亲情。亲情要让位什么呢?亲情要让位于那些尊卑,尊卑关系是第一位的,只有和尊卑不冲突的情况下才可以谈亲情。

再看一个更加典型的"继母杀生母亦不得告"。生母具有血缘关系,她可是我的亲人呢,对不对?但是即使继母杀了你的母亲你仍然不得告发继母。如果从亲情看,你是不是应该告,对不对?应该告!但是不容许。为什么呢?就是因为她是尊亲属。就这么简单,所以这几个材料告诉我们什么呢,就是这个道理,中国古代容隐制的根据在于尊卑不在于亲情,亲情是让位于尊卑的。这是我想说的第一个:说到底,容隐制就在于不平等和平等之间的关系。

那我们来看西方,西方重视的是亲情而不是尊卑关系。看一段材料,首先第一个就是古罗马皇帝查士丁尼:"你们来看看,有谁能忍心把自己的子女,尤其又是自己的女儿,作为加害人向其他人交出?"注意两个字"忍心",显然他在说情感对不对?这是第一条材料;第二条我们来看一下西班牙的体现,"伤害父母妻子之罪必须告发,亲属不得隐瞒。"这意味着什么呢?这是容隐制的一个例外,你知道吗,就是说按道理这事可以隐瞒的,通常来说可以,但是在这种情况下你不可以隐瞒,为什么?很简单,因为他背叛亲情所以他不得隐瞒。这从反方向说明容隐制的根据是亲情,它是在维护我们的亲情。第三,在罗马,如果"子女受家长虐待或侵害其私有财产权,可以控告家长包括父亲,来保护自己的权利。"请注意包括父亲就是在古罗马虽然有容隐制,但是在一定情况下你仍然可以告发自己的父亲。什么情况?就是当你的父亲虐待你或者侵犯你的私有财产权的时候,这个时候你可以控告他。这说明什么?这说明尊卑其实不重要,重要的是个人的权利、重要的是亲情,对不对?重要的是那些东西。这是第三个材料。第四段材料"英美法系明确规定容隐制的范围是夫妻而不是父子或其他亲属关系"。这些太明显了,尊卑都被丢掉一边了,父子都不重要了,就是容隐制的范围只能在夫妻之间,妻子犯法丈夫可以隐瞒或者丈夫犯法妻子可以隐瞒,

第三讲　不许说谎与亲亲相隐

除此之外，即便是你的父亲犯法你都不可以隐瞒。说了这么多，意思特别明确，就是在英美法系，尊卑在容隐制里边不是那么重要，它重视的是什么？——是亲情。所以西方的容隐制的根据是亲情而不是尊卑，它背后强调的是平等。

所以我们简单做一个对比：容隐制中国古代有，西方也有，但双方的差异非常非常大，中国古代重视的是尊卑关系而西方重视的是亲情。核心的差别在哪里？在于一个强调的是平等，一个强调的是不平等。所以第一种情况我们把它略过去，直接看第二种情况。因为当代的时代价值是什么，社会主义核心价值观对不对？至少有平等、公正这四个字。在平等公正的现代社会里面如果你再用一个不公正的关系来作为它的根据，显然是不合时宜的对不对？所以今天我们要看的是西方以平等的亲情作为根据的容隐制。我感到比较幸运的是，中国的当代的容隐制，恰恰是从西方学过来的，因为什么？因为平等是我们的时代主题。这是我今天要说的第一个话题。

现在我们来说第二个话题，容隐制何以能够成为法律？这是一个什么问题？我一提出来就让人觉得很奇怪。其实这个问题是这样的，就是说，平等和公正是启蒙运动以来我们追求的核心价值，它们依据的是不偏不倚的理念。我刚才说了，不偏不倚就是要求一视同仁地对待一切人，包括家人和陌生人。但是容隐制它依据的恰恰是偏爱，它主张对家人要更好一点，对陌生人要稍微次一点，是吧？它主张爱有等差。好到什么程度？好到可以破坏公众的核心价值观。那么现在问题来了，它何以存在？为什么它能违背时代的精神，而却以法律的形式被确立下来？大家不觉得很奇怪吗？明明平等、公正是我们的时代主题，偏爱却偏偏在公正的领域中挖出一块根据地，很奇特，到底为什么呢？法理依据又是什么？接下来我所讲的很可能非常不成熟，因为我自认为我对法理学和法哲学研究不是很深入，所以虽然我有参考范忠信老师的文章和其他一些法学家的文章,但是他们都没有回答这个问题,可是我认为这个问题是非常需要回答的,所以以我粗浅的认识尝试着去进行解答,它的法理依据究竟在哪里。

我想强调这个问题的重要性,即便在座有研究法律的同学或者老师,如果遇到这个问题,我建议你们可以进行思考,解决一下这个问题。比方说,一位老母亲,他的儿子因为酒驾致人死亡,面对这种情况,她理应劝解儿子去自首,但是她没有。这个时候我有一个问题问大家,这位母亲可不可以将自己的儿子藏起来?如果说可以,她明显破坏了社会的公正。如果她以破坏社会公正为前提,请问这种偏爱,它的合理性在那里?我们都知道,这个时代告诉我们的是平等、公正,这才是我们追求的价值。所以我认为这个问题是非常重要的,希望大家可以思考一下。

下面我将给出我的回答,它的根据在哪里?第一点就是偏爱具有内在价值,因为这是一种自然情感。这是因为自打我们出生,我们对家人的偏爱就会多一点,对朋友稍微次一点,对陌生人更次一点,这是一件很自然的事情。如果强行要求对每个人都一样,这不就是在反人性吗?我们可以试想一下,更偏爱自己的孩子,而不是其他人的孩子,这种偏爱我们可能看着不太舒服,但是扪心自问,这错了吗?没什么错。所以这是一种自然的情感,而所谓的自然情感本身就具有内在价值。第二点,为什么偏爱可以以法律的形式被确立下来,因为这是一个价值多元的社会。请注意,像平等、公正这样的道德价值,不是我们社会所要追求的唯一价值。那些非道德价值也值得我们追求。这也就是说有些人会追求道德价值,有些人也会去追求非道德价值,都应允许。因为这个世界不是只有一个唯一的价值值得我们追求。就比如说我自己,我不太想做一个道德方面的圣人,只想做一个杰出的科学研究者。你觉得可以么?应该可以,对不对?这就意味着道德价值是值得追求的。但是也要允许还有一部分人追求非道德的价值。同样的道理，公正、平等值不值得追求？值得。但自然情感呢？它也值得追求。它们两者应都放到同等重要的位置，不要扭曲偏颇。而且主张道德和非道德具有同等的地位。为什么具有同等地位？是什么保证它们具有同等的地位？请注意是权利，而非义务。当你认为，容隐是义务的时候它就不平等了。这个时候就是偏爱压倒不偏不倚，如果我们容隐，偏爱的地位就要比不偏不倚的地位更高一些。这是错误的，而中国古代就是这样。

为什么错了？第一，忽视了人的权利。即便父亲虐待你、侵犯你的权利，但是不允许告发你的父亲。因为他是你的尊亲属。忽略你的权利，你的亲情。比如刚才那个例子，继母杀了你的生母，不允许告她。这是第一个思路，它忽略了人的权利和亲情。反过来如果告发是义务，它仍然不平等。为什么？因为不偏不倚压倒了偏爱。这仍然规定为是错的。为什么呢？第一，它反人性。因为人之常情就是爱家人比爱陌生人要多一点，你非得用一个法律的形式规定下来，我要平等对待一切，不是反人性吗？而且，第二点，这个东西不具有操作性，在技术上是不可能达到的，因为没有几个人会把告发作为义务。所以你看，如果是义务只有两种情况，要么是把容隐作为义务，要么是把告发作为义务，这两种都是不可行的，所以最后只有把容隐当作权利的时候，才能确保偏爱和不偏不倚是同等地位，只有这样才能做到这一点。

关于价值多元我们就说这些理由，其中第一个理论我想做一个小小的质疑，即认为偏爱具有内在价值，真的如此吗？什么叫内在价值，内在价值的意思是说它具有独立的价值，即使它没有条件都会具有价值，这就叫内在价值。而我想说的是，偏爱它似乎是有条件限制的。我们看一个例子：两个小孩打架，左边是小红，右边是小明，显然在普遍意义上说肯定是小明打赢了小红对不对。现在假设，小明是胡好的儿子，胡好一看到小明无故的把小红打倒,他自己没受伤,胡好在旁边说:"咦……儿子,打得好!"(现在)想想,这种偏爱,你觉得还是对的吗?什么意思,就是说偏爱难道不要以不伤害原则作为前提吗,当你违背了不伤害原则的时候,偏爱还是对的吗?就是刚才说的,大是大非面前,你觉得偏爱具有优先性吗?显然不具有,对不对?至少我们日常人会觉得不具有。这说明偏爱它本身不具有内在价值,是不是这样,对吧。所以,我们马上有个问题,就容隐这个偏爱,它违背了不伤害原则。比如说有个老母亲,把酒驾的儿子藏匿起来,显然她违背了不伤害原则。她伤害了谁?第一伤害了公正,第二伤害了被害者家属,它显然违背了不伤害原则。在这种情况下,容隐还是对的吗?我的回答是,它不对,但是可以允许。这个观念好像似曾相识。之所以说它不对,是因为它违背了不伤害原则,人与人相处有两条基本原则是不能突破的:第一条,不伤害;第二条,不强迫。功利主义说所有东西大概就是这两条,义务论也可以产生这两条。第一条叫不伤害别人,在这个不伤害不强迫的前提下,你做任何事情都不要紧,这是你的自由。但是你伤害了别人的时候,这不是你的自由,这种"自由"必须要被约束。这是最简单的两条原则,而容隐制违背了不伤害所以是错的,但是为什么可以允许呢?因为同情。人与人之间都有共情,当你遇到那种情况的时候,你也可能会那么去做,所以同情可以理解。所以我想告诉大家,亲亲相隐,它不是一种美德,而是一种无奈。亲亲相隐是不是不允许你这么做,不是,它允许,但是它不是美德,不能去提倡我们都应该亲亲相隐,让孝道凌驾于法律之上,在我看来,我们不应该这么提倡。它不是美德,只是我出于无奈,甚至是被迫的一种行为。为什么?因为它毕竟伤害到别人了。

第二点,我要强调的是,它不是常态,而是一种例外。我们可以允许亲亲相隐,允许这么做,但是这不是常态,常态是什么，法律是公正的，那才是常态。想传递给大家的信息是什么？我的价值观是让大家保持谦卑和敬畏，不要太狂妄太自大。邓晓芒老师说得特别好，我们总以为自己一片赤诚，我总是对你好，所以什么都可以做，我为父隐瞒，是孝道，以孝治天下，所以我可以凌驾在法治之上，可以吗？在当代这是不可以的，如果认为可以，那你就突破了孝的一个界限，孝是有边界的。所以，如果你认为，只要孝就可以做一切事情，甚至凌驾于法律之上的话，那对不起，这个时候你越界了。我之所以强调这两个观点就是想告诉大家，我们以后要谦卑一点，不要太狂妄自大了，这是我讲的第二个问题。

何以能够成为法律？其实刚才的最后一个话题跟第三个问题有点衔接，如果把美德当常态的话，对不起，它会滋生腐败，所以第三个问题我问的是伦理会滋生腐败吗？或者会导致腐败吗？我的答案是：会。因为它允许情重于法，什么是情重于法？简单的讲就是当亲情跟社会公众发生冲突的时候，你可以把亲情凌驾于社会公众之上，这个时候就叫情重于法，就是这个意思。我要说的是：由于容隐制是允许情重于法的，它允许偏爱，它一旦允许这个，它就会处于腐败的重要边缘。请注意：我说的是腐败的重要边缘，而不是说唯一的边缘。腐败太多了，它有很多的根源，刚才任老师讲到制度的缺失是不是边缘，其实是的。不可否认的是情重于法也是一种边缘，为什么这样说？理由在哪里？很简单，当你把亲情凌驾于法律之上的时候，你要知道情感是可以泛滥的，既然亲情可以凌驾于法律之上，那友情呢？情同手足，那是不是可以例外一下呢？友情可以的话，乡情呢？我们是老乡，老乡见老乡，两眼泪汪汪，那么这种情感可能我是否可以给它例外呢。悲情呢？这个人好可怜啊，我是不是也可以给他例外呢，如果是这样的话，任何一种浓烈的情感都可以破坏社会的规则，还有约束力吗？这样所建立起的法律是不是就没有什么约束呢？形同虚设，可以随时随地被践踏，就来源于同一个国情，情重于法，只要这时跟权力一结合，这就会产生腐败，腐败事件就利用权力将那些靠情感维系的小集团的利益凌驾在社会大众的利益之上，这就是腐败。这就是我今天讲的非常重要的一个内容，当然也请注意这里面允许这个词是挺有讲究的，是允许的而不是必须的。容隐制不管在西方还是中国都是一样的，它强调的是允许而不是必须要情重于法，这意味着是有权利而不是义务，如果是义务的话，那么腐败则会一发不可收拾。也就是说，你把亲亲相隐当作美德和义务的话，更容易腐败，如果这时候你手里有点权力，比如来了一个老乡，他给你带来了一袋子的钱，当然现在不可能，只是假设，把一袋子钱放在你面前，说道：老乡帮我一个忙，这么多钱，要还是不要？当然要，这是美德啊，乡里乡亲的，你帮他做事是美德呀，情重于法是美德呀，况且这个事只是你知我知天知地知，而没别人知道啊，何乐而不为，而且不应该偷偷摸摸地做，而应该是堂堂正正的收啊，我们都应该这么做，这是美德，这是道德的事情，我们就应该这么做，应该收你的钱，这样的就是明目张胆的受贿呀，而这种受贿的根源就在于你把亲亲相隐当做美德和好事去做了。

所以我们现在强调的是允许而不是必须，这个很重要，这点强调以后会导致什么结果呢？结果就是在一定程度上会限制腐败，有两条限制的方法。第一，它通过范围来限制腐败，也就是说伦理的范围在哪里呢？主要在亲情，你不能再泛滥了，再泛滥就是错，你泛滥成友情、乡情、恩情、悲情是不可以的，它限制了范围，在这个程度上也限制了腐败。第二，它是一种无奈和谦卑，也是在限制腐败。就是说，它不会让你认为你会堂堂正正，挺直腰杆的就该这样做，而是抱着忏悔，下不为例的心理。我今天真的这样做了，但是，有这一次那下次再也不敢了，要有这样的心理。如果你是堂而皇之，光明正大的，有一次就有两次、三次、四次……无数次，这样腐败就一发不可收拾了，但是如果你出于无奈，出于谦卑，出于敬畏，很可能在你的文化心理上就会有一种遏制作用，阻止你，就是当你要伸手拿这个钱的时候，有另一个自己跳出来说，不要这样做，不要这样做，这样做不对，这个时候你可能就阻止自己这样做，在你内心的倾向上，这也是一种限制的条件，所以我说，当你认为他是允许而不是必须，当你认为是权利而不是义务的时候，它对腐败会限制很多。所以对于腐败这个问题，我的结论是这样的：由于容隐制保留了法外之情，因而腐败难以根除，要想把腐败根除，这是不可能的，但是，只是允许，而不是必须情重于法，那么可在一定程度上去抑制腐败，这是我最终的意见，一个结论。

关于亲亲相隐，我花两三分钟小结一下，三个问题。第一个，容隐制的根据是什么，四个字：亲情，平等。第二个问题，容隐制何以能成为法律？为什么能在公正的领域上开辟一条道路？两条理由。第一条，偏爱具有内在价值。第二条，时代具有多元价值。道德价值和非道德价值具有同等地位，但是在我们讲述过程中，以我的倾向来看，第一条内在价值站不住脚，因为它必须要以不伤害原则为前提，所以它不具有内在价值，所以我的结论是：容隐制的偏爱是错的，但是它可以允许，为什么呢，因为出于我们的无奈和谦卑，这是第二个问题。第三个问题，容隐制会滋生腐败吗，我的答案是：会，因为它允许情重于法，而情重于法是腐败的一个重要根源，但庆幸的是，容隐制是允许而不是必须，所以在一定的程度上限制了腐败。而之所以能够限制，仍然出于我们的无奈和谦卑。所以我今天呢，讲了两个主题，第一个是说谎的道德分析，第二个是关于亲亲相隐，它的两个主题发现，它的结合点在哪里，无奈和谦卑，这就是我今天讲的题目，谢谢大家。

李朝东：我在和胡好博士确定他讨论的题目的时候，他一再强调一个小时不够，我说你再压缩，但其实今天晚上也是一个小时，期待他下次更精彩的讲演。一个是从中国伦理文化的角度对亲亲相隐做了一个系统的分析。胡好博士从两个方面，一个是不许说谎的道德分析，一个是亲亲相隐的中西方对比，对这个问题进行了阐述。我不知道大家感觉如何，我反正是受益匪浅，非常感谢两位博士。同时他们也邀请了我们赵博士，中国社科院的博士研究生，现在是我们马克思主义学院的老师，他们要求让赵老师给我们做个点评，有请赵老师。

赵芙苏：谢谢李校长，谢谢刚才两位老师，这两位老师是我的同事，更是我的前辈，所以谈不上什么点评，就是谈一下听完讲座的看法。首先呢，刚才任老师是从儒家这样一个传统，对亲亲相隐问题做了一个梳理，而胡老师从中西进行了一个比较，主要谈到康德的理论。首先我想说的是关于第一个说谎的问题。在讨论说谎问题的时候，其实刚才他提到了善意的谎言，从理论上说人为什么不应该说谎，我想从应用伦理学的角度做一个讨论。

大家经常提到的一个问题是，当一个人患癌症而且已经是晚期的时候，我们应该不应该对他说谎？这个时候呢，这个谎言是不是一个善意的谎言？其实在应用伦理学中有一些原则可以用来说明这个问题。比如说，在1979年的时候，美国的生命伦理学家毕慈尔和邱伦思两位学者他们提出来，生命伦理有四个基本原则，这四个基本原则是：不伤害，有利，自主和公正。那么病人在癌症晚期的时候，实际上有两个原则是相互冲突的，第一个原则是不伤害的原则，就是说如果我们对他讲了真相呢，本来他可能有一个很大的治疗的可能性，但是说了之后他可能很快就崩溃了。但是，他作为一个病人他有知情权，也就是说，他有这个自主的权利，就是说这两个权利冲突的时候呢，医学伦理学应该考虑到，这个时候我们应该想到不伤害原则应该优先于自主的原则，所以善意的谎言在实践上面是有这样的原则实行的。

就亲亲相隐的问题而言，我想我们国内学者谈到这个问题的时候可能想到的是儒家的人情，或者是西方的情和理，很容易推到极致。设想这样一个社会，如果父亲和子女之间互相告发，夫妻之间也这样告发，那这样让人觉得是一个人性的悲剧吧。互相的大义灭亲，伤害了家庭成员之间的感情。另外，就是胡老师说的，容隐制是不是容易滋生腐败？他说容易滋生，我觉得容隐制容易滋生腐败，但是它们之间不是一个必然的逻辑关系，不是说有了容隐制就有了腐败，腐败是很多方面的问题，目前伦理学界讨论比较多的是制度伦理，是我们的制度出问题了，并不是亲人相互包庇才产生了腐败。最后一点，胡老师说容隐制是基于偏爱，但其实容隐制是基于保护。比如说你家人犯罪了，它对家属有一定的保护，就是说，我不强制你必须出庭，必须作证。这个实际上是对家属或是家庭情感之间的个人保护，而这个基础是人权，他有这个权利不出庭，不强制作证，所以我觉得不完全出于偏爱的角度，更多的是出于是对人权的保护。以上是我刚才听讲座的一些看法，和大家一起分享，说的不对请大家多多包涵。

李朝东：谢谢我们美女博士的精彩评论。

学生提问：谢谢老师，我今天想问的问题是关于亲亲相隐和告密的问题。这个告密我有亲身的体会，我说一下这个例子。因为我在研工部做兼职，然后工资就没有发给我，我就到院里面讨要，院里面就没有给我，然后我就到研工部要，研工部就发给了我，这个事后来就反映到院里了，然后学院的领导就找我谈话，说我告密。所以我想问一下各位老师怎么看亲亲相隐和告密，以及我这个行为，我讨要工资这件事是不是一种告密？谢谢。请两位老师解答一下。

任万明：告密与亲亲相隐之间有什么关系？亲亲相隐是有一个比较狭义的规定或者定义。但是我们要有一个较为宽泛的理解。当它变为一个制度性的东西，把它作为法律上的一种权利或者义务的时候，它实际上会引发一个很复杂的效应。那么不管如何，它的一个基本的含义还是存在的。和你有密切关系，例如亲属如果有了违法犯罪的情形，你是有权利或者有义务对他进行隐瞒，或者会做出一些可能影响司法判决的事情。比如说消灭证据，助逃，藏匿罪犯等等。这是它原本的含义，现在呢亲亲相隐已经变成了一种滥情，我们不仅仅为亲人谋取更多的利益，而且还把它扩大到比如说有某种利益交往。先把这个说明一下。

我觉得告密，这个主体和亲亲相隐所关注的主体是不一样的。亲亲相隐是我们有情感上的一种依恋，或者说捆绑，我们必须考虑到这种相濡以沫，大家要合舟共济，但是如果是告密，它可能会涉及到两个东西。一个是把人的信任给破坏了，我把你当朋友结果你给我使绊子。第二种是一个内部的考量。通过这样一个事情可以得到一种满足。第三种是有某种报复的冲动，告他而后快。这些与亲亲相隐之间，如果说共性的话，亲亲相隐毕竟是承认我们总要有一些最基本的一种共识或者我们共同的一种情怀，这样我们才能同呼吸共命运地把很多事情对付掉。而告密的话，它相当于把这个东西消解了，然后让我们觉得这个世界上没什么东西让我们执着地去信守，或者与其他人有这种密切的关联。这就是我的回答。

李朝东： 胡博士，你的回答呢？

胡好： 我说两点，第一个就是亲亲相隐和告密不是一个事情。亲亲相隐有一个范围，就是在亲人之间，在你这个例子里告密它显然不是在亲人之间的吧？所以它完全是两个不同的事件，对不对？这是我想说的第一点。实际上你想问的是亲亲相隐这样一个原则或者制度会不会导致告密的情况发生，这是你想问的对不对？我觉得它不导致告密，亲亲相隐的意思是说我们亲人犯了罪，我要隐瞒起来，我不告发，所以它的逻辑上是告诉你不要告密。而这个逻辑我想推出两个结论，就是亲亲相隐恰好是不会导致告密的，而且它是要求不要告密的，因为是要隐瞒嘛。对不对？现在我觉得值得去思考的问题就是，你可以告密呢，还是必须告密。就是这个问题。好的，我讲完了。

李朝东：好的，还有哪位同学？后边的那位同学，给他一个话筒好吧！

同学提问：西方国家有基督教，基督教里边有一种服务叫做告解，就是说我犯了罪然后我去找牧师，说我犯了什么罪，我不管说我犯了什么罪，牧师都不许把我告发出去，然后在现在这个世纪的话，有个绝对的声明，就是说，任何人找牧师告解的话，牧师都不允许把告解人的罪说出去。但是新西兰的话，出了一条法律，说如果有一个人找牧师告解，说他强奸了某一个人，牧师没有去报警的话，这个牧师就要被判五年刑。那么第一个问题我想问一下胡老师，如果我是一个新西兰的牧师，一个人向我告解说他刚刚强奸了一个女生，我要不要去报警？然后还有第二个问题，我认为在西方神和人之间的关系要大于人与人之间的关系，在中国有子为父隐，在西方有父为子隐。因为在西方牧师被称为father，翻译成中文叫做父亲，那么儿子向父亲告罪，父亲不能告发儿子，所以胡老师刚才所说的容隐制的起源是来源于亲情，但是我却认为是来源于对神的尊敬。我不知道自己的这种想法是否正确，请胡老师点评一下。

胡好：我重复一下你的问题啊，你的问题是说在新西兰如果一个人向牧师忏悔自己的罪过，它的法律规定如果牧师不告发，那么这个牧师就是犯罪，而且只是强奸罪，那你想问的问题就是说如果真有一个人向牧师忏悔自己的强奸罪，这个时候牧师应不应该去报警了对不对？怎么说呢，这涉及到我对法律的一个解读,我觉得这个法律不太好,我很纳闷为什么这个强奸罪是要犯罪的,我不知道它的理由是什么。

李朝东: 胡博士,我把他的问题再给你重复一下,他的问题是这样的,欧洲国家信徒向神父告解,那么他在忏悔的过程中会把自己的一些恶行诉说出来。在欧美文化中,牧师知道这些信徒告解于他的这些罪行的时候你是不能举报的,那么现在新西兰政府有一条法律规定,信徒向神父告解时涉及到罪行的东西,你必须向法院进行告发,你如何评价这种变化,是不是?

胡好: 因为你这个问题比较突然啊,我当场的一个反应是这样的,我就说如果这个牧师生活在那样一个法律的国家里面,他应该去告发,但是我认为他更应该做的是利用自己的能力去改变这条法律,因为怎么说呢,我不赞同这条法律,但是呢,我觉得在这个法律没有改之前,你应该遵照这个法律,就是这样子。简单说,就是我要遵守这样一个法律。第二个问题,就是说,神的问题,我还没有考虑,所以现在回答不了。

同学: 第一个,亲亲相隐,我们对于亲亲的界定是什么标准?我们对于相隐的界定的标准是什么?第二个,我认为,亲亲相隐并不是腐败的原因,胡老师可否说一下自己的观点?尤其是我们对于亲亲的界定,你要把亲亲相隐进行一个狭义的界定,否则的话,我们讨论的太泛了。

胡好: 按照我所知道的,我觉得这样回答你比较好。第一个,容隐问题,不管是中国当代还是西方的容隐制度它的根据是什么,人权,这个我是完全赞同的。因为在我的第三个材料,你已经注意到了,就是说个人的权利,你的父母侵犯你的权利虐待你的时候,你不可以诉诸法律,这说明什么,这说明尊卑,人的权利,非常重要,这就是人权!所以我想接着刚才那边那个同学讲的是,因为我本身思考,不是特别的周密,所以可能现在还在修改我的想法，我目前的一个想法就是说，西方的和中国的现代容隐制的根据可能有这么一些，我刚才说少了第一个亲情，可能是毫无疑问的，第二个人权，第三个就是说跟神的关系，这是我接下来要思考的一个问题，这是第一点。第二个就是说关于容隐范围，你说亲亲相隐有没有一个界定，其实有两个问题：第一点，要界定它的容隐范围。第二点，就是容隐权的问题。其实这个在法律里面是非常明确的。容隐范围，我告诉你在大陆法系和英美法系是不一样的，在大陆法系容隐范围直接到我们的四代，都是范围之内。就是你的父亲，你的祖父，这都是在容隐范围之内的。但是英美法系它规定的非常狭窄，就是夫妻，这个亲亲相隐的范围就在这儿，因为每个法系它是不一样的，这是我想说的第二个。第三个容隐权，有哪些容隐权？容隐权分为两块儿，一块儿是关于诉讼的，一块儿是关于刑法的，诉讼方面的容隐权两条，第一条就是不管大陆法系英美法系都承认，就是不出庭作证！这是第一条诉讼权，也就是容隐权，第二条，不保证你不做伪证，不保证这一条，言下之意是可以作伪证，这是关于诉讼权这两点，但是关于刑法方面就多了，比如说，藏匿包庇这是可以的。在大陆法系它要求的更多一些，甚至说你帮助你的亲人销毁证据，你都不负有责任。这是关于法系的问题。你可以看一下范中信的那篇论文。这是第一个问题，讲了这么三点。

第二个问题，关于亲亲相隐和腐败之间的那种联系到底是什么？我现在这么跟你讲，亲亲相隐的背后是允许情重于法，这是第一点，那么情重于法，它就会泛滥，变成亲情可以重于法，恩情可以重于法，乡情可以重于法……只要是浓烈的情，都可以重于法，这个时候法律就形同虚设。这个时候一旦跟权力能够结合起来，这就是腐败，我刚才说到腐败的意思就是说，利用你的权力，将那些由情维系起来的小集团的利益凌驾于社会公众之上，这就是腐败！是吧，这等于是逻辑线索，就这么过来的。

李朝东：我最后做一个总结。第一，为什么要设计这个话题呢？在上上一周安排的讲题是康德的道德学说。康德的伦理学非常完整地构建了道德体系，但是在"中和论道"中讲不全面，所以就考虑能不能找一个主题，我想到了康德的："不许说谎"，确定了这个主题。第二，我们的这两位博士主要研究伦理学，当然现在胡好是向康德现代哲学转向。通过商量我们还是限定在伦理学的范畴来讲。

道德是法律的基础。康德的"不许说谎"基于一个背景：在《圣经》里，摩西带着犹太人出埃及，出来以后，给犹太人立了十诫中的一诫就是"不许说谎"。后来到罗马人征服世界以后发现，武力可以征服世界，但是没有办法不用文化安顿一个世界。就像中国的秦始皇，它可以用武力来征服和统一，但是如果没有孔子的思想，国家也会四分五裂。西方也面临这个问题，于是就吸纳、创建了基督教，基督教由此从一个被迫害、被压迫的宗教成为国教。

基督教在西方统治1500年，从公元1世纪到15世纪。我们知道14—16世纪是文艺复兴。北大的赵敦华老师就著有《基督教1500年》。基督教是从犹太教分化出来的，有很多宗教律法，成为社会基本治理的法律制度、道德律令。宗教律法就像我们中国的礼教一样。这些都是神的命令，出自神的命令都是绝对命令。1500年基督教塑造了一个西方，绝对命令是必须要遵守的制度和命令。

当然，在这里胡好博士提到功利主义，这个是在文艺复兴以后。我们读到过《唐吉诃德》，后来还有一本书《小说的兴起》，它分析了《唐吉诃德》对西方意味着什么。文艺复兴是一场讨神运动，西方的上帝隐身而去，就意味着以神为核心塑造的西方的生活模式打碎了。西方人没有生活的背靠，生活变成了茫然和迷茫，《唐吉诃德》的漫游就是精神无所皈依的写照。读小说成为人的陪伴，没有上帝陪伴我，只有通过读小说来慰藉和陪伴。所以《唐吉诃德》代表着西方小说的兴起，而小说的本质就是无神的时代对人的一种陪伴。就是说，我读小说并不是为了读小说，就是为了在没有神的时候我通过小说来陪伴自己。神的隐身而去，对西方人产生了巨大的影响，其中一个就是：不许说谎对我来说是否还是绝对命令？比如，我的父亲犯了罪，我是要说谎还是要怎么样？

在神的面前，绝对不许说谎，那么现在，在文艺复兴之后发生了诸多的变化。这个时候就兴起了伦理学派的情感主义，以休谟等为代表。功利主义就是我不再把上帝的命令、道德命令作为一种绝对命令，而是我通过功利来计算它。实际上，一种道德行为的结果不是我们能够计算出来的。但事实上，功利主义并不是一个道德律令的颁布者，它只是让我们在面对道德命令的规范面前，我们人可以权衡，可以做出选择的依据。17—18世纪，情感伦理学家提出这样一种功利主义思想，而在18世纪，康德作为一个坚定的基督教虔诚派的信徒，他就明确说：对于我们每个人的现实生活来说，我们只能遵守两个东西。一个是头顶的星空，另一个是心中的道德律。头顶的星空和心中的道德律，都是上帝的绝对命令。所以康德在他的道德论中说我并不是替人颁布道德律令，道德命令只能出自上帝，我们任何人作为伦理学家只能提出论证根据，使得你明白为什么要这样去遵守道德命令。

例如"不许说谎"，这是上帝说的，不是康德说的，康德能做的就是明白为什么不能说谎。按照康德举的例子，一个罪犯追杀一个无辜的人，没有任何理由，就是想杀了这个人，那么你藏起他，然后罪犯问你见过这个人没有，这个时候你就面对着说谎还是不说谎的问题。如果你说谎，胡好问大家的时候，大家都说这个时候应该说谎。是的，在中国文化中只要你说谎能救人一命，中国文化就说胜造七级浮屠。但是康德说："不，不许！"

我前面为什么说万明博士的讲演让我们感觉到很温馨，因为他能够体现出我们哪怕是说谎，他也是出自亲情，可是康德的道德论特别冷冰冰：我这个时候只能说这个人在我们家藏着，我既然阻止不了你就只能让你进去杀他，宁愿死人一命，在道德上你也不能为说谎负责。康德说："我为什么这么冷冰冰呢？"就是因为如果我这个时候说谎了，那么我就可以把它变成一个准则，只要我找个理由就可以说谎。如果我说谎话，我说这个人十五分钟前从我家门前跑过去，很快的就能追上，但其实我把他藏在我家里，我说谎的理由是我能救他一命，反过来说只要我能找到一个说谎的理由，我就可以说谎。康德进一步推论说，因为道德是法律的基础，只要我能够在道德上找到理由就可以说谎，这个法则可以成立，道德是法律的基础，只要道德允许说谎，我在法庭上就可以说谎，不管是亲情也好还是非亲情也罢，我都可以找个理由说谎，找个理由说谎就可以从道德领域延伸到法律领域，所以康德说，由此就会败坏整个法律的基础。反过来说，从康德的论证来看，我们今天都在说中国的法治社会建设不如西方好，为什么呢？就是因为西方人的法治社会是建立在道德上的不许说谎这个的基础之上。

反过来我们再来看中国文化。前年，我们学校有一个很知名的人，传媒学院的院长徐兆寿博士出版一本小说叫《荒原问道》，他来找我，让写一个书评，并且送我一本书。因为我们是好朋友，这个忙还得帮，我就很认真的花了一段时间把这本小说读完，给他写了一个书评。他在里面有一句话，我非常感兴趣，但是我有意回避了，就是主人公的一句话，"大道隐，仁义出，仁义隐，律法治"，在我写给他书评里面对这句话没有评论，后来呢，他们请我去做了一个"重返经典"的一个讲堂，让我讲柏拉图。讲完以后，有个小女孩，是他们学院的记者，来采访我，问我如何评价兆寿老师的"大道隐，仁义出，仁义隐，律法治"，我说这本来我是有意回避了，那是徐教授的一个理想，一个梦想，你现在逼得我无路可退了，我必须要谈我的观点，那我就要和他争论了。

大道隐。在中国古代，也就是三皇五帝时期，人们就是靠天道人道包括血缘来治理这个社会，包括尧舜禹，我们就是按照这种自然律法来运行我们这个社会。后来慢慢大道隐去了，孔子的这一套学说，仁义学说开始治理社会。等到仁义也被我们抛弃的时候，律法就出来了，用法律制度来治理管理国家。那么在以徐兆寿教授为代表的中国文学情节比较重的这些学者中，认为这只不过是一个倒退，但是我把它评价为这是一种现代学人对中国文化的一种思古幽情和一厢情愿，为什么呢？尧舜禹时期，人际关系社会关系多么简单，再稍微往后一些推到春秋战国时期，孔子之所以还能够推行他那套仁义的礼制学说，也是基于人际关系比较简单，老子就曾经讲过："鸡犬之声相闻，老死不相往来"，人和人关系这么简单，有一个基本的血缘伦理关系，基本上就可以把我们的社会维持在一个相对稳定的状态下。当我们城市扩大了，人口增加了，社会发展了，尤其是发展到现在，让大道让仁义再去治理国家，而把律法的出现看作是一种社会的退步，这完全是现代知识分子的一厢情愿。我想说的是，亲亲相隐在中国的传统文化基础上，在这样一个"鸡犬之声相闻，老死不相往来"的自给自足的自然经济中，它有一定的合理性，但是，当我们今天引进西方文化的背景，当把公平，正义，自由，人格独立这些概念吸引进来的时候会发现它的局限。

第四点我想说的是，我们的讨论永远是做事实判断，事实上我希望我们两位博士今天给我们陈述的是不许说谎和亲亲相隐的事实，我们在这个地方一般不做价值判断。就是谁好谁坏，究竟是不许说谎好还是不好，亲亲相隐好还是不好，我们不做价值的判断。在我们的学术领域中，我们只做事实判断，它是什么，我们搞清楚不许说谎的本意是什么，它产生的文化背景是什么，我们只搞清楚亲亲相隐它本身的含义是什么就可以了。至于谁是谁非，谁好谁不好，我们交给同学们在以后的阅读中自己去思考，自己去做出答案。

我最后想说的是，中国的道德律令是人义论道德，也就是说，所有道德律令都是由人来颁布的。这个"人"还不是你和我，是比神低半格又比人高半格的孔子来颁布的，是由圣人来颁布的。所以我们中国古代所有的道德命令都出自"子曰"，由于非礼勿视，非礼勿言，对你的道德评价的好坏我们都会摇头晃脑地引句"子曰"，而西方的道德命令来自于神，任何的伦理学家只不过是给神颁布的道德律令给出一个学理上的解释而已。但是，所有的伦理学家的话语都不可以作为道德律令，西方人绝对不会说康德怎么说，也不会说苏格拉底是怎么说，亚里士多德是怎么说，他最多会说关于这个道德命令，康德是怎么论证的，苏格拉底是怎么论证的，亚里士多德是怎么论证的，亚当·斯密是怎么论证的，休谟是怎么论证的，他只不过是给你如何理解神颁布的这个道德律令给出一个学理上的根据，让你执行起来以后不再那么盲目，而是达到自觉。所以我觉得在伦理道德这个领域里边，这个神义论道德和人义论道德是不同的，这是最根本的关键点。胡好博士说他以后思考的关键点是人和神的关系，也就是说，他告诉我们他的男神是康德，也就是说他还是在人的角度上来思考这个问题，我也希望我们做中国哲学的能把自己的视野再拓宽一些，来考虑考虑佛教，基督教，伊斯兰教他们关于宗教和道德之间的关系，这样一来我们中国的伦理学和道德学的思考和研究可以更宽一些。而我也希望胡好博士能从人关于道德律令的学理能够进一步上升到神的道德，做一些学理上的解释，只有这样我们的思考才能进一步的加深。

好，我们今天晚上的中和论道就举行到这儿，谢谢大家，谢谢各位老师的参与！尤其谢谢万明博士和胡好博士今天晚上的精彩讲演！

(主讲人：任万明　胡好)

第四讲　长城之谜

——战争如何转化为和平

李朝东：各位领导、各位老师、各位同学、大家晚上好！我们哲学沙龙——《中和论道》第十期现在开始。今天晚上是由马克思主义学院哲学系和中和集团共同举办的一个哲学沙龙活动。今天晚上我们邀请到的是两位有思想力度的学者，一个是我们马克思主义学院院长、博士生导师王宗礼教授，大家欢迎！还有一个是法学院的法学教授，一个非常年轻、很有思想力度的学者——王勇教授，大家欢迎！

我们哲学沙龙是一个开放的学术平台，在哲学这个题目下我们可以讨论各种问题，比如说我们会讨论经济问题，也会讨论财富问题，所以后面我们还会邀请两个知名企业家来给我们谈一下财富的本质等一系列话题，也就是想告诉大家，哲学是一个包容性很强的学科。我记得我们以前有一个著名的史学家，也是西北师范大学历史学科的一个具有全国影响力的大学者——金宝祥先生，他曾经说过"任何一门学科只有上升到哲学才能成为真正的科学"，所以金宝祥先生当年在治史学，尤其在唐史这一块在我们国家是独树一帜的。作为一个学派的代表人物，金宝祥先生大多数时间在阅读黑格尔的《小逻辑》和《逻辑学》。也就是说他从黑格尔的哲学著作中学到了很多的思想营养来帮助他思考史学问题。也就是说，金先生就是一位将历史学科提升到哲学的高度从而使得历史成为真正的科学的著名学者。那么对我们这儿来说，我们想将各种话题容纳在哲学这个平台上来谈论，来进行一些哲学的反思。最初我请宗礼院长和王勇教授来参加我们的《中和论道》，是因为以前宗教、伦理、道德各方面的问题，我们都已经讨论过了，所以这次我们想涉及一个关于政治和法律，并且是中国现在社会急切需要考虑的理论和现实的问题。但是后来两位学者经过商量以后找到了这么一个切入点：长城之谜——战争如何转化为和平。到现在为止我还没和他们交流，还没拿到他们要发言和阐述的文稿。所以我也不能做过多的引导和评论。我们来和大家一起分享他们的思考和思想。我们首先请王宗礼教授来开讲，大家欢迎。

王宗礼：谢谢大家，非常高兴今天来参加中和论道。

首先我要讲一下为什么要讲这么一个问题。大家都知道长城是我们中华文化的象征，它也被列入了世界文化遗产文物之中，在国内有很大的影响，然而我们多年以来在对长城的研究问题上存在着一些局限性。这个局限性主要在于，由于一些历史学家、文物学家一般是对历史上长城的建造以及长城作为一个文物的保护等这些方面的研究很多，甚至对长城和中华民族的民族关系等方面的研究也比较多，但是从长城的文化内涵和经济内涵的角度研究比较少，所以我们认为应该拓宽长城研究的视野。

随着我们国家西部大开发的推进，特别是中央"一带一路"战略的提出，研究中国边疆问题的重要性日益突显，而长城研究则是研究西北边疆问题进而从边疆来研究中国绕不过去的一个问题。那么我们怎么来说这个问题呢，我们现在提出西部大开发这已经是十多年了，在这个基础上我们现在又提出"一带一路"的倡议。"一带一路"也好，西部大开发也好，在历史上怎么去挖掘它，怎么去认识它，特别是"一带一路"，它的深厚的历史基础是什么，实际上对这些问题的研究是不足的。而长城问题则是我们研究中国问题,进而从边疆发现中国绕不过去的一个话题。过去我们总是从中原看边疆的,那么现在我们需要转换一个视角,就是从边疆发现中国,这是第二个方面。

第三个方面就是我和王勇教授是一个县的,都是永昌县人,长城内外都是我们的家乡,我的家乡在长城之外,王勇教授的家乡在长城之内。我们永昌过去有一句话:"八堡两寨,宁远堡打在边外"①,我是宁远堡的人就被打在了边墙之外,也就是长城之外,王勇在长城之内。那么实际上对这样一个长城内外的体验,从小生活的这种体验使我们感觉到长城内外,或者叫长城的边界地带,它有许多非常重要的特殊性,无论是这个地方的经济方式、生产方式、生活方式,还是锻造人们性格特点,这样一种文化和其他的纯内陆地区是不一样的,和更加边缘的民族地区也是不一样的。因此从这样一个考虑出发,我觉得我们对这方面应该加强一些研究。我记得在我小时候,我们生产队有牧农,我十六七岁的时候一直在给生产队放骆驼,都是在那个茫茫戈壁滩上放骆驼,同时也从事农业生产劳动。这种经历对我关于我们个人的性格特点和对中国的认识还是有一定的影响。我原来做的一个研究就是西北农牧民政治行为研究,我之所以提出"农牧民"这样一个概念呢,实际上也是与这样一个认识有关的,所以我们在学校提出要加强对中亚和"一带一路"对接的这样一个研究。因此,我觉得把长城的研究放在一个重要的位置是很关键的。这是我讲的第一个问题。

---

① 还有一种说法是:"十堡八寨,宁远堡打到边外"。明洪武五年(1372年),征西将军宋国公冯胜的副将傅友德至河西败元太尉朵儿只巴后,在永昌一带修筑、加固长城,宁远堡始筑长城,并修筑城堡,以永远安宁之心愿取名宁远堡城。据《甘肃通志稿》载:"宁远堡,在永昌县北七十里,明洪武年间置,左右皆山,前后筑堡,有险可凭,有兵可守,东北九十里至镇番卫。"自明代起,宁远堡逐渐成为永昌的边陲军事防守要地和永昌县北部地区的政治、经济、文化中心。

第二个问题就是，我们提出的基本问题是什么，到底研究什么问题，要回答什么问题。第一个问题就是长城它到底意味着什么，这个问题在现在的学术界有着不同的研究。长城从实体的角度来看主要集中在这样两个不同的认识上，一个呢，就是长城是一个由绵亘不绝的城墙还有包括烽燧、城墙在内所组成的综合性防御体系。这里有一个问题，我们汉语大词典上对于长城的定义就是供防御用的绵亘不绝的城墙。意思是说长城只是指的这个城墙，也有学者认为长城指的就是城墙本身，而不是包括城墙、烽燧、城堡在内的这样一个综合性防御体系，这是一种说法。第二种说法是长城是人工修建的以土、石、砖垒筑的连续性高墙还是包括山险、崖壁、水体在内的防御工事？一些人认为长城最大的一个特点就是人工修筑的，非人工修筑的东西它不叫长城，比如说山险、崖壁、水体。但有一些人认为长城是一个综合性防御工事，只要是与长城相关的由这样一些防御性的工事连成一体的都是长城。这实际上体现了什么问题？就是我们的一些文物保护工作者他持第一个观点，就是说他就认为是城墙，所以我们应该把有限的资金主要用来保护城墙，而不是用来保护像烽燧、城堡东西，更不用保护水体、崖壁这些东西。这个主要是从实体的角度来看。另外从功能的角度来看，中国古代史家认为："凡长城有五利，罢游防之苦，一也；北部放牧无钞掠之患，二也；登城观敌，以逸待劳，三也；息无时之备，四也；岁常游运，永不得匮，五也。"这是《资治通鉴》里面说长城的主要功能，实际上它主要是军事功能。但是近代以来，西方学者研究长城则认为长城是一项落后的、消极防御的军事防卫工程。它被用于防御北方游牧骑兵，但是，它从未收到这样的效果。比如说，美国的历史学家艾伯特·布什内尔·哈特等人持这种观点，说长城是一个消极的军事防御工程。另外一种观点呢，是美国学者狄宇宙所持的，他认为长城是"怀着军事进攻和领土扩张的意图而修建的，是中原社会对游牧者进攻的产物"。这是两种观点。一种观点就是认为长城是防御性的，主要是我们汉民族，或者内地的农耕民族要防御来自于草原的游牧民族的进攻，我们修了一个长城，但是，这个长城实际上从来没有起到实际的效果。如果实际效果非常明显的话，那就没有清朝入关，没有蒙古铁骑的入侵。另一种观点呢，就是长城是"怀着军事进攻和领土扩张的意图而修建的，是中原社会对游牧者进攻的产物"。这是最新的一种观点。长城修在哪个位置呢？它实际上是修在了靠近游牧民族的那个地方。所以，你主要是为了使你的进攻有一个依托，你修了一个长城，它是便于中原社会对游牧民族进攻的产物。这个是从功能的角度来看主要有这两种说法。另外，从经济形态和文化的角度来看则是我们主要探讨的一个问题。美国有个著名的学者叫欧文·拉铁摩尔，他写了一本书就是《中国的亚洲内陆边疆》，在这本书里面，他说："长城不仅是自然和地理的分界线，更是定居农业和草原牧业的分界线。"实际上这可能是王勇教授要重点给大家阐发的一个问题。这是从三个角度来看长城到底承担着什么，长城到底是什么，它到底意味着什么。从这么三种角度来看，有这些不同的观点。

第二个问题我们要看一下长城它在历史上发挥了何种作用，其中包括，拉铁摩尔提出的三个概念，叫做：长城边界、长城地带、长城边疆。也就是说他把长城已经不再看成是一个高墙了，他把长城看成是一个地带，看成是一个边疆，看成是一个边界。从这个意义上来说它到底在历史上发挥了何种作用呢？

长城是促进了民族融合呢，还是造成了民族隔阂？这是面临的第一个问题。有些学者认为长城的修建，实际上促进了民族融合，比如说，他们认为修建了长城以后，长城内外的民族战争、经常性的战争减少了，这样的话长城内外的人民之间可以互通有无，可以经常做生意，民族之间的这种融合实际上是被加强了。

另外一种观点，就是现在内蒙古大学有一个学者，还有很多学者，他们认为长城就是为了造成民族隔阂修建起来的。所以，长城的最大的一个结果就是使得游牧民族和汉民族的隔阂日益加深了，使得他们的联系越来越少了。这是一个问题，我们提出来，就是想让大家思考长城到底是促进了民族融合还是造成了民族隔阂。

第二个呢，就是长城是起到了固定边界的作用，还是促进了边界地区的往返互动，这是第二个问题。很多人说长城实际上起的一个作用就是把我们中原王朝的一个边界，给它固定下来了。无论是从山海关到嘉峪关，还是从什么地方到什么地方，它总体上，给我们修建了一个汉民族的、中原文化的、一个确定的边界线。那么，长城到底有没有起到这么一种作用呢？有的人说从来就没有起到这种作用。为什么没有起到这个作用呢？因为首先是长城内外的边民有经常性的各种来往。无论你管的多么严，他都会因为利益的驱动，因为在长城内外生活所迫，可能互相都会和对方去互动，所以，它并没有起到固定边界的作用。然后就说那些守边的将士，说这些人的忠诚度，也是值得怀疑的。因为实际上这些人很多就不是中原的人民，他们很可能就是长城地带的居民。既然他们有不同的民族成分，那么他们也会根据底下的群众，会按照生活的情景和文化上的吸引力，会有这么一个互动过程。所以，我们问长城到底是稳定了我们的边界，还是促进了边疆地区的往返和互动？拉铁摩尔认为是促进了边疆民族之间的这样一种互动，这是第二。

第三就是长城边疆是中国历史面貌的决定性因素，还是中国历史的边缘地带？这是我们需要探讨的很重要的一个问题。按照过去的传统理论，都是认为长城是中国历史的一个边缘地带，但是现在如果我们从一个广阔的视野来看待，按照拉铁摩尔的说法，长城恰好是从东北到西北成了中国在亚洲的内陆边疆。长城的最东边，就是在东北，长城的中部在内蒙，长城的西部在新疆。长城的西南端他认为就是青藏高原，它在青藏高原的这种崇山峻岭，实际上就起到了自然长城的这么一种作用。那么整个长城它涉及到一个什么问题呢，它涉及到亚洲的内陆边疆，也是亚洲的腹地。而亚洲的这个腹地，对整个亚洲及其中原王朝的作用是非常大的，也就是我刚开始说的，从边疆来发现中国。怎么来说呢？就是说中原王朝认为它处理的边疆问题主要是在长城沿线，而边疆少数民族他们也要经常性地面对中原王朝这么一种压力。所以在中原王朝和边疆草原游牧民族的这样一种对峙当中，实际上决定了中原王朝的面貌，同时也决定了游牧民族的面貌。中原王朝的社会结构、文化甚至是一些治国的方略，都会受到长城这个边界地带非常大的影响。而我们说，即便像匈奴以及其他一些蒙古族等这样一些少数民族，他们也是深深地受到了中原王朝的影响。所以，怎样对待长城地带这个边界地区实际上是中国的基本点，它的价值是非常巨大的，而不是我们过去想象的仅仅是一个边疆地带、边缘地带。

第四，长城是战争和冲突的产物，还是能将战争转化为和平的事物，这也将是今天王勇教授要回答的一个问题。为什么这是一个问题呢，按照传统的观点，长城肯定是战争和冲突的产物，它就是中原人民和游牧民族战争的一个产物。但是，长城能不能将战争转化为和平，王勇教授的基本回答就是，在产权界定的条件之下，在市场机制的背景之下，有可能将战争转化为和平，这是我们提出的第二个问题。

第三个问题是，长城在20世纪之后意味着什么。这就是我们前面讲的这样一个背景和我们的"一带一路""西部大开发"联系起来了。而拉铁摩尔的观点呢，他说长城是两千年来人类最伟大的一个标志，象征着中国的全部边界。长城的沿线，后面王勇教授还有个图，它是一个非常广袤的区域。在这样一个广袤的区域中，它包含了中国的全部边疆。对于汉族来说是边缘的边疆地带，对于欧亚内陆来说，却是一个中心。我们知道，过去是一个陆权时代，地理大发现以后，特别是十七、十八世纪以后，人类逐渐进入了海权时代。进入了海权时代以后，人类的内陆边疆的地位就在不断下降。但是到20世纪之后，拉铁摩尔认为，海权时代会逐渐地衰落。为什么呢？他说，海权时代衰落的一个重要原因是工业化的推进，特别是以铁路为代表的交通工具的发展，使得陆地的重要性又会逐渐超过海洋的重要性。过去在海权时代，西方和我们的交往基本上是侵略的、殖民的。但是陆权时代呢，陆上的交往基本上是平等的关系。因此，海权时代我们受到外国资本主义从海上的入侵、殖民，而随着工业化的推进，随着交通和通讯的快速发展，海权时代会逐渐地衰落，而陆地的重要性会日益凸显。另外还有一个问题，我们中国和俄国的结盟以及俄国向南大规模地扩张、移民使得包括长城边疆的整个内陆地区，在政治中的重要性正在逐渐上升，尤其是二战以后，会成为重新角逐政治中心的重要争夺地，也是未来世界关注的一个焦点，这是拉铁摩尔的一个预言。今天我们来看呢，这种预言也正在变为现实。我们提出"一带一路"倡议，重建陆上丝绸之路，就是丝绸之路经济带建设，我们已经看到欧亚大陆是世界上最大的大陆，有30多亿人口，占世界陆地面积的三分之二以上，蕴含着无限的机会，蕴含着无限的财富，所以我们现在提出一带一路倡议，也是在这样一个背景下提出来的。我们可以说，我们提出一带一路倡议，说明在一定意义上我们确实已经看到了以长城边疆区域为核心的这样一个中国的亚洲内部边疆，将成为决定中国命运的一个非常重要的地带。所以我们说长城在20世纪之后，它意味着什么，这是一个值得讨论的问题。第三呢，我简要地说一下，关于长城内外战争的一个一般原因的解释，首先就是要理解长城内外的这样一个战争到底是一个民族内部的战争还是外部战争？按照我们过去的认识，中原王朝和其他少数民族之间的战争总是一种外部形态的对外战争，比如说我们把岳飞都看做是中华民族的民族英雄，就是因为他在抗金的这个斗争当中，居功甚伟啊！那么到底是一种内部战争的还是一种外部战争？照拉铁摩尔的说法呢，实际上这是一种内部战争。因为他把长城内外都看作是中国的亚洲内陆边疆，所以实际上它应该说是一种内部战争。而且我们刚刚说了，就是这个长城内外的边界地带决定着整个中国社会状态的基本面貌。因此我们说首先应该确立它是一个内部战争。第二，对于战争原因的一般性解释主要有以下几种，一个，就是由于自身的身份和文化认同引起的战争，因为不同民族文化不同，身份认同也是不一样的。身份认同是造成许多现代战争的一个重要原因，比如说南苏丹和北苏丹之间的战争，比如说西亚阿拉伯世界由于不同教派信仰引起的战争，这都可以说是由于文化认同或者自身身份认同引起的战争。第二，就是由资源争夺引起的战争，比如说我们长城内外的战争，很多人解释这个主要就是由于游牧民族要掠夺内地的资源，内地又要想办法扩展自己的势力范围，主要是为了争夺资源。第三，就是由政治权力争夺引起的战争。各少数民族发展到一定程度，它都有一个问鼎中原的强烈冲动。从政治学的意义上来讲政治权力是政治的核心，那么围绕着政治权力引起的战争是非常多的。第四，是由族群复仇引起的战争。因为不同民族之间世代积累的仇恨，引发战争。这是我们对于战争原因的一个一般性的解释。在我们长城内外频繁发生的这样一些战争，也是由一种复合性的原因造成的。战争何以转化为和平，我们就请王教授来为大家回答，谢谢！

王勇：非常感谢啊！李老师是我上大学期间西方哲学的启蒙导师，宗礼老师是我上大学期间政治学的启蒙导师。所以今天两位老师提供这样一个交流的机会，我觉得我特别的荣幸。这个话题是我在华中师范大学跟着徐勇老师做政治学博士论文的时候发现的一个问题。而且是我博士论文里面的一个部分，所以我也做了一些思考，特别做了一些田野调查。今天我只是把我的要点给大家梳理一下，这个完全是我个人的思考和想法，纯属是一家之言，所以今天我就准备接受各位猛烈的批评，已经做好准备了。刚才王老师把背景讲得已经很清楚了，所以我就单刀直入把我的核心的一些想法在这里给大家汇报一下。

"长城之谜——战争如何转化为和平"，这样一个问题具体地说就是中国大历史中的农牧冲突或者是竞争，它是如何转化为农牧之间的交易和市场，农民和牧民之间的冲突和竞争，是如何转化为农民和牧民之间的市场交易这样一个问题。冲突和竞争如何转化为交易和市场，这个问题也是著名的经济学家科斯教授一生的研究课题。科斯教授曾经说过这样一句话，他对中国有特别深的感情，尽管他直到去世还没有到中国来过，但是他非常关心中国，所以他说过很多次这样的话。他说，"中国的奋斗就是世界的奋斗"，所以他对中国是寄予厚望的。这个科斯教授就是罗纳德·哈里·科斯教授，1991年诺贝尔经济学奖的得主，新制度经济学的鼻祖，产权理论的奠基人。他2013年去世，享年102岁。科斯教授一生经历了两次世界大战，他对西方的战争有切肤之痛，所以他一生都在考虑的问题就是人类之间的和平共处之道，战争如何转化为市场和交易。我们之间不打仗，我们之间分工做买卖，我们之间和平交易行不行？这是科斯一生关心的理论问题，这个希望他发现可能会在中国率先得到实现，当然，这需要在中国大历史中去发现。科斯教授阐发他获得的诺贝尔奖的著名的一个定理叫做科斯定理。这个非常巧合，好像他冥冥之中就知道中国的大历史，他阐发他的科斯定理的时候讲了这样一个寓言故事：牧民的草场与农民的农田相互毗邻，它们挨在一起，如果牧民的牛羊进到农民的农田里面损害了农民的庄稼，这就引发了双发的冲突。传统的解决方法就是要限制牧民的行为，这个从法学上来讲就是通过侵权法的思路来解决，你践踏了我的庄稼，啃吃了我的庄稼就要赔偿，所以要求牧民管理好自己的牲畜。这是传统的解决方法，用侵权法的思维来解决，但是科斯认为如果农民对他的土地和农田、牧民对他的草场是产权清晰的，那么在市场条件下，农民和牧民可以通过协商，去找到一个最佳的解决方案，就是他们双方之间会通过合同法的思路来解决这个问题，这个就是说牧民给农民支付足够的补偿和赔偿，这个农民就会放弃耕种，就会把自己的农田租给牧民变成牧场，全部放牧就可以了。反过来，如果农民觉得他的收入比较高的话，他可以给牧民支付足够的赔偿或者说他把草原买下来，他可以开垦成农田来种植庄稼。总而言之，科斯定理非常重要的一个原理就是讲，如果双方的土地产权清晰的话，冲突的双方会通过这样一个协议达成共赢。这是科斯的寓言故事，就是通过这样一个寓言故事，他阐发了自己非常经典的科斯定理。科斯的寓言故事给我们一个重要的启发，那就是要在这个边际转换或交易费用上去思考问题。交易费用或者交易成本是科斯的一个核心概念，就是说，如果草地和毗邻的农田，它们的自然禀赋都是相同的，并且假设它们之间进行商谈的交易成本为零的话，那么农田和草地是可以相互转化的，资源就会被市场无形之手自发地配置到最优的状态，从而促使相应的冲突转化为市场或者交易，也就促为和平，再不打官司了。这是科斯所讲的怎么令产权清晰，双方商谈的时候，做交易的时候，做买卖的时候，在无交易费用的情况下，实现双方和平共处，这是科斯第一定律所讲的假设。但一到科斯第二定律的时候，真实的世界里双方商谈的时候是有交易成本的，就是说到科斯这个故事的时候，历史上中国这样一个情景之中的时候，就出现了这样一个问题。西北牧民的草场和东南中原农民的农田，它在自然禀赋上的差异是很大的，因为这个土地的肥沃程度根本不是一个档次。中原的农田，黄土地潜力无限，一到内

第四讲 长城之谜 125

蒙古、河西走廊，那都是戈壁沙滩，土地都是贫瘠的，所以这两者之间呢，不可能实现没有交易成本的市场转换。为什么这个中国东南的农田和西北草原之间无法进行市场交换呢？地理气候因素不容小觑，高原中国和低地中国，一个是西北高原高寒地区，一个是东南中原降雨充沛，而且海拔比较低、土地比较肥沃的地区。竺可桢讲东南西北中国都是二分法，这个示意图实际上是讲中国的人口线，可以看到从东北的瑷珲到西南的腾冲，这条线划下来就是大西北和大东南，这两侧的自然禀赋差异很大，西北是比较高寒的地区，不太适合农耕，东南是比较温暖、湿湿的地区。而且很多学者同时还发现，与这条线大体吻合的还有"15英寸等降雨线"，就是这条线的两侧，降雨量的差异也是很大的。海拔高度不一样，土地的自然禀赋也不一样，这两块土地之间如果进行市场交易的话，那交易成本是非常高的，没法换的。你看中国的地形剖面图，北纬32度，从这里切下来，这个海拔落差很大的，从拉萨到上海，这个海拔落差世界之最啊！所以这两块土地差异是很大的。这个我作为一个理论非常抽象的总结，就是这个图把中国一分为二，大西北，大东南，西北地区是高纬度、高海拔，东南地区是低纬度、低海拔。这个抽象的图就可以说，中国这个版图它的自然禀赋和经济类型差异是很大的，所以没有办法进行无成本的交换。那么，在这种高原中国和低地中国、东南中国和西北中国之间就出现这样一个两难的选择，要么发生无休止的农牧之间的战争，牧民生活在非常不确定的高寒草原地带，如果遇上一次雪灾，也说白灾，牛羊大量死亡的时候，他们就会南下中原进行抢劫，所以历史是周期性的；要么就是通过支付应该有的交易成本，来避免战争，避免掠夺，实行和平交易。但是目前所述，西北中国和东南中国的土壤、气候条件方面的差异非常显著，西北的游牧与中原的农耕之间的分化是具有一定的刚性的，作为自然资源的西北草原与中原东南农田之间不太有可能轻易地实现转化，而且由于中原或者东南农田黄土地带的农田，它的收益率相对比较高。所以，有学者大概做了一个测算，他说中原黄土地单位土地上种植庄稼养育的人口是内蒙古高寒草原上通过放牧牛羊来养育人口的十倍，就是说如果黄土地带一亩地养一定数量的人的话，同样这些人口数量在草原上要用十亩草地，所以生产的效率是不一样的，农田通过种植庄稼收益比较高，如果将中原的农田黄土地带农田全部改成草原，放牧牛羊，是得不偿失的。据说当年成吉思汗的铁骑深入中原以后，有一些军官说这么广阔的中原地带，土壤又这么肥沃，那就当我们的草原算了，把他们的农舍全部毁了，庄稼地改为草原，放牧牛羊多好，这么提议，后来耶律楚材说这个不行，中原农耕这事我懂，这个地方要让农民种庄稼，不要改成草原牧场，然后我们征收税赋，那收益要比换成草原收益要高得多。由于耶律楚材的明智，所以元朝的统治者就没有这样做。同样，反过来，将西北的草原换成农田，则根本是劳而少功，西北高寒地区一定要开发农田，那边际成本是很高的，代价是很大的，今天你们可以看到，沙尘暴越来越严重，那就是由于农田开垦向西北方向拓展，内蒙古的大片草原现在已经开垦成农田了，所以后果很严重，但这个问题历史上有经验，所以历史的经验是西北的草地与中原的农田之间，自然禀赋之间不一样，不一样的话怎么办呢？万一发生冲突、发生战争怎么办呢？制度经济学和科斯定律，提出的办法就是，由中原农耕区的农民出资来设置西北草原与中原农田之间的界权装置，就是要划定产权的时候，你比如说，土地要划定产权的时候，你得有一个田埂吧，你得有一个栅栏吧，否则没有这个东西的话，你怎么说这块地是你的，这块土地是我的呢？所以土地的产权要划定清楚的话，得有一个界定产权的物理设施，篱笆也好，田埂也好，围栏也好，反正你得有个东西。但是，中国的黄土地带是很大的，北到阴山，东到太行山，西到日月山，南到秦岭，我讲的黄土地带特别是黄土高原这块土地是非常肥沃的，土地是很大的，要是围一个围栏的话，成本是非常高的。从山海关一路要围到嘉峪关，这个围栏是特别长的，成本是很高的，如果这个围栏要是围起来的话，草原的产权和农田的产权，就会界定的非常清楚，从而阻隔西北牧民的牛羊南下越界进入庄稼地，从而形成双方之间的分工交易，相安无事的格局。这是一个形象的比喻。你看我们这个农田，向沙漠推进，靠近沙漠，靠近戈壁滩的地方都是游牧民族驰骋的地方。在长城一带，戈壁和农田沙漠交接的地方，就能看得很清楚。现在的问题就是在农田和高寒沙漠戈壁地带交接之间，给游牧民族要划一个围栏，这个围栏谁来修啊，这就是刚才说的重大的交易成本问题。农民种植谷物的收益，在单位面积上要比牧民放牧收益要高。所以围栏的建立成本要由农民来承担，这是公平的，而不是要让牧民来承担建造这个围栏的责任。大家都知道，长城为什么不是西北牧民来修？在贫瘠的草原地带，游牧民族的生存为什么容易，他是通过"移动的镰刀"——牛羊的舌头来收集贫瘠的土地上分布的稀疏的植物资源，将它转化为肉奶制品。所以他不可能把牛羊圈起来，他需要一个很大的移动空间。所以围栏谁来建？农民来建！所以我们在山海关、嘉峪关看的这种砖瓦高墙，在这样的地段建立这样一个很高的建筑看上去很傻，万里长城的绝大多数路段就是这样的普遍的夯土墙。这个土墙在历史上确实没有阻挡游牧民族的南下，但它确实阻挡了西北的牛羊越界去践踏东南的农田，这个作用实实在在是起到了。但是牛羊还会不断地去越界去践踏农田，所以民间的小冲突不断。民间的小冲突一旦积累到一定程度就会引起双方的战争，所以双方的战争是由民间很小的冲突积累起来的。

我们看到的长城大多都是普通的夯土墙，到现在很多已经坍塌了。我们金昌市的长城，它从西北到东南把金昌市一分为二，在长城以内镰刀收割庄稼，在长城以外就是放骆驼，以最小的成本来达到最大的收益。中原的农民负责划界，把围栏修起来，让牧民把它的牛羊稍微固定一下，就是"圈出"牛羊，以限制西北牧民的牛羊南下践踏中原农民的庄稼。也就是说这样一个划定产权的公共物品，是成本最小化处理西北游牧与中原农民之间关系的方式。如果没有这道栅栏的话，后果是非常严重的，不要说人与人之间，国与国之间了，西北游牧部落与中原农业帝国之间就会频繁地打仗。游牧民和农民天天打官司，没完没了，但这个装置一旦设置，在很大程度上，很多纠纷实际上被无形地化解掉。这里就有两个非常重要的原理，一个就是"圈出规则"，农民的财产主要是庄稼，在民商法上，农民的庄稼相对来说它属于不动产，庄稼种在地上它自己会生长起来，它却不会长上腿跑掉，但是游牧民族他们的财产主要是牛羊，这个牛羊对于游牧民族来讲这个财产类型属于动产，它是长着四条腿，它是走动的，所以控制它们是很麻烦的，费用很高。所以一般来讲农民收益高的时候，他就会实行"圈出规则"，就是肥沃的农田，我们把它圈起来，农田之外的贫瘠土壤我们把它圈出去，让牛羊在贫瘠的草场上自由地去游牧，这对栅栏内外来讲，总体的收益率是最高的。当然，这也不是一成不变的，如果这个牧民的收益比较高的时候，他可以考虑把牲畜圈入，这就叫"圈入规则"。这个在历史上真正实现是非常晚近的时代，就是英国工业革命以后，人类发明了带刺铁丝网，用它可以在大面积的广阔的草原上去划定界限。各位你们想一下，在带刺铁丝网这样的成本比较低的划定草原界限的这个材料发明之前，广阔的草原上要划定界限把牛羊圈起来，那个成本是很高的，你用石头垒的话，哪有那么多石头？你用木头修栅栏的话，没有那么多森林，所以这个代价很高。而很晚近的时候，特别是到了近现代，中国是当代，比如说内蒙古，还有西藏，藏区的这个草原承包，也就是在本世纪前后，我们用这个铁丝网,把草原承包给了牧民,彻底实现了定居定牧。这是我们讲的非常晚近的事情。所以最后的这个结论就是,长城它是农牧战争或者冲突转化为和平交易的一个最低的交易成本,这个交易成本必须要付,就是说,和平必须要付出代价的,那么我们为和平支付一个最小的代价行不行?行!中国几千年的历史,就是这样一个经验:我们为和平支付了一个最小的代价,就是这个万里长城。这个长城一修起来,大家知道,它可不是一个隔离性的装置,它不是朝鲜半岛上的三八线,也不是二战时候的马奇诺防线,它不是把两边的居民和财产,人流物流都把它完全隔离开来,它有分有隔,它是一个疏通的设置。你看它出现了茶马互市,西北游牧民的马匹、畜产品跟中原农民的粮食、茶叶做交易,茶马互市的这个市场就形成了,还有我们的丝玉之路也形成了,西北地区的玉石跟中原的丝绸我们来交易了,丝玉交易、茶马交易,这就形成了。如果没有这样的装置的话,这种交易、这种分工就不可能形成这种有规模化的市场格局。

最后我想谈谈我的一个不成熟的看法,就是关于秦帝国形成的一个解释。我个人觉得,有这样三个要点:各位看一下,这个就是秦始皇统一的六国,它统一的这个版块你们可以看到,大部分属于黄土地带,黄土高原和黄土平原,包括长江中下游平原,包括华北平原,所以秦始皇统一六国的时候呢,他统一的这个版块就是中国的所有的最核心的版图。今天我们所讲的,国外学者所讲的,如美国啊,日本学者所讲的这块版块就是中国本部,就像我们师大一样,这是本部,还有两个分部呢,这个是本部,最早的核心版块就是这会我们把它提出来的,秦始皇统一六国的这个版块。所以那个时候我跟宗礼老师还不属于中国,河西走廊,属于这个乌孙啊,月氏的地带,是游牧民族的草原。所以,我的一个解释就是秦始皇统一六国,他统一的是泛中原农耕区。因为在战国七雄争霸的时候,这些国家大部分都属于黄土地带,都是从事农业耕种的。秦始皇把农耕区统一了，这就是中国历史上第一次的国土资源规划，就是说，农耕的归农耕，游牧的归游牧。有些人的研究发现在春秋战国时期，秦帝国统一之前中原板块上的春秋战国的国家之间有很多隙地。隙地就是不属于农耕定居区的两国之间的空阔的边疆地带，比如秦国和楚国之间就有隙地。这个隙地是游牧民族驰骋的地方，看过电视剧《芈月传》的同学们都知道，游牧民族的那个义渠王他就是在甘肃天水和陇东这一带活动，他的大本营在宁县。那个时候天水和陇东地区都属于游牧民族。秦国和很多国家之间有空隙的地带，这些空隙的地带经常有游牧民族在这个地方穿梭，搅扰得中原农业国家的人民也不得安宁。我的想法就是这样的，秦始皇统一六国，有一个非常重要的历史功能，就是在中原农耕板块里面，我们不要再放牧牛羊，我们都来耕种庄稼，我们放牧牛羊都到长城以外去，这样一来，农业的规模化效益就出来啦。所以我觉得这是历史上第一次国土资源规划。秦始皇统一六国之后，特别是到了晚近的宋元明清以后，中原板块的隙地几乎就没有了。空隙地带没有了就是农田一块连着一块。如果你坐着飞机飞过河南的上空，飞过关中平原和河北的上空会发现，下面都是网格状的农田连为一片，没有一块儿空隙。第二个观点，我在华中师大的导师徐勇教授，他也是第一个政治学的长江学者。徐老师有个观点是说，秦始皇统一六国最大的历史功绩，不是修筑了万里长城，而是创造了千千万万个小农经济，农户经济。但是我认为，秦始皇统一六国他一方面创造了千万个小农经济或家户经济，同时他也建造了万里长城。这是秦始皇统一六国的一体两面，就是同一件事情的两个方面。统一了六国，农业帝国可以实现规模化的对外防御，也就是我们今天说的"国防"。如果说是一个小国的话，你就不行，一个小国的话你支付不起庞大的国防费用啊。但是一旦我统一成一个新的大帝国的时候，帝国的财力、人力、物力加上我们农业规模化的经济，我们去修造万里长城，才有这个能力和经济实力。如果在秦国之前的战国时期都是小国家，每一个国家都容易受到游牧民族的攻击，你的防御力量太弱了。那么秦始皇统一六国之后，对外防御的规模化效应就凸显了，他可以养一只常备军啊。大家知道欧洲打仗好多国家没有常备军，只能临时雇人，雇佣兵打完了，它的军用经费就没有了，它没有财力养常备军了。而中国在很早的时候就能供养起一只很庞大的常备军，这是农业帝国统一之后的效果。作为单数的农业帝国，这是之前李老师所讲的哲学里的作为本体的这个"一"嘛。这不是"二"，不是"多"，是"一"。在这个意义上它是大块头，它的内部结构是小农户、大市场、强国家。那么长城以外是什么呢？是作为附属的，到长城以外一看，它的政治共同体就多了，它就不止一个。草原上形成的游牧帝国，绝大多数的时候它是分散的各自为政的，这些多元的游牧政权，它是"多"。这些游牧帝国的构成特点是大部落、小市场、弱国家。这样的话，围绕着长城一线就形成了中原农业帝国与西北游牧部落之间的博弈均衡这样一个均衡体或均衡解。这是一种均衡，大历史打造的一种均衡体，就像太阳系一样，太阳是个很庞大的星体，它发射很大的能量，周围的星星围绕它转，这才是一个均衡体，就像这个大农业帝国它是大块头，周边游牧民族围绕它达到一种均衡体。谁消灭谁都不容易，我们相安无事，不要轻易去吞并对方。拉铁摩尔曾经讲过，两块毗邻的土地，如果它的自然禀赋完全一样的话，这两个毗邻土地上的国家不会长期存在，必然会出现国家之间的合并或吞并。你我毗邻到一块了，我们俩土地的自然禀赋完全一样，那么不是你打败我，就是我打败你，最终肯定是出现一个统一的大国。但是我们中国这个板块差异很大，没法实现完全的统一，历史上是这样的，中原农业帝国对西北游牧国家实行"统而不治"。我们可以统一，但我的治理不会伸展到你那里去，否则我的治理代价很高。同样西北游牧部落，例如西北蒙古帝国，经常满足他们的话他们也会吞并中原。但他们一旦进入到中原中来，他们的生活方式、风俗习惯、制度文化必须中原化，必须汉族化。他把他以前游牧民族的风俗习惯制度文化都得丢弃，都是这样的啊！所以历史上说"夷狄入中国则中国之"。啥意思？你进来了就很容易深深嵌入儒家这种农耕文化传统思想的大染缸中。同样，如果中原农民到西北这些地方去你必须入乡随俗，即"中国入夷狄则夷狄之"。总之，风俗习惯差异差别很大，所以我们对西北边疆民族游牧民族的态度也是"统而不治"。"统一治"这个概念在中国来讲内涵特别丰富，它俩可以分开理解。这是我最后一点体会，就是做一个引申性的阐释，即长城是中国文化软实力的一个典型象征。谢谢各位！

李朝东：这是个非常有意思的话题，刚才听了两位教授的讲座，我想起了几句关于战争的名言，有句话说"战争是魔鬼的盛宴"，还有一句话是"战争是母亲的灾难"，因为母亲生的儿女们到战场上去，在战争中有可能会失去自己的生命。虽然这是一个非常小的题目"长城之谜"，但是给我们提供了一个非常广阔的思考空间，战争如何转化为和平。我记得托尔斯泰有一部作品叫做《战争与和平》，而且是一部具有世界性影响的作品，从中可以看出战争与和平是人类永恒思考的一个话题。下面我想大家有很多问题想和我们的两位教授嘉宾交流，那我们就有请宗礼教授和王勇教授上台和大家交流，大家欢迎！我们大概还有半个小时的时间，大家可以向两位老师提一些问题。

李开亮：两位老师好，听了两位老师的讲演我非常受感动，也学习了很多的知识，但是我有两个问题想和两位老师探讨一下。第一个问题是中华文明为什么能够成就秦国这么大的一个文明？王老师说主要是由于长城是在农牧农耕文化和牧民博弈的过程中形成的均衡点所导致的，但是我个人认为更大的可能是与中国的河流特征有很大的关系。我们知道四大文明的发展就是源于不同的河流,它们之所以不同最主要的是因为河流的不同。所以我认为秦帝国形成的最主要的原因就是因为黄河和长江冲击而形成的广阔平原从而使得中华帝国产生。这是我自己的一个观点。我问的是两个问题各问两位老师一个,刚才王老师说在长城出现形成和平这个过程中主要是产权,在这个过程中如果长城的出现是基于产权意味着是先有产权的均衡然后再有长城,如果这样的话是不是就意味着长城出现之后就必代表着和平。我们看到的是从秦始皇开始它并没有出现和平而是不断的战争,那这个说法是不是有一种逻辑上的颠倒。先有长城后有产权还是说先有产权后有长城?这是第一个问题是问王勇老师的。第二个问题问一下王院长,您讲过从边疆看中国,可以说这几年是学界讨论最热的一个问题,实质上这回答了中华民族多元一体的问题,但现在我们这样一个国家,中华民族的建构是在西方这样一个"民族国家"的基础之上进行的,那么在民族国家的背景下建构一个中华民族的话,是不是从古代边疆看中国的逻辑下没办法推出一个很好的结论?这是我的两个问题希望两位老师可以解答,谢谢!

王勇:中国很早的时候就出现了"两条河流,一个王权",所以很早就统一了。你阐发的问题我也是非常认可的,你刚才讲长城和这些农牧产权的界定谁先谁后的问题,制度经济学讲制度是博弈均衡的产物,产权本身它就是一种制度,而这样一个产权的博弈均衡点在哪个位置上是不一样的,所以早期的时候就是秦始皇时期修的那个长城。但是到后期许多学者发现有一种现象,就是长城到了后来的时候,从它以前的位置向西北推移。这是因为农耕民族的力量一直在壮大,而游牧民族生活的草场在逐渐缩小,所以农耕的空间逐渐通过长城往西北方向拓展,向外推进。所以这个产权界定,在哪个方面或者区域之间,取决于双方博弈力量的大小。宋元明清以来,农耕民族的力量很大了,一直往西北方向推移。所以这个问题里面不能说谁前谁后，只能说双方参与博弈的均衡点是动态的，不是说一开始固定下来的。这是我一个不成熟的看法，请大家多多批评指正。就像鸡蛋和鸡谁先谁后一样，这个问题生物学家、遗传基因学家也不是很好分析的，所以是长城在前还是农牧产权界定在前，这个"前后的问题"是非常考验人的智商的问题。

李朝东： 我们请宗礼教授谈一下这个问题。

王宗礼： 这个问题王勇教授给大家说的非常好了，我可以补充一点。很多人认为秦始皇修建长城并不是为了拒斥游牧民族。事实上，研究结果表明，秦始皇统一六国以后，修长城的时候，游牧民族对内地采取的不是一种进攻的态势，而是吓得跑了。为什么要修这个长城，王勇教授的这个解释还是很有解释力的，他确实是一个界定产权的装置，这可能是一个很重要的原因。到底是产权界定在前还是秦始皇统一六国在前，这个确实是一个多因的结果。你刚才提的问题是说，如果从边疆看中国，那么如何理解我们现在的民族国家建构的问题？我们的确处在一个民族国家建构的过程中，实际上是要解决三个问题。一个问题就是解决中华民族的民族认同问题，也就是说费孝通说的中华民族的卓越性及格局；第二个是要解决国家的一个制度建设问题，本质上就是一个民族的制度建设问题；第三个是要解决国家治理的现代化的问题。在这三个问题里最关键的，或者前提性的问题就是我们要解决中华民族的认同问题。中华民族的认同问题问的是到底认同什么？是认同中华民族的文化？中华民族的文化指的是什么？是不是只指以儒家文化为代表的文化？如果只是指这样一套文化体系，我们可能无法完成民族认同。因此我们不能把中华民族的民族认同看成是对以儒家文化为代表的这样一套文化体系的认同，而是要把它看成像费孝通所说的"各美其美，美人之美，美美与共，天下大同"。从这个角度上来讲，构建我们的民族认同，文化认同，我觉得这才是一条可供选择的道路。不过这样的话从边疆看中国也没有什么问题，这是我对你这个问题的回答。

王勇：我补充一句话，长城这条线修在什么位置上，取决于三个变量，一个变量就是基础水平，就是农业的基础开发水平；第二个取决于土地的自然禀赋；第三个取决于两边族群的力量大小。比如现在我们看到，兰州军区发明了打深水井的技术，因为我们高原上通过打深水井可以进行农业灌溉，所以内蒙古草原上大量的过去不能被开发为农田的土地现在得以开发为农田。还有刚才王老师讲的这个问题我补充一下。美国有个著名的政治学家叫做白鲁恂，他说过一句话就是：中国是一个伪装成民族国家的文明国家，就是说中国不是一个 nationa-state，而是一个 civilization，就是说它是一种文明共同体。其实从长城内外看中国的话，就是一个多样化的统一。所以我一直以来的想法就是我们向东南亚这些国家输出文化的时候我们输出"孔子"，但是向中亚这些国家输出的时候我觉得我们还是输出"阿凡提"比较好。这是我的倡导，但是高层不一定这么想。

李朝东：好，我也参与一下啊。首先我觉得前面李开亮老师提的问题，这个问题是个伪命题。为什么是伪命题呢，长城和产权设置谁先谁后？因为我们哲学里边讨论谁先谁后有两种情况，一种是时间在先，一种是逻辑在先。时间在先是发生学上谁先谁后，逻辑在先就是我设定一个理论支点，然后对我解释的对象提出一套解释系统，我估计李老师提问的出发点肯定是时间在先。在时间上长城在先还是产权设置在先为啥说这是个伪命题呢？因为这个里面不存在谁先谁后的问题，肯定是长城在先，至于为什么会修建长城呢，那时候的国家和统治者是怎么考虑修建长城的，刚才两位老师已经做了解释，我们也可以从各学科各角度去分析、讨论。尤其是王勇老师后面提出的这套理论，从科斯理论出发所做出的这套解释是长城已经是个存在，那么现在用一种理论去解释它为什么存在,它的作用和功能是什么……从发生学上来说其实长城不是秦始皇修建的,公元前 5 世纪到公元前 3 世纪,各个国家就已经开始修建长城了。那个时候长城的功能很复杂,有些是对抗外面的游牧民族,有些是一些小国比如赵国和燕国等各个国家之间相互提防,等到秦始皇统一中国的时候,他只是把当时存在的不同段落的长城补齐了,连接在一起了。这个过程是从公元前 5 世纪到公元前 3 世纪秦始皇统一中国以后才开始的。也就是说在秦始皇统一中国之前,长城断断续续的就已经存在了。所以在时间发生学上,这是一个伪命题。所以我特别感谢两位教授对一个伪命题做出这么尽心的解释啊。好,下一位。

同学:三位老师好!我想问的一个问题是,我以前看过汤因比写的《历史研究》,里边有一篇文章叫《停滞的文明》,他里边就是说文明分为农牧两种。游牧民因为受到自然地理条件的限制,他们的社会一直处于停滞的发展状态。而农耕民族由于生活的自然条件比较好,所以社会在不断发展,可以进行社会转型,然后等到了近代的时候随着工业化的推进,农耕民族文明的生活方式一直在侵蚀游牧民的生活的边界,然后慢慢地把他们都同化了。然后很多当年的牧场都没了,由此也产生了很多问题。最后汤因比在文章里面引用了《圣经》里边对这段历史的预言,说有两个兄弟,哥哥是种地的,弟弟是放牧的,但最后种地的哥哥把放牧的弟弟杀死了。而在杀死弟弟的时候,弟弟就开口说,你杀死了你的兄弟,从此弟弟不会再为你效力,而且你以后还要承担永恒的惩罚。那么对应到今天我们的社会中,当农耕生活侵占到游牧民的生活时,就会引发很多很多的问题,处于一个边界的时候,我们应该怎样看待这个事情呢?谢谢老师,我想让朝东老师回答。

李朝东:不好意思啊,我刚才没听清楚,还是交由两位主讲教授来回答此问题。

王勇：关于这个问题，从一个大的尺度来看，定居农耕或者驻牧就是比较长时期的在一个地方，但是驻牧时间一长，生态环境就会破坏掉，所以"游牧"是人类永恒的话题。在讲到游牧民的关系问题时，西方在政治哲学上有两个思考方式，一种思考方式是提倡游牧民美学的思考方式，也就说按照农耕的话，地球就成了养育人口的一个饲养场，50亿人口在膨胀，我们就会养很多的人，但这样的话太不美观了。那么我们要游牧的话，地球的生态环境就会很好，但人不能太多。所以这样的话，农耕文化和西方所代表的游牧民文化是肯定有冲突的。草原文化之父孟驰北先生说过，游牧文化是杀生文化；农耕文化是生生文化。农耕文化是生生不息的，要多多的生育后代，反正我们不做美学的考虑，地球养育多少人就是多少人，这是我们经济学的账。但西方有学者认为是美学的账，地球变成一个饲养场是不行的，这就会涉及一个深层次的价值关怀问题，我的看法是游牧和农耕这两种方式要达到一种均衡，游牧文化是一种精英文化，是一种杀生文化，它不希望这个地球上有太多的人，这是最核心的。再想下西北游牧民族每次攻入中原的时候，它在潜意识上是要占据大量的"草场"，我们觉得农耕有一小块地就行，但他们觉得既要生态化，也要放牧自由，需要占据大批的空间，需要草原，需要草场。所以这里面有一些深层次的价值理念的冲突，因此我的态度就是达到均衡，不要一个想把一个消灭掉，一旦消灭掉，我觉得这个后果会更加严重。

李朝东：好，谢谢！宗礼老师有没有要说的？刚才这个同学提的问题是上帝说，上帝说的观点对还是不对，如果说农耕文化挤压了游牧文化，最终农耕文化会受到惩罚，这个是上帝说的。正好我们宗强院长专门研究《圣经》的，他知道上帝的意思，我们来听听他说的。

姜宗强：这个故事主要讲的是两个兄弟残杀的故事，残杀的原因是什么呢？游牧民族献的礼物上帝接受了，但是农耕民族献的礼物上帝没有接受。这样，兄弟之间产生了芥蒂，所以发生了这样的残杀。《圣经》学者也在猜测如果上帝把两个礼物都接受了，他们不就没有冲突了嘛，你为啥接受一个不接受另一个呢，到底原因在哪里？《圣经》学者也在猜测，因为这古代的文本确实很复杂，其中有一个猜测结果是从生态环境来说的，就是说他为啥接纳游牧而不接受农业，因为农业是有选择地对待生命，就是他要种他的粮食和种子，他一定把那些各种不同的草除掉，就是对生命采取的是决定他们的生死，按理说这个原理应该是由上帝决定的，不是由人决定的，这是第一点。第二点就是他人为地划分了哪个生命更高级，哪个生命更低级，因为他种的粮食作物更高级。其他的杂草不管多有价值，即便有中医药的价值，你还要除掉他，所以第一点他决定了生命，第二点是给生命划分级别了，有的是应该留下的，有的是应该杀掉的。但是这个游牧民族呢，羊想吃什么草就让他去吃，他不会去决定那些草应该除掉那些应该留下，他对生命是平等的，生态学家是这么认为这个文本的。我个人认为，主要是因为这个文本的作者是游牧者，他会何美化自己的方面写作。谢谢！

王宗礼：我问一下姜院长，游牧民族他是放牧牛羊吃牛羊的，但佛教中解释是不能杀生，草这些东西是无情，而一切有生命的事物，它都是有情的，有情的事物都是平等的，为什么要把牛羊吃掉呢？

姜宗强：为什么要吃掉牛羊呢，我觉得道理很简单，因为人的逻辑是倾向于自己的，我们经常说狼吃羊，狼很凶残。但是我们天天吃羊肉串，却觉得自己很善良。哪种逻辑有利于人人就会用哪种逻辑去解释。基督教和佛教不太一样，它的一个解释就是生命不能由人决定，人不能决定人的生命，人也不能决定生物的生命，这个东西必须由上帝决定。当然还是由两位教授主讲，我也有一个问题想提,不知道可不可以,提给两位教授。日本人侵犯中国的时候,他想把中国吞下去,吞下去之后按版图来看,在东北成立一个伪满洲国,在蒙古成立蒙古王国,在甘肃到新疆一带成立伪组织,切成很多片,称中国叫支那,也就是刚才王教授划的这些范围,这才叫中国,别的不叫中国。王教授刚才讲的对我启发很大,一个经济学家看问题,他不但把长城看成军事设施,而且把它当成经济地界,所以非常有启发力,现在我的疑问就是如果按照日本人的这种设想,就是中原之外,没有划定的,农业区之外的,最好中国就不要管,让他们瓜分掉,日本人是这么想的。根据你刚才讲的古代的传统就是认为"统而不治"。就是我们把农业这片地域统治好,别的就松散的管理。如果这样的话凝聚力会比较弱,日本人也希望我们就只管住那这片地方。所以我想问的问题就是,在今天还会使用这种统而不治的方法吗?两个问题,第一个就是统而不治在今天是否还适用?还有一个问题就是你说的这个软实力,长城是中华民族的软实力,软实力的含义究竟是什么?是不战而屈人之兵还是我们用经济手段代替政治手段把周围地区凝聚在一起,而不是像日本人设想的把它瓜分出去,也不是传统的统而不治,就是比较软弱的那种凝聚方式,好,谢谢!

王勇:我想简单的回答一下,你看这个图的话,你可以看出中国内部差异确实很大,为什么还连在一起。就是说日本人也想,美国人也想把中国分成所谓的西域国、西藏国、满洲国、蒙古国、中国本部等等,就是把它切开。但是,为什么我们具有很强的粘性呢?我做了更深入的研究和考察。有个非常著名的、具有世界性影响的学者叫何炳棣,2012年去世,95岁,他认为中国农业最早起源于黄土高原的东南边缘。那时黄土高原是半农半牧地带,在这里较早出现了动植物的驯化,完成了之后呢,中间是人口膨胀、人口激增,一部分人向西北走,成了游牧民族,一部分人向中原新大陆拓展,成了农耕民族。所以,中国的历史原点就在长城附近的黄土高原,上古时期我们的祖先就是在这里生发出来的。早期一分为二,中国的原型从上古时期从黄土高原开始发展,半耕半牧,人口扩张以后呢,开始分化,一部分向西北地区专业化的游牧发展,一部分向中原、东南地区专业化的农耕发展。为什么我们都是炎黄子孙呢?就是那个地带是我们的根,包括游牧民族也好,农耕也好是分不开的。还有一个说法就是,中国的领导人,就是从历史上讲,什么是做好的领导人,就是又是中原的好皇帝,又是西北地区的大可汗。现在一个美国的学者史景迁,写了一本书叫《大汗之国》,可汗的"汗",中国就是大汗之国,你面对西北的游牧民族的时候,你要做一个大可汗,像李世民一样,后来的皇太极也是这样,面对中原的时候他是个好皇帝,他实行的是儒家宗法体制,面对游牧民族实行的是平等的盟约,契约关系,不一样的,如果把这两个身份——皇帝的身份、可汗的身份完整地集成在一起,就是中国历史上最好的文化呀!所以西北地区的民族希望我们的领导人是一个大可汗,但是我们中原人希望他是一个好皇帝,期望值不一样,但是期望集于他一身,这种希望在哪里会实现呢?拉铁摩尔说过,长城沿线地带即"贮存地"会出现"皇帝/可汗"这样的人,这里出生的人有两种文化的混合信仰,可以通约,可以沟通,拉铁摩尔已经做过这样的解释了。所以前段我们引发了一段讨论,怎么认识中国,中国是一个概念,粘性中国,粘性在什么地方呢,关键在黄土上,黄土的英文词是 loess,意指松软的、多空隙的、可垂直坍塌的一种颗粒状岩石。上古时期,在黄土地带,拿着木质、石质的工具在松软的黄土上开垦庄稼,如果遇到很好的降雨就有很好的收成,所以最早的上古时期的人类,他就生在长城沿线的黄土地带,就分化成农耕民族和游牧民族,所以历史原点是有影响的,是基本分不开的,现在我给大家说的一句话就是,看中国的中心点要放在长城上,在长城内外看中国就能把中国的历史看得很清楚,谢谢!还有一个问题,长城为什么成为中国软实力的典型象征。春秋战国时期的列子,有个说法叫做"张弓无箭","不射之射",我可以把弓拉开,一个强劲的弓箭拉开,但是我弓不发箭,我不射箭,长城就是一个非常强大的弓,我已经拉开了,如果你没有强大的组织力和中央集权的动员能力的话,没有任何一个国家的政治共同体能够兴起或者撑起巨大的万里长城,一旦放在那里它就是强大的中央集权动员能力和组织能力的象征,是实力的象征,但是我不用打你,就有强大的威慑力,这就是张弓无箭。想要取得和平的话,你自己首先要强大,你才能维持和平,但是你可以不打他,你必须要强大,长城就是这样的象征。所以,为什么国外的元首到中国来,要看两个地方,一个是长城,一个是兵马俑,都是胡风汉韵的强大继承,中国强大的文化优良基因,一个就是胡风,一个是汉韵或汉制,胡风就是进取精神,汉制是组织力、动员力,这是儒家的长处,这两者之间一旦联系起来那是天下无敌的,胡风现在没有讲了,反正,我经常讲,从长城内外这两种文化结构可以看出,还有很多胡风的遗存。谢谢!

同学:老师今天讲的是长城之谜,战争如何转化为和平,也就是说长城是如何将战争转化为和平的。我是学历史的,据我所知,修长城并没有将战争转化为和平,从赵武灵王到清朝,长城绵延于中国两千多年的历史,赵武灵王开始修的时候,依然没有挡住秦强大的气势。当时唐朝几百年间没修过长城,依然是一个强大的王朝。应该把长城引申为保护伞,修长城是为了保护自己,所谓的"门外世界门内家"。清朝末年,闭关锁国,隐形地为自己修了道长城,但清朝的闭关锁国依然没有转化为和平,而引起重大战争,所以我想问长城是怎样将战争转化为和平的。谢谢!

李朝东:这是学历史的同学,能够引起争论就是好的题目。

王勇：你说唐朝的时候没有修长城，但是我问你为什么唐朝时候没有将长城拆掉，朝鲜半岛如果统一了的话，三八线会不会拆掉？

同学：不会。

王勇：为什么？

同学：留作纪念嘛！

王勇：秦汉时候的长城为什么没有拆掉，因为它不是国防线，它是农牧之间的界线。它可以阻挡牛羊啃食农田里的庄稼。这是今天演讲一开始就切入的主题，它还在起这个作用，这是为什么唐朝时长城不会被拆掉，现在也没有拆掉，因为它一开始就不是作为国家间的隔离装置，它一开始就是农牧分界线。

同学：但是农牧分界线为什么说成是战争与和平的问题，战争是两个国家间的，和平也是，但是农牧这个……

王勇：我想是这样的，根据科斯定理，战争转化为和平是有交易成本的，是有代价的，长城就是把农牧之间的战争转化为和平最低交易成本，就是天下没免费馅饼，我们要和平，有一个成本和代价，但是我们可以支付一个最低的代价，长城就是最小的代价。明白吗？

同学：还是不明白。

王宗礼：我来说一下，长城到底能不能把战争转化为和平？一个方面我们要看到，假如没有长城，那么长城内外游牧民族和汉民族之间的冲突可能是经常的，每时每刻。但是有了长城以后呢，这种经常化的每时每刻的冲突，可能就一步步化解了，也就是化解了游牧民族的牛羊到内地啃食庄稼的局面，由此引起的战争可能要少些，这是一个。第二个，引起战争的因素是多样的，它有文化认同的问题，也有因为争夺资源引起的战争，也有争夺权力引起的战争，所以引起战争的因素是多样的。不是说一个长城一修所有战争都转变为和平了，如果这样的话我们就在全世界到处修一些长城,那我们就没有战争了,所以它的功能就在某个方面对某一类的冲突转化为和平起了积极的作用。我们主要回答了一个问题,就是把长城不仅仅归结为一个军事装备,而是要把它看作是游牧社会对农耕社会的一个界线,这就是我一开始说的我们怎么来认识长城。从这个意义来说,它对这个因素引起的战争有缓和的作用。这是我的一个认识。

那么你说唐朝的时候,我们为什么没有修长城,仍然是一个强盛的王朝呢?唐朝强盛的因素是多方面的,其中一个最重要的因素,刚才王勇老师在回答起前面的问题的时候已经说了,唐朝的统治其实就是起源于长城边界这个地带,这个地带的统治者最适合中国这样一个广阔地域当中的统治,他也最能兼容并包、兼收并蓄,所以说他能够带领唐朝走向这样一个繁荣。这个王朝一旦繁荣以后,其他游牧民族就没有南下入主中原的冲动了,所以战争也就减少了。我是这样一个认识,好,谢谢!

李朝东:这个同学这下明白了吧?好,长城把战争转化为和平并不是说它彻底消灭了战争,只不过是使战争爆发的频次降低、减少了,本来可能是每年、每月爆发的战争,由于长城的作用可能变为十年、二十年、甚至五十年爆发一次,但是它没有完全杜绝或者消灭战争。即使是十年爆发一次战争,在这十年内,我们也的确享受了和平。这就是王勇老师对长城的一个学理的解释。还有没有问题?

胡好:有,听到两位老师的讲座很受启发,尤其是王勇老师从科斯定理、从产权这个方面去解释长城,这个角度非常新颖。我想接着刚才那位历史系同学的问题问一问,王勇老师说长城是农牧战争转换为和平的最低交易成本,我就在想,这个最低怎么阐述?为什么最低?比方说我们要分隔产权的话,用木头啊、铁丝这些好像也可以分隔。长城好像成本很高,孟姜女哭长城,它的成本特别高。我想听一下王老师的见解,究竟怎么阐述这个最低？

王勇：这个问题没法做量化研究，只能做质性研究，如果做量化研究，费用会很高，不现实。讲到什么是最低交易成本，我讲一个经典的、真实的案例。前年的时候，我在河西走廊老家的一个朋友在祁连山下租种了一块地，属于一个村子的，距离村庄大概五公里左右，他在这块开垦的农场中种植蔬菜、育苗。他请我当顾问，问我该做些什么？我说，你在这农场上种蔬菜、育苗的话，要先用铁丝围栏把你的农场围起来。为什么呢？因为离这里五公里的地方有个村子，村子里的农民养羊，每家养五六只到十只不等的羊。农民种田的时候，羊就在戈壁滩上、村子周边的麦茬地里自由吃草，这些漫游的羊群有可能跑到你的农场中。他没有听我的话，他说他找了人在农场里看守，如果羊跑到农场吃菜的话，就把它们赶出去就行了。我说，你经常派人驱赶的话，支付的工钱也很高，不划算。他没有听。后来，附近的羊就三五成群的来到他的农场吃菜。他后来就写了警告的牌子：如果谁家的羊没有圈好，跑来吃他的蔬菜，他就要宰杀。他还跑到村子里给那些农民挨家挨户的说，让农民把自己的羊圈起来，不要跑到农场里吃菜。但那些农民根本不听他的话，农户家的羊本来就是处于半散养状态的，天黑了就自己回农民的院子里去了。后来我这个朋友忍无可忍，他想到了极端的办法就是在农场里贴了告示牌：如果农民不把羊看好，吃他农场的菜的话，他的菜地里就要投放老鼠药，如果羊被毒死的话，责任自负。但是农民还是把他的羊管不住，农民要种庄稼，把羊整天关到羊圈里喂草料费用高着呢，所以才让羊白天在外面漫游。后来，他真的在地里放了老鼠药。有一天下午，他不在的时候有十五只羊在他的农场里吃了菜，被毒死了。农民们一下报了案，公安局立案——投毒罪！以投毒罪把他抓了。他托人打电话问我这怎么办？我说，给他早说过嘛，这个村子那么多农民，每家养平均十几只羊，羊很多，他们每家把羊圈养起来的费用是很高的，你不要指望他们把他的羊关起来，你现在要把你的菜园子圈起来。早先给他预算过，用铁丝网把农场圈起来的话连铁丝网带人力得花一万五千块钱，他没花这个钱。他现在被公安局抓起来了，投毒罪，所以一万五千块钱的铁丝围栏就是防止他打官司的最低交易成本。他没有付啊，好吧，现在公安局抓他，我说我也管不了你了，你没有听我的话。所以，花一些钱，把你的农场农田围起来是防止发生农牧纠纷，是防止人家跟你打官司起诉你让你坐监狱的最低交易成本。

李朝东：补充回答胡老师提出的问题，他说既然是最低交易成本，为什么不钉木桩、不拉铁丝网，而是要修一个又厚又笨的长城？这样的做法可能就是最低交易成本，因为长城主要的功能就是国家间的军事目的或者政治目的。而两位王老师所提供的是经济学与法学的术语与概念来解释长城设立的功用和目的，为什么说这种交易还是最低交易成本？而拉铁丝网，钉木桩都不是，因为人家可以剪断铁丝网、推倒木桩，木桩即使不推倒，也可以腐朽，但长城可以存在两千年。所以，它还是应该可以作为最低交易成本。

同学提问：老师讲座中提到"中原对西北统而不治？西北是夷狄之中国，就想起有个日本学者认为崖山之战之后再无中国，中华文明出现了断层，所以宋之前称为中国，宋之后称为支那"。想请教老师如何看待这种观念？

李朝东：支那这个词我们可以有很多理解，英语是China，德语是China，日本从近代以来的文明主要是受德国影响，所以它称中国为支那是德语中的"中国"的读音，所以它和宋之前叫中国，宋之后叫支那之间没有特别的关系。同样是假命题。

同学继续提问：这个观念认为崖山之战之后再无中国，中华文明出现了断层，为什么会这样认为？

李朝东： 你对中国概念的理解是什么？中国的含义在这里指什么？为什么宋之后再无中国？

王勇： 你提的问题是一个错误的问题，但是这个错误犯得很好，会让听众很受启发，这里面有一个中国这个词，在英语里面叫 China，在汉语拼音里叫 ZhongGuo，当然 China 这个词有各种说法，比如说"秦"（Qinna），实际发音很接近 China。China 在英文里面就是瓷器、陶瓷、瓷料、制造陶瓷的地方。其实要知道制作最好的陶瓷的地方必须是黄土地带，黄土地带的土壤相当有黏性，是地球上最好的瓷料，所以才制造了 china。china 指的是瓷器，所以那时候西方以 China 指称中国，主要指黄土地带，狭义上的中国。我们今天在这个时代，在"一路一带"提倡的大背景之下，在全球化的背景之下，我们要重新发现中国，重新定义中国，就是要站在长城上，站在长城内外定义中国，所以北大法学院的朱苏力教授就说中国的长城就是中国的"宪制设施"。"宪制"在英语里面就是 Constitution，就是把几个政治板块集成、构成到一起的意思，就像人的衣服拉链一样，能把衣服整合在身体上，长城就是把大西北和大东南集成到一起的 constitution，非常雄壮，所以必须是在长城内外重新定义中国。过去的定义是太狭义了，所以我认为中国在输出英文的时候，"中国"不宜用"China"，直接把它音译为"ZhongGuo"，让西方人去搞，让西方人明白我们所讲的中国是什么意思，而不是"China"。西方人讲到汉学的时候，通常是与蒙古学、西域史学、藏学、敦煌学、西夏学并列的，但我们讲"ZhongGuo"的时候它是指大中国这个意思，是以今天中国的政治版图为基底的，它有明确的意思。所以 China 这个英文词不宜再作为一个国名的称谓了。西方人在他们自己的英语语境中用 China 指称中国，那是他们自己的事情，但是，如果我们自己把"中国"翻译给英语世界的人时，就不宜用"China"了，而是要用"ZhongGuo"，否则，我觉得我们犯了超大的政治错误，我们的大脑成了西方人的跑马场。

陈克恭：非常感谢两位王老师以及李老师的长城论坛。今天的论坛也可以说是以两个永昌人，一个景泰人为主的。李校长是白银景泰人。的的确确为我们提供了新的看法，非常感谢！提供三个线索，一个是刚才王勇老师讲长城作为农区和牧区频繁冲突或者摩擦转化为和平的这样一个东西，因为我在张掖工作过，就是在肃南，肃南就是牧区。今天你去看，很多牧民的牧场周边还有矮矮的墙，就是因地制宜顺手从周边拿起土来砌成的墙。所以，的的确确长城的演变是从先秦开始，直至今天在牧区还有。不同的是，从秦国开始是由国家统一筑成，国家动员起来搞国家工程。其实仔细一想，每家每户的小院子也有隔栏，在农家地里面也有田埂。其实，这样一个分隔，这样一个篱笆让我们彼此都能知道这个区域是我的，那个区域是你的。如果没有那样一个篱笆，可能我摘辣椒摘到你们地里了。所以我是提供这样一个线索。第二个线索，大家可能知道兰州大学副校长是一个学地理学的教授，刚刚评上院士，他之所以被评为院士就是他的一个杰出研究成果，关于青藏高原牧区内的农牧元素。大家都知道，青藏高原是一个牧区，但他的研究发现在青藏高原有很多长江流域农业区的元素，包括一系列的地理生态环境的演进。在青藏高原，过去我们说的羌和今天的藏源头仍然是在黄河长江流域。这就是刚才王老师讲的两支，一支上山了，一支下山了。第三个，我想给大家提供一点，也是刚才两位王老师讲到的。中国的地形基本上是一个西高东低的三大阶梯，这样一个垂直分布，至少一般来讲，从青藏高原海拔5000米左右，就包括河西走廊，为什么叫河西走廊，就是它的南边是青藏高原，北边是蒙古高原。两大高原的自然落差就在3000米左右，南边祁连山平均3000多米，接近

4000米。北边这一块是一千左右，直接的垂直落差就是三千米，所以它形成一个天堑的结构。所以自东向西去呢，往北边走沙漠戈壁要渴死你，往南边走冰川雪山要冻死你，只有沿着这个走廊走。因为只有在这个走廊里面，南边被冰川雪山所形成的河川径流，四大河流，从东往西算，武威这一块石羊河，张掖黑河，过去之后疏勒河酒泉这块，最后敦煌这一块。所以，从西汉开始，因为有四条河流，所以有四片绿洲，所以汉武帝就设立了四个郡。我说的这一块是什么呢，就是人类所有一切生活活动都是依据特定的地理环境条件产生的。垂直分布几千米，不同区域植被生态不一样，那么决定着你的生活或者生产方式都不一样。在这样一个生产方式和生活方式背景下，你所发展起来的、孕育起来的文化一定不一样。所以，在一条山脉上，从山顶到山谷，可能是好几个民族，不同的民族孕育着不同的段，就像不同的动植物有着自己不同的区间一样。所以，我们说，中华民族，就像刚才几个老师讲的，多元一体。这一个山上就是几个民族，所以这样一个地貌形态就决定了它的多样性，而恰恰大的格局上讲，就是刚才王老师讲的"胡风汉韵"这四个字。我们说胡风，北边就是少数民族、游牧民族，汉韵这一边，我不知道是不是这四个字，就是中原与儒家文化这一族，构成了中华民族。这实际上也是我们讲的文质彬彬，文质彬彬绝对不是说是这个小白脸，是吧？文质彬彬就是胡风汉韵的均衡配置。文，就是要有这样一个汉韵；质，就是要有这样一个胡风，也就是进取、率真和质朴。

李朝东：非常感谢书记，其实书记刚才的这段话，也可以看作是对今晚这个问题的总结。既给我们补充了很好的材料，也算是一个总结。因为时间关系，我就再不多讲了，刚才我们中和集团董事长洪涛先生也发来短信，祝贺我们成功！也特别感谢我们陈书记，是我们这个《中和论道》——哲学沙龙的发起者倡议者，基本上每次都参与我们的活动，给了我们巨大的支持！

好，我发现今天晚上还来了我们兰州理工大学马克思主义学院的各位领导，感谢你们的支持，也欢迎你们的光临！那么还有一个问题，我觉得刚才有一个同学，提出的问题是针对我的，我对她的问题的回答，也可以看作是我们今晚活动的一个总结。上帝是不是说过那样的话，我不知道，《圣经》他（姜院长）比我熟，姜院长就是研究《圣经》的，但是我想上帝创造了伊甸园，也造了男人造了女人，亚当和夏娃，两个人同时偷吃了知识果以后就被赶出来了，你们在地上生孩子去。大儿子叫该隐，二儿子叫亚伯，一个牧羊的，一个种粮的，要争着孝敬父母，结果两个人最后打起来了。这主要是为了解决我们人类，即使是兄弟之间为什么会存在仇杀和妒忌这样的不和谐的问题起源，但是是不是由此就可以认为是农耕逐渐扩大，逐渐占有了游牧，所以农耕文化或者是农耕者受到上帝的惩罚，我倒觉得也不见得就会是这样。就像我讲，最终长城也会塌掉一样，就像那个同学说的三八线上的铁丝网仅仅是作为纪念。因为长城最初的功能是战争和军事的防御功能，就像王勇老师讲的，你是种菜的，人家是放羊的，人既然要生存就不可避免的要进来！游牧文明的生产力比较低下，生活社会地位比较低，为了经济利益国家必须发动战争，所以战争是政治的一种延续。或者说战争是政治的一种方式和手段！但是长城的存在主要是在冷兵器时代。我不知道秦始皇时代长城是怎样建立的，那个同学还比我们清楚哪个时候修了哪个时候没修。这可能就不是我们的长项了，历史学可能搞得比较清楚。但是那个时候可能只是骑兵和步兵之间的战争，长城还有些阻挡作用。至少你到那个地方来那个高度，如果按照胡好老师的设想，找几个木桩子拉些铁丝网一旦剪断照样还可以进来，对吧？所以修又高又厚的城墙至少还可以把你挡住，你要进来的话你先得把它炸开,挖个开口,从那个口进来,也就是说它至少使战争的频次降低了,为我们换回一段时间的和平与安宁。长城确实是减少了战争,给我们长城内外的人尤其是长城以内的农耕文明的中国,换来了某个朝代的一段时期的和平。王勇老师从政治和经济的角度做出了贡献,站在长城的上面看长城的内外。当然这里面涉及的问题是比较多的,我们主要的目的不是给大家给出结论,而是引导启发大家去思考这个课题。

好,下次再见,谢谢大家!

(主讲人:王宗礼　王勇)

第五讲　探究意识之谜

李朝东：各位老师、各位同学，晚上好！今天晚上我们举办的是《中和论道》第十一期。应该说到目前为止，今天晚上的题目是最哲学化的，是一个非常纯粹的哲学话题——探究意识之谜。我们上次只是确定这次主要是讨论意识问题，但是取一个什么题目几位博士也给我提出了建议。我目前也正在写一本著作——《探究主观性之谜》。我就把我正在撰写的这本著作题目改了一下放到这儿了："探究主观性之谜"中的"主观性"实际上就是意识，因而也就是"探究意识之谜"。

我在微信朋友圈给我们今天晚上的论道发布海报广告的时候，正好将前一段时间读一篇小文章有感而写的一些关于"意识"方面的话都附上去了，我不知道大家都看了没有。我想在此做一个背景介绍，仅仅是哲学方面的。所谓哲学的就是我暂时不涉及心理学对意识的理解。

西方哲学现在一般认为分为三个阶段，如果说再加上补充的话是四个阶段。古代是"存在论"，就是关于英文的"Being"，德文的"Sein"的学问。关于它的研究构成了西方古代哲学。那么到近代呢，西方人把自己的哲学转向为"认识论"。作为"认识论"的开创者，也就是近代哲学的开端，笛卡尔有一个非常有名的命题，我们一般翻译为"我思故我在"。至于现在，有些人认为是"语言论"。这个"语言论"被称之为现代西方哲学的主要特征，因为"存在"和"意识"最终要通过语言表达出来。进入20世纪以后，现代哲学就进入到"后哲学文化时代"。这个"后哲学"就是"哲学之后"，那么哲学之后，哲学意识以什么样的形态存在，他们认为是以文化的形态存在，所以实际上是将这个问题更加宽泛化了。但是这个时候，哲学就越来越在失去自己的研究对象。后哲学文化也有其它的代名词，比如像后现代主义。"后哲学"究竟能不能作为一个哲学形态？这个问题我们留给学者们去研究讨论，不属于我们今天讨论的话题。

按照我们前面所说，西方哲学经历了从古代存在论，也就是"本体论"，到近代"认识论"，再到现代"语言论"的过程。这是法国哲学家利科提出来的，也是我们国内外许多学者的一个共识。至于这种三个阶段的划分成立不成立我们也交给学者们去讨论。

现在我们回到中间第二个阶段——近代认识论。笛卡尔提出来了"我思故我在"。"我思故我在"的"故"这个词如果被翻译与理解成"推论"的话，也就是"我思"所以"我存在"，那么就会出现有人写文章说什么"我阅读了我存在"等等。这种翻译与理解完全是中文的望文生义。笛卡尔是法国人，他在写他的《形而上学沉思录》的时候，表达"我思故我在"这个词的时候是用拉丁语，在拉丁语里边的意思是"我思即我在"，也就是它不是推论，而直接是一个等式。就是"我思"在这个地方就是"我存在""我在"。此外，"在"或者说"存在"这个词，汉语和西方语言的理解有巨大的差异，因此，王路老师就主张不应把"being"翻译成"存在"，而应该翻译成"是"。至于具体怎么翻译我们也交给学者们去讨论。

关键问题是笛卡尔的意图是什么。黑格尔为什么对他给出那么高的评价？说笛卡尔是近代哲学的开创者，就是因为笛卡尔找到了"我思"这个概念作为解释世界的第一原则和基础，用

"我思"来解释世界。那么,到康德的时候,康德就从笛卡尔起,经过贝克莱和休谟,经过贝克莱和休谟的怀疑"我思"概念推向极端以后,康德对笛卡尔的"我思"概念进行反思的时候,就是说笛卡尔的"我思"概念具有代表性的明显的经验性的缺陷,也就是说,"我思"这个概念更像一个心理学的意识,所以康德后来在他的先验哲学里面把"我思"这个概念抽象为先验统觉,也就是先验意识。到20世纪的时候,胡塞尔继承康德哲学的遗产,继续把西方哲学推向前进的时候,他认为康德的先验统觉也仍然带有经验性的残余,所以,胡塞尔的《逻辑研究》这本书分上下两卷,第一卷出版于1900年,第二卷出版于1901年,在第一卷里面胡塞尔用整整一卷的篇幅批判心理主义对意识概念的理解,所以他对意识提出了一个完全新的理解角度,那就是现象学的意识概念。也就是要把现象学的分析对象——意识和心理学的分析对象——意识要区别开来。那么后来的学者认为胡塞尔的真正贡献是第一卷,彻底清算了心理主义对意识概念的理解,开创了一个哲学发展的新时代,也就是现象学的意识概念的理解。他的第二卷一共有六个研究,每一个研究都是以一种天才的方式非常细致地分析意识究竟是怎么回事。当然胡塞尔自己(也包括其他的学者)认为,出版于1900年的《逻辑研究》的意识基本上还是心理学的意识概念,所以到1913年出版《纯粹现象学观念》第一卷、第二卷、第三卷的时候才通过先验还原把意识对象的心理学分析真正还原为意识概念的先验现象学分析。所以通常我们认为1913年出版的《纯粹现象学的观念》代表着胡塞尔现象学发展到了一个新阶段,叫先验现象学时期。

我上次结束的时候曾经给大家讲,我在其他的场合也说,这个世界上我最佩服的就是犹太人,如果我们把世界划分为几大领域,我曾经说借助于蒲柏对牛顿题写的墓志铭,他的墓志铭来自于《圣经》的第一句话,《创世纪》开头的第一句话,太初,神耶和华的灵运行在混沌未分的宇宙中，神说：宇宙怎么这么黑暗，于是一道灵光飞出，把世界一分为二。也就是说创造了一个世界，上帝把它命名为伊甸园。后来蒲柏借助一句话就是说我们的自然世界混沌一片，上帝就派牛顿去，所以牛顿一出世就像上帝头脑中飞出的那个灵光一样，把这个世界照亮了，那么牛顿用什么照亮了我们这个自然世界？就是他的经典物理学理论体系。以三大定律为核心的经典物理学，把这个世界照亮了。我们借助蒲柏给牛顿题的墓志铭，我们再说潜意识世界混沌一片，上帝说派弗洛伊德去，弗洛依德出世后显然就把我们的潜意识分析清楚了。但是我告诉大家，弗洛伊德对潜意识的分析还是心理学的分析，而不是哲学的或者现象学的分析。还有整个人类社会混沌一片，上帝说派谁来啊——马克思。马克思本人是一个伟大的思想家，在马克思出世之前，我们的人类社会是怎么回事，从哪儿来，怎么发展的，它的运动规律是什么我们都不清楚。是马克思通过他的一生的思想劳动，用他的理论体系把人类社会的发展描述清楚。那么还有一个意识领域，套用蒲柏的话来说，上帝派胡塞尔来。倪梁康在他的著作里面说过这么一句话，"胡塞尔天生就是一个哲学家"，胡塞尔本人也说我多么希望自己像一个哲学家生活啊。那时候他还没有评上教授。但是事实上他后来也成为了哲学家。但是胡塞尔的现象学所说的这个现象和我们一般的哲学课堂上学到的现象不一样，那个现象是和本质相对的，这个地方的现象是指对象显现到我们意识中来的显现，也就是说对象在意识中的显现或者物在意识中的显现就叫做现象。这个现象就是我们的意识现象，换句话说，在这个地方意识和现象可以完全划等号。心理现象，意识现象，这些在心理学里边是不是一个重叠词，是不是矛盾，我们待会要请今晚我们的主讲嘉宾来给我们讲，但是在现象学中意识和现象完全是同义反复，因为这个地方的意识就指的是现象，这个地方的现象就指的是意识，所以现象

第五讲　探究意识之谜

学也可以把它称之为意识学。胡塞尔和胡塞尔的追随者都有一个非常著名的命题："一切客观世界之谜的解答最终依赖于对主观性之谜的解答"。也就是说，这个主观性之谜就是意识之谜。我们能不能把对象世界认识清楚，描述清楚，关键取决于我们能不能把意识解释清楚。由此胡塞尔提出两种思维态度，一种是科学的思维态度，一种是现象学的思维态度。科学思维态度和现象学思维态度在胡塞尔的《小观念》也就是《现象学的观念》这本书里作了区分，我不知道我们的海斌博士在今晚上会不会涉及到这两种思维态度，如果这两种态度能够涉及到，如果能够解释清楚，那么包括心理学和一切自然科学对意识的讨论以及现象学对于意识的讨论就能够区别开来。好了，我先做这么些说明，给大家提供一些理解。

今晚上我们请来了三位嘉宾。第一位是马克思主义学院哲学系副系主任，北京大学的哲学博士，贾克防副教授，大家欢迎。第二位是我们马克思主义学院，毕业于浙江大学哲学系的朱海斌博士，大家欢迎。浙江大学的现象学研究在国内独树一帜，水平非常高，尤其是他们现在把现象学和人工智能、心理学、脑科学等关于意识研究结合在一起，非常有成就。海斌博士也是一个读书很刻苦很用功的一个人。第三位，我们邀请了西北师范大学心理学院的舒跃育博士，他是做心理学研究的，和我们现象学既有密切的关系，但是又有一种相互不理解的陌生感。今天晚上让他们坐在一起以后，就是讨论现象学理解的意识和心理学研究的意识究竟有什么不同，谁理解的是对的，希望他们之间能够产生一种交互运用。好，我们欢迎舒跃育博士，有请克防博士。

贾克防：好，非常感谢能有今天这个机会和大家一起交流意识这个题目。作为开始，现在我们每个人的头脑里都在上演着一部电影，3D的环绕立体声，不仅如此，你还可以有错觉，你还可以闻得到气味，你还可以尝到味道。这就是我们的意识。除了这些之外，还有更多的：我们会有记忆，以前的事情会在我们的脑海里一幕幕地上演；我们还有情感，会感觉到平静，会感觉到喜悦，会感觉到愤怒，所有的这些都是意识给我们的，都在意识里边。那么，什么是意识？我想最好的办法是给它一个描述性的定义，就是我告诉你这就是意识。什么是意识呢？我们全部的经验，我们看到的，我们相信的，我们怀疑的，我们情感告诉我们的，甚至幻觉，这些都是我们的意识。怎么定义意识呢，能不能给它一个科学的定义？现在还做不到，自然科学还做不到。也许这就是我们今天要考虑的问题。我们所有的意识活动、所有的意识现象，都指向一个中心，这个中心就是我。当然也包括你。对于我们每一个人来说都有一个意识中心。我们就站在这个最中心的舞台上，所有的意识现象一幕幕地上演。但是，我们回到电影院的比喻，我们看这个电影是怎么放出来的。我们看这个放映机是怎么回事儿？其实，比起作为一个观众而言，这个任务太困难了。我们跟一个进了影院的猴子差不了多少：我们完全不知道这是怎么回事儿，我们看不出任何的门道来。当然有一些门道，但这些门道只是在我们看来的门道，实际上我们离真相还有很远。

我讲的这个思路其实是过去三百年以来，自然科学的一个图景，刚才李老师也说，从牛顿开始，自然科学就走上了现代化的道路。现代的自然科学给我们很多很多的希望和信心，我们可以用物理学来解释化学，我们可以用化学来解释我们的生物学，我们可以用生物学来解释部分的心理学，自然科学之间几乎形成了一个几乎完美的链条：一个知识链条，一个知识图景。我们的知识几乎每天都在进步，我们可以很明显感受到这种趋势，我们在内心里也在盼望它，相信它，甚至我们相信有一天我们可以洞悉这个世界上的所有秘密，一切我们都能知道。但是很不幸，我们遇到了一个很困难的问题，那就是意识。我们不知道，在所有的自然规律面前，应该把意识摆在哪里。我们想办法取消掉它，但是发现很难。在自然科学不断前进的图景里面，在自然科学的洪流里，不断有科学家、哲学家和心理学家在思考我们能不能把意识这个问题给解决掉。

有很多人做出了尝试，这些尝试我可以在这里简略的做一个介绍，大家感受一下这个趋势。这种把意识纳入到自然科学图景中去的倾向称之为物理主义，是 physicalism 或者 materialism 的翻译，我们很少把它翻译成唯物主义。我们一般把它翻译为物理主义，从左边到右边我们先看第一个，最为激进的那就是取消主义，代表人物是丘奇兰德夫妇，他们认为心灵或者意识是一个什么样的东西呢？这就跟化学发展过程中遇到的一个怪物燃素一样，为什么东西会燃烧？那是因为可燃物里有燃素。燃烧的过程中燃素一直在释放，燃素没有了燃烧也就到了尽头。一个东西能烧多久，烧到什么程度要看它有多少燃素。但是随着科学的发展，我们也没弄清楚这个燃素是什么？但是没关系，我们不再讨论燃素了，中学化学课本里我们看不到任何有关燃素的讨论。还比如太阳落山。太阳落山科学会去研究它，夕阳有它的地位，但是在科学里，我们更多讨论的是它作为一颗恒星，和它的卫星之间的相互运动，我们不讨论太阳落山。太阳落山和燃素是一种幻觉，没有这些东西，心灵意识也是这样的，取消主义者坚定地相信随着自然科学的发展，我们会把意识像丢掉燃素一样丢到科学史的垃圾堆里。同样激进的还有逻辑行为主义，它又叫哲学行为主义，不同于心理学的行为主义。心理行为主义会更好一点，逻辑行为主义则完全是一个误会。代表人物是赖尔，他批评笛卡尔那是"机器里的幽灵"。在他们看来，我们所有关于意识的讨论都是没有必要的。我们要做的是什么呢？我们给一个输入，看有什么样的输出。至于黑盒子面是什么？不用管。给你一个输入，比如给动物奖励，最后学会了按扳手拿食物。给你积极的奖励，就能获得输出，我不管你心里想什么，"想什么"是一件没有意义的事，徒增烦恼。干脆我们要把它从我们的词汇里踢出去，总有一天随着行为科学的发展，我们会把所有的像梦、想象、幻觉、相信、怀疑这样的心理词汇从科学的殿堂里一扫而空。但行为主义错了。以这两种非常激进的态度来看，另一种心脑同一理论似乎更加谦虚一些。他们的核心主张就是我们的大脑状态和我们的心灵状态是一回事。大脑状态就是我们的心灵状态，就是说我们的意识活动就是我们的大脑活动，两者可以划等号。就像日落就等于地球的自转。能不能做这种等同呢？他们也遇到很多很多的问题，对心脑同一理论的批判形成了功能主义，功能主义是现在最有市场的理论。功能主义又分两种，一种是坚定的物理主义者，认为心灵现象还可以还原成物理现象，还原到物理属性上去。还有更多数的功能主义者，都有这样的一个别名，自称自己是非还原的物理主义，什么叫非还原的物理主义，什么是非还原？心灵现象是非还原的，心灵现象没法还原成物理现象，他们还没走到二元论这一步。他们还不说，心灵现象可以离开物理现象而存在。如果它走到这一步，那就是属性二元论。现在功能主义就走到了这里，他们到了不可还原的物理主义。现在有很多的理论，比方说很强的计算主义，它把我们的大脑看做一个硬件，跟计算机可以类比，把我们的心灵看做软件，这两个相类比，那么这样行不行呢？其实也遇到了很多问题。所有的物理主义者都发现，心灵没那么好对付，意识，没有那么好对付。当年，明斯基设计电脑的时候，他相信，三个月的时间，就可以造出一个人造心灵来。实际上这个路要漫长的多。

整个的过程，其实我们可以发现，对心灵的自然化，用自然科学的路来研究心灵越走越难，之后，他们不断地放弃他们的阵地，不断地承认心灵的地位。为什么会这样？因为这里面有一个很难的问题，那就是查尔莫斯称之为意识困难的深问题。

他有一个区分，他认为意识的区分有两种，一种是浅问题，一个是深问题，一个叫 easy problem，一个叫 hard problem。怎么来理解这个？我们可以看大概的两种描述。浅问题说的是我可以用认识科学的标准方法来解释意识，比如认知系统对信息的整合，比如我们注意力的集中，清醒状态和睡眠状态的差异，我们可以描述一种机制，看这种机制是怎么可能的，然后我们就对这种意识现象得到了一种解释。另一方面，是难问题，是深问题，它的核心问题就是内在体验究竟是怎么一回事。所以物理学、物理主义都是遇到了这个问题，内在体验是怎么一回事儿，我们无法把这个解释为没有，它似乎一直都在，什么是难问题，我们先看一下这个浅问题，浅问题大概是怎么一回事儿。比如大家看到这样的一幅图片，蓝天白云，怎么来解释它，你看到的是一种意识现象，对吧？你说电影已经开始了，你看到它，你有一种心灵状态，你有一种意识状态，那么怎么来解释？这是我们的视觉。我们有一套很完善的机制，现在做的比较好。比方说光线进入了我们的瞳孔，透过我们的晶状体，透过我们的玻璃体，最后到达了黄斑中心凹，然后中心凹里面有一些感光细胞，这些感光细胞会消耗一些西虹指数，大概就是这个样子。然后把信号一直传导到我们的枕页上去，这是一个从上面看的剖面图。总之，我们也可以有一个很好的解释，视觉是怎么形成的。对机制的解释，我们现在的神经生物学已经做得非常好了，已经可以描述到分子的层次上了，但是，有一个问题解释不去，为什么光线，为什么这个物体反射的光线会让我形成这样的视觉呢？

我们发现人和人的视觉是不一样的，有的人是色盲，其实人和动物的视觉也是不一样的，我们看动物世界，老虎身上的斑纹是一种保护色，你说老虎的斑纹哪儿是保护色，一看就特别显眼，实际上它捕食的最佳猎物恰恰看不到这种橙黄色。为什么会有这种视觉？视觉为什么会出现？我们形成视觉的时候这种感受它从哪里来？怎么会有光线到我们的视觉，怎么会这样？这是要解释的。

这时候，实际上讲，大家对我讲的这个内在体验是什么还不是很清楚。我们可以再换一个角度。我们想象一只蝙蝠，这是我们很熟悉的一种生物。对于我们绝大多数人，我们都知道它的基本生活习性，它的感觉，知道它的身体构造，知道通过声波来定位。那我们想象一下，成为一只蝙蝠是什么样的？或者用想象这个词都不合适，我就应该直接问，成为一只蝙蝠是什么样的？它不仅仅是倒挂在墙上睡觉或者吃的是虫子，或者吸血，或者各种饮食习惯，不是这样的。不是我们想象自己有一天变成了一只蝙蝠，挂在了山洞的壁顶上，不是这样的。而是，作为一只蝙蝠，如果有一天，你像格里高利醒过来一看，发现自己成了一只蝙蝠。如果是这样的话，你作为一只蝙蝠，你会听到什么？你会看到什么？你受了伤会是什么样的一种感觉？那是一种什么样的疼？但是我们无法知道，因为只有蝙蝠才能体验这种感觉，我们永远无法知道，在目前看来，成为一只蝙蝠是什么样子的。这个东西，就像康司内伯很著名的一句话，我们在意识的研究里面面临着这个问题，不是像什么样的，而是是什么样的？就像你看到这个蓝色，我看到这个蓝色我也说这是蓝色，但咱们俩的感觉是一样的吗？我永远无法知道你看到的究竟是什么样的，看起来似乎是这样的，这个东西的存在，这个东西就叫内在体验，这个内在体验我们发现它根本无法用物理属性来解释。那么我们回过头来看这个问题，我们可以看我们可以听，我们可以实行心灵所有的这些功能。但是我们永远无法回答，为什么这些功能伴随着的是这样一些内在体验。这就是意识的深问题。

深问题，为什么会对物理主义构成挑战呢？有这样的一些原因。有两个基本的论证，一个是科学家玛丽，一个是僵尸。我们先看玛丽，黑白玛丽，玛丽是谁？很多同学熟悉她，她的职业是色彩科学家，她出生在我们还不知道的未来时代。在她们那个世界科学已经极端的发展。我们不但可以像我们现在描述视觉那样,而且我们可以有很先进的仪器来探测光的波长。我们可以用这个仪器来分辨各种不同波长的光。我们知道这在我们的眼睛里会形成视觉。而且她还知道我们怎么样来报告我们看到了什么样的一个东西。我的脑电波是什么样的我的大脑皮层哪一块儿正在兴奋,我就会报告说我看到了蓝色,这些她全都知道。所有的知识她都知道,但是好像是故意的,这样一个色彩科学家偏偏被放置在一个黑白世界里去了。去教育去成长,从生下来的那一瞬间起,她就再也没有看到过有颜色的东西。你可以把她理解成一个天生的色盲,但是她就是去研究色彩,而且她能够非常好的辨别各种各样的色彩。靠什么,就靠她的科学知识就靠她的科学仪器。想象这样一个科学家,有一天她突然从一个天生的色盲变成了一个正常人。而且她还接受了三枝来自"夏侯惇(Sheldon)"的玫瑰。她看到这些红色和绿色的时候,她是什么样的一种感觉?她会觉得:没什么新奇的啊,这是红色嘛,这是绿色。还是会说:啊!这就是红色!这就是绿色!如果一个天生的色盲见到这些东西,她会怎么想?你会不会认为她好像已经获得了一些新的知识?她获得了一些新的东西,以前不知道的,现在知道了。我想大多数人会说是,如果这样一个神经科学家,她知道了关于我们所有意识体验的所有知识之后,用物理词汇来描述了之后,她用心理体验了之后仍然会获得一个新的东西,那么这个新的东西它就是不能用物理词汇来描述的。因为我们刚才说她的所有的科学知识是非常完备的。而这会儿,她又增加了一些新的知识,这就意味着是在我们物理知识之外的,这个她看到红色之后新的体验,是我们能够描述的关于物理知识的色彩之外的东西,那么看!我们还有一个东西,就叫做心理体验。心理体验的存在,就告诉着我们,我们有一个东西是完全无法用物理属性来判断的。

另外一个例子,zombie,我们讨论的不是美剧《行尸走肉》

里面的 zombie，是哲学家的 zombie，我们想像一个人，他在生理构造物理构造上和你完全一样，细胞对细胞的一样，长得像你，甚至行为，说话有些表情都和你完全一样，在任何可识别的物理属性上完全相同。虽然不是生物学意义上的双胞胎，但却是物理学意义上的双胞胎。或者说是你的一个复制人。他和你唯一的区别就在于，他没有内在体验。但是这个 zombie 在外在的一切表现上都和你完全一样，这样的一个 zombie 是可以设想的吗？是可能存在的吗？当然，前提是我们理解了这个内在体验是什么，或者举一个简单的例子，比如说，我们家有一张红色的桌子，它的红就像玫瑰一样，但是稍微浅那么一点点，光泽度更好一点，那么在我描述的情况下，你有了一个 picture，然后我把你拉到我们家里去看，会不会，完全有可能，你会发现不对啊，跟你说的完全不一样，会不会是这样？很容易去设想，是吧。我的语言其实没有传达出来那个东西究竟像什么。它像什么，它是什么样的，我没法用语言告诉你，哪怕我用上所有科学的语言，我没法告诉你它是什么样的。这个事儿，我没法告诉你。OK，这是内在体验。如果一个没有内在体验的你，站在你跟前，你会认为他有心灵吗？你会认为他其实是有意识的吗？没有内在体验，但表现完全一样，表现的有多像呢？在这个里面有两点，第一点，从物理和生理状态上来说，zombie 和生物学意义上的人完全无法区分。一样的，相同的。第二点，zombies 没有内在体验，就是这样，关键的两点。OK，我们设想另外一个我，我们这样设想一个你的好朋友，甚至是你的男朋友或者是你的女朋友，他是一个 zombie。虽然每天你们一起去看电影，回来你们聊的很 high；虽然你们可以一起去看画展，但他告诉你这幅画是什么什么样的意境，什么什么样的构图，什么什么样的色彩；你们去听一场音乐会，说半天这个，所有的话都告诉你，没有问题，你们交流完全没有障碍，但是他其实一丁点都没有审美的愉悦。他没有这种感觉。没有这种感受！但他表现的像有一样，你"嘭"的给他一拳，他嗷嗷直叫，给他一黑板擦，他泪流满面，但其实他一点都不疼，一点也不具备你具备的这种疼，他之所以会这样是被设定的，他就是这样的。虽然他不疼，但是他表现的完全像疼一样。完全一样，这样的一个 zombie，你觉得是可设想的吗？你觉得可能存在吗？你可以想象记下你的答案，这样将来，如果你再讨论，你会发现其实是蛮有意思的。Zombie 可能存在吗？如果你是在深思熟虑的前提下得出了这样一个存在或者不存在的结论的话，有可能是这样两种结果。第一，如果你认为他可能存在，回忆一下刚才 zombie 的两个特点，这就意味着你是关于意识的一个非本质主义者。就是说，内在体验，不过就是人类心灵额外的附加品，没有它，还可以有意识。我们之前有一个同学就给我说过，如果她男朋友是 zombie，it doesn't matter。一点关系都没有。为什么？不在意这个，不在意这个内在体验。不在意内在体验，他表现的很好，完全和行使了一个男朋友的功能就可以了。OK，它可能存在。如果你是一个关于意识的非本质主义者，你会认为它那可能存在。如果你说这个东西太重要了，没有这个内在感受，它谈什么有意识，谈什么心灵，那你肯定认为 zombie 它不可能存在。那 zombie 是不可能存在的。

如果是这样的话，我们可以来看这样一个问题，来确认你自己是本质主义者还是非本质主义者。机器有无意识？机器能有意识吗？能还是不能？如果你回答是不能的话，那你基本上肯定是一个本质主义者，机器肯定没有内在感受，或者至少你认为机器没有内在感受。一个非本质主义者就不一样了，非本质主义者可能说，"机器也能有意识，只不过它没有内在感受，但这不重要对吧"。或者你说"不对，等一下。这个手机，它有意识吗？"你说我是一个非本质主义者，手机它有内在感受吗？刚才我们磕了一下它，它疼吗？OK，你说它不疼，没关系。它没有内在感受对吧。但仍然有意识，为什么？我给它说一句话，它都可以很好地执行拨出电话这样的指令。它当然有意识，至于它有没有内在感受不重要。如果你是这样的话，那你确实认为机器是有意识的。如果你说不不不，等等等，刚才我错了。我其实一个本质主义者，我认为内在体验还是很重要的，我手机绝对不会有意识，太可怕了。OK，没关系，其实意识会有程度的差异。从两个角度来看，对于意识的非本质主义者没有内在体验，机器也可以具有心灵，有意识。因为内在体验不是意识最根本的东西。对于意识的本质主义者，没有内在体验的机器，仅仅是工具对吧。这个是很清楚的。

那么我们现在的电脑各种各样的电脑，到底有没有意识？其实有一个很有趣的论证，但是我们今天没法展开了，只能大概说一下。就是 Chinese Room 的论证。这就是美国哲学家塞尔，和胡塞尔就差一个字，提出的"中国屋"实验。他主要是反对我们现在的人认为我们现在的机器是有意识的，来反对这个东西。按照现代的功能主义、人工智能的理论，他构造了这样的一个 Chinese room：第一，它有一个输入口，第二，它有一个输出口，第三，它有 role book，有个规则书。假设有一个人完完全全在英语环境里长大，从来没有接触过汉语，但是你把他关到一个房间里去，他手里有一本英汉词典，或者说比英汉词典更复杂更好用的东西，功能更强大的一个规则书，然后你给他一个输入口，这可以是一个显示屏也可以是一个输入纸条的小东西，你输进去，你说曹操，然后输进去，接着他给你的规则书画满XXXX，最后他找到两个字，奸臣，出来了，你在外边一看，咦，这个人，或者这里面有个东西，但是我们的直觉告诉我们他根本就不懂我们的汉语，对不对？塞尔说，这就是我们的计算机的工作模式：我们的计算机，现在就是用算法对信息进行加工，然后我们有了输出，我们看到了屏幕上也是输出，打印出来也是输出，所有的输出其实都像 Chinese room 里面的人一样输出的东西。他知道曹操是什么，不知道，对不对？我们肯定他不知道，我们肯定不会说他会汉语。这是一个粗略的版本，后面还有复杂的讨论，对 Chinese room 的反驳，塞尔也会给出反驳的回应，然后还有一个最近提出来比较新的版本。但是我们的时间到这正好，谢谢大家。

李朝东：克防博士对意识现象从现代一些比较新的理论结合在一起进行了探讨，我们先把这个问题放下。其中刚才大家听明白没，物理主义这个词我们通常翻译为唯物主义，也就是说，哲学界里不太喜欢唯物主义这个词，认为这个词没有表达出这个词的英文、德文本来含义，太意识形态化。这些做学术的人把它翻译成物理主义，当然也有另外的翻译，我们以后再说。下边有请我们的朱海斌博士。

朱海斌：好，我今天讲的是现象学如何研究意识问题。主要的问题有四个，第一个是现象学研究意识的缘由与方式，第二个是现象学研究意识的进路在当代意识研究中的位置，第三个是神经现象学，第四个是为经验科学奠基的现象学。

现在来看第一个，现象学研究意识的缘由与方式。什么是现象学？现象学这个词，它是一个典型的哲学词汇。就是说，听到词后大家会对它升起一种莫名其妙的肃然起敬感，完全不知道它是什么，但是这个东西应该很厉害。这当然也是一般来说很多人对哲学的一般看法，特别是对没有学过哲学的人来说更是这样。什么是现象学？顾名思义，关于现象的学说。但什么是现象？记得有一次开现象学会议的时候，一个搞中国哲学的老先生说，你们讲的这个现象学的"现象"，相当于我们佛学讲的"色"，"空不异色，色不异空"，所以呢，你们研究的应该叫做"色学"才对。当然现象学圈的人，我估计包括李老师在内我们都会婉拒这样一个貌似很接地气的称法，因为叫"色学"确实怪怪的。

那么到底什么是现象学？刚刚李老师讲过，它应该更好地被翻译为显象学。显象而不是现象。什么是显象呢，很简单，就是被给予性，也就是说，一个东西，一个 something，怎么被给予出来，对这种给予的研究就是现象学。现象学不研究对象，而是研究对象怎么被给予出来，即它怎么被显象出来。所以李老师讲，意识就是现象，现象就是意识，为什么？因为意识本身就具有显现的功能。人作为万物之灵能够照亮某物，这个一点都不惊奇。从亚里士多德的《论灵魂》开始，他就讲灵魂的两种功能，感性和知性。通过感官我们可以看，通过思维我们可以想。然后到了近代，从笛卡尔到康德再到胡塞尔，同样都是这个路数。就是讲人是万物之灵。这个"灵"是什么？人有意识，意识能够照亮，能够显现某物，在这种意义上，现象学，胡塞尔现象学，又被称为意识现象学，道理就在这里。

一般来说，对不了解现象学的人而言，往往会产生这样的误解：现象学只是研究现象，那么显然还需要一门本质学，这样才能透过现象看本质。所以问题是，现象学是否研究本质？它又是怎么研究本质？关键在于，从现象学的观点看，并非透过现象看本质，本质并不是隐藏在现象背后的实在，而是说，本质就是当现象在最佳状态的时候显现出来的东西，也就是事物如其所是地显现自身的时候显现出的东西，在这种情况下它就是本质，而不是说透过某个东西才能看到的隐藏在背后的实在。所以，从现象学的观点看，现象与本质都是现象，只不过在显现方式上，在给予性上，在程度上，在种类上它们是不同的。所以现象学并不是如同一些人想象中那样只研究现象而不研究本质。

现象学为什么要研究意识呢？很简单，在我看来根本上就是对确定性的寻求，我要找到一个确定性的东西，这个东西它不能来自一些外在物，而只能是来自意识本身。

胡塞尔在《逻辑研究》第五研究中对什么是意识给出了三

个概念。第一个概念认为意识就是我们讲的实项的东西,也就是意识的实项的组成部分。但是胡塞尔显然是把实项的组成部分和意识相关项和意识对象区分开来的,也就是说,实项的部分是直接意识中有的。至于对象呢,意识中没有,所以意识只能是实项的。什么是实项的恐怕很多人还是不太了解,我们举一个简单例子来解释。

按照胡塞尔,现象学是小零钱而不是大钞票,它是可以操作的一个东西,比如说你现在看我手里拿的是什么东西?凡是告诉我你看到圆珠笔的,其实刻意说就是在自我欺瞒。我们今天的这种自我欺瞒,自我美化,已经达到了不知不觉的地步(笑)。你仔细想想,你真的看到了一支笔吗?不是。你意识中实项的拥有的是什么?不是笔,是这些色彩,是这些形状,但是你的意识一定会谎称,说自己看到的是一支笔,是吧。你仔细想想到底出现在意识中的是什么?是这些材料。但是你的意识就这么厉害,你自己都不知道它原来这么厉害,它会自然而然的就把它构造成一支笔,而所谓的这些材料,它是怎么存在的?我们怎么拥有这些材料的?当我看到这些材料的时候,我怎么拥有它?我的这种拥有方式就叫做实项的。这个词是倪梁康老师别出心裁的一个翻译,因为 real 它和 reell 这个词有一个对应,real 一般指实在的,reell 就是为了和 real 区别,特别把它翻译为实项的,实项的就是我们对于这些材料的拥有方式。就是说,我怎么拥有材料的或者这些材料是怎么存在的,就是它以实项的方式存在。这是第一个意识概念。

第二个意识概念认为第一个概念不行,为什么呢?因为当胡塞尔采用第一个意识概念,也就是把意识认为是实项的内容的话,它其实是有个内外之别,也就是把外在的这些意识对象排除了。但是这种内外的区别,其实显然靠自己说不清楚,就是靠这个实项的说不清楚。这实际上是一种被给予方式的区别,两种被给予方式,最后区别了实项的和意向的。哪两种被给予方式呢?就是我们讲的内感知和外感知,所以胡塞尔的第二个意识概念就是内感知。为什么内感知才是意识概念呢?我们还是回到这个笔的例子,因为现象学就是直观嘛,我们看就行了。比如说你看这支笔,前面已经说了,你们都自我欺骗,告诉自己看到了一支笔,实际上你根本没有看到一支笔,你看到的仅仅是一些材料。甚至我们再想,你看到的是一个面是吧,背面你能看到吗?你根本看不到,我也看不到侧面。你为什么只看到了它的一个角度,一个面,但是你却认为你看到的是一支笔?你看到的明明是一个二次元的东西,你却告诉我这是一个三维的?就是因为我们的这种外感知,它总是以侧显的方式显现对象。显的德文是 Abschatung,这是李幼蒸老师的一个翻译。什么叫侧显?就是有角度的给予,有角度的显现。这种有角度的显现是由物理事物本身的存在方式决定的,胡塞尔说过,即便是上帝,即便是神,看一个物理对象,也不可能全部都看到它,也只能从它的某一个侧面,某一个角度,它也不可能从全方位判断。这是物理对象本身的存在方式决定的。所以对于外感知而言,它对于对象的意识,它的显现方式一定是侧显的,不会完全的绝对的向你显现出来。但是我们再想一想,我们现在不关注意识,我们现在对意识进行意识,什么叫做意识进行意识呢?你们看这个笔,现在的意识是看对不对,然后你对你的看进行一个反思,进行一个意识,我现在想一想我的看,想一想我刚刚对这支笔的看,这两种很不一样。你对一个物理事物的观察,对它的看,它给予你总是侧显地,有角度地。但是当一个意识本身以意识给予你,它还是侧显的吗?还是会以某个角度的方式给予你吗?不可能,意识对意识是透明的。所以这种东西它只能是完全地被给予你,胡塞尔把它叫原意识,和对象意识是相区分的。对象意识是缺乏明见性的,是有待充实,有待饱和的。而我们的原意识呢,它不是。所以胡塞尔的第二个概念是内感知，为什么是内感知呢？内感知提供了真正的明见性，因为我是对意识本身的意识，这个东西你们已经看到了非常熟悉的笛卡尔的东西是吧，笛卡尔在这里就出来了。胡塞尔就是在以这种方式继承笛卡尔的遗产。所以胡塞尔的第二个意识概念在我看来恰恰就是回答了我们为什么要研究意识，就是因为意识具有一种阿基米德点的作用，它具有一种确定性，而且是在具有一种内感知的意义上的意识。

现象学研究意识的特点就是——第一人称，它和今天研究意识的第三人称完全不一样，什么是第三人称呢？就是通过观察、实验、统计这些东西来研究意识，然后现象学呢？不，它是第一人称，也就是我把我的意识的这些经历进行一个描述，进行一个分析。这种东西我们今天听起来好像很不靠谱，是吧？今天这样做的，心理学做的也很少，今天我知道的就是维尔茨堡，就是当年布伦塔诺待过的那个地方在做。因为布伦塔诺是经验立场的心理学，他和那些冯特、华生他们完全不一样。他们觉得意识这些东西是内在的根本没办法研究，看不见，摸不着。怎么办呢？我们只能通过外在的表现，他的行为，他的其他的功能等等进行研究。这是第三人称的研究。而胡塞尔他们跟布伦塔诺的研究仍然坚持第一人称的研究，从我出发，从这样一个阿基米德点出发，然后来描述意识。

第一人称和第三人称，它们的区别到底在哪儿呢？很容易做出来。比如说，我们举一个简单地例子，害羞。我们怎么研究害羞的？怎么研究羞感呢？大概我们第三人称的方式就是观察，你在害羞的时候你的心跳加速多少，血压升高多少，然后呢，测量你的多巴胺，肾上腺素，等等。一系列的数据测量，最后搞出一个综合数据来告诉你，这就是我们研究的你的羞感这种意识。但是，第一人称绝对不会这样，它会分析你害羞的体验，会分析你为什么会害羞。从自我出发你到底感受到了什么？这个我们都能区分开来，而现象学一定坚持第一人称。第三人称在今天看来很容易接受，也很容易有一个结果出来，但是现象学会坚称第一人称这样一个真正的起点。意识的本质究竟是什么？胡塞尔在第五研究里面提供了意识的第三个本质，意识就是意向体验。不论你是内感知也好，外感知也好，所有的意识都必须要有一个对象。不论是外感知感受道德外在的物理事物，还是对意识本身的意识，但是总是有对象。所以胡塞尔认为意识的本质就在于意向性。什么是意向性呢？简单来说所有的意识都指向对象，要爱有所爱，恨有所恨。但如果你这样理解意向性的话，那么说明你仅仅还停留在布伦塔诺的水平上。那么胡塞尔作为学生，他超出布伦塔诺的地方，或者说作为现象学的意向性，根本上不在于指向，而在于构造。我们现在还是回到笔的例子，你看到了一支笔，你的意识告诉你看到了一只笔，现在问题来了，你是怎么看到这只笔的？你说不就用眼睛看么？那你怎么不把它看作是一杆枪呢？胡塞尔说意向性的根本功能就在于，我的意识把它构造成了一支笔。注意，构造不是制造，这支笔不是我制造出来的，那是工人制造出来的，我不可能从无到有去制造一支笔，而是说，我构造出了具有笔的规定性的这个对象。这个构造的过程是什么样的呢，我们用意识活动实项地对它进行一个赋义，给它赋予了某种意义。然后让它成为具有某种意义的规定性的对象性的存在。其实很简单，把它推广一下，理解一下历史上的唯心论，可以看出我们意识上的作用就在于构造性。

胡塞尔认为意识的本质是构造性，和之前贾老师讲心灵哲学对意识的本质看法很不一样，他们基本上诉诸内在体验，但是胡塞尔说不是，意识的本质不是有没有内在体验，意识的本质是它能不能构造对象，能不能给我的感觉材料赋予意义，让它成为具有某种意义的对象，向我显现出来。这才是意识的根本。简单来说这支笔你是怎么看到的呢，首先你看到的是材料是吧，然后你对这些材料赋予了一个意义。什么意义呢，你给它赋予了蓝色，你给它赋予了形状，然后把它综合成了所谓的一支笔，这其实是意识的一种构造，最后构造成了一支笔显现给你。

《逻辑研究》里面胡塞尔当然讲到了这种构造性，但是胡塞尔后来又进行了一种先验还原，要还原到先验主体性上去。这是因为胡塞尔进行了一个先验论证：如果我不先还原到先验主体性上去，那么意识构造出来的东西是无法进行说明的。耿宁的论文《胡塞尔通向主体先验性的三条道路》对此作了很好的解释。第一条就是通向笛卡尔的道路，从笛卡尔出发寻找到这个绝对的点，一个自我意识的、原意识的一个点，然后回溯到先验主体性上去。然后是心理学的，还有本体论的。本体论的从"危机"出发，从生活世界出发进行还原。但是不管怎么样，他都要确定先验主体性的存在，如果不确定先验主体性，前面的这些东西无从解释，或者为了这种可理解性，必须要设立它。

好，下面这个问题是现象学进路在当代研究中的位置。对于当代意识研究，我觉得大概来看的话有三个主要的进路：第一个是神经还原主义，认为所有意识问题都能用神经还原来解释，也就是说，意识问题现象学家不要再讲了，意识问题我们把它还原成神经生物学，我们只需要把神经做一个研究就可以了，但显然最后这些问题全部都消解掉了，所以它也被叫做消解论。不是解决问题，而是取消问题，完全还原成生物学。

以丹尼特为首的功能主义认为应该用科学的第三人称的物理主义方法来研究意识问题。就是说，现象学的第一视角有它的问题，它不精确，甚至会提出这样的问题，如果每个人的意识是不同的话，你怎么保证这种同一性呢，所以应该用第三人称的方式，用功能主义的方式去解释意识，这样更靠谱。

第三种就是内格尔代表的神秘主义立场，它试图通过一些支持论证，得出困难问题无法解决的结论。这就是查尔莫斯提出的两个问题，贾老师前面一直在讲的就是容易问题和难问题。什么是容易问题与难问题？容易问题就是能用科学解决的问题，能用因果性解决的问题，这都是容易问题，这个问题没什么好说的。难问题在什么呢？内在体验。成为一只蝙蝠是一种怎样的体验，这个是内格尔提出来的。但是第二种和第三种他们两个在掐架，第二种是说要用第三人称的方式解决，然后内格尔他们要回到内在体验，认为第二种不行，缺乏解释力。

现象学在当代意识中的位置何在呢？我觉得在和它们三个的对照之中我们可以看到现象学到底它在多大意义上有它的有效性。

首先是对神经还原主义，就是今天最流行的所谓的神经相关物，对 NCC 的反驳。它要把意识还原成和神经相关的东西。对它的反驳很简单，我觉得可以用一个对比论证就可以把它解决掉。神经生物学回答与解决的问题是什么？它们的问题是意识如何产生，也就是意识过程得以进行的必要而且充分的脑神经过程的特征和机制，但是现象学研究的是什么呢？它研究的是意识是什么，意识的本质是什么，就是说，这种研究就是以脑神经过程为基础所进行的意识过程的本身的本质，以及它的活动规则。所以你会发现它们的问题根本是不一样的，你怎么还原都根本还原不了我，因为我们就不是同一个东西。所以呢，以复杂的脑神经进程为基础的意识过程本身的内容的研究，是对思想内容之物质基础的研究所不能取代的，这两个不相干，甚至我们可以做一个更简单的论证，很简单的一个对比论证。神经生物学所做的是什么呢，是事实性的意识相关物的经验科学，而现象学所做的呢，是观念性的结构和规律性的本质科学。显然两个不一样，一个是事实性的，一个是观念性的；一个是经验科学，一个是本质科学；一个研究的是把它回溯到意识相关物的研究上去，另一个是关于意识的结构和规律的研究；甚至我们可以说一个是在时间内的、按照时间的这种变化而做的事实研究，而观念性的是非时间的，和时间根本就没关系。而在研究结果上呢，作为经验科学，它研究的结果总是含混性与概率性，不论提高多大的概率，统计有多么严苛，它都是含混性和概率性。而所谓的观念性科学呢，也就是现象学所做的这个东西，它是确定性和精确性，这个不存在多大概率的问题。

现象学是对内在体验的研究吗？因为这个问题被查尔莫斯称之为难问题、深问题，那么现象学怎么去面对这个问题呢？我想到的是，现象学在处理这个问题的时候，其实并不认为内在体验是意识的本质，意识的本质在于构造而不在于内在体验，内在体验在他看来仅仅是我们通达构造对象的过程中，也许是不可或缺的一个元素而已。比如说我肚子疼，前面贾老师也举到了类似的例子，或者我们想象自己，比如说成为蝙蝠、蝙蝠侠之类的，或者最简单的，我们就说我肚子疼。我说我肚子疼，你能理解吗？我说我肚子疼，你到底理解到了什么？你说你完全不理解我不相信，但是你说你确确实实就理解了我肚子疼，这个也很难。那么怎么来解释这个"我肚子疼"呢？我们可以在胡塞尔一个关于表达的"第一研究"中解释这个问题。表达、体验、意义对象，有这样一个三角结构，体验这一侧是什么呢？我们要传诉，一个体验是可以传诉过去的，但是这个传诉是说什么呢？你不可能真正去理解它。我肚子疼，你永远都没有办法真正的在一种内在体验意义上去如我似的去体验到它，你只能说有一种怜悯、移情这种方式，或者说类比一下自己肚子疼的时候是什么样，或者说你只能通过外在的东西去相应的对它有一些理解。还有一个层面是——意义，这个纬度恰恰是公共性的。这个东西一定是我们可以理解的，如果你不理解的话，那这个就完全没办法理解。最后一个就是对象，对象是有一个共同的外在表现。关于肚子疼这种实项体验的东西，它只能是被传诉。我觉得如果可以跟贾老师讲的内容相结合的话，那我就觉得胡塞尔对内在体验的东西不怎么关心，因为内在体验仅仅是通向他对于意向对象构造的过程中不可或缺的一个对象。他真正关心的是意义，观念这个层面，因为这对构造对象来说是重要的。而不是在他之前的这个实项内容。所以这个归谬论证讲的是什么呢？就是不能把意识的这种观念性的本质意义还原成内在体验。如果意识的观念性本质真的可以还原为我内在体验所具有的时间性和主观性，并且受它们影响的话，那么重复或者共享相同的意义就是不可能的。就好像我们不能重复，具体的每时每刻的内在体验。我们每时每刻的内在体验都是不一样的。他关心的是意义这个层，这个层不能够还原成内在体验。因为一旦还原过去就不能解释交流这个层。不共享，意义就是不可能的。那有的人会说，这个体验每个人每一时刻都是不一样的，但是我们会说它们是类似的。须要注意的是，我们确实可以进行一种相似的内在体验。但是相似性，并不是同一性。这里所说的意义，它具有的是同一性，而不是相似性。

　　第三个问题是神经现象学。我觉得神经现象学应该是一个有些希望的现象学研究方式，因为它能够把现象学的第一人称和第三人称这种外在的东西结合起来。神经现象学具体是一个什么路数呢？神经现象学认为，现象学所进行的第一人称的对意识本身的描述分析是需要的，但是还不够，它必须要跟神经生物学和意识的研究结合起来。神经现象学有一些做法也取得了成效，比如他们引以为傲的一个例子就是所谓的双眼视差情况下，二维图像的知觉融合过程中如何产生三维错觉。实验是这样的，找一个受测者，让他在屏幕上去看一个圆点，这个圆点起初是一个平面的东西，但是七秒之后就会变成一个立体的，变成一个 3D 的东西。然后在这个情况下，就会让测试者把自己的一些体验描绘出来，比如会问他在这个原点出现之前他感受到了什么。他说我的这种预期会越来越强烈，然后当这个 3D 的东西出现之后我好像一下子就确定它就是我想的那样。然后他们会把这些东西尽可能如实地细致地记录下来，并且把这些话语和这些记录下来的东西和神经生物学连接起来，和神经生物学所测试的这些关于脑的神经的区域功能等结合起来。然后对我们的意识，进行一个解释。

当然这个实验我自己觉得并不是听起来很好，很有道理。比如说，他们在做的这个方式更多偏向于神经生物学，而在内容上今天做的还是围绕着视觉为主，基本上就是视错觉，双眼等这些东西，也没有扩展。所以神经现象学，在今天的意义更多的是开启一种方向，将现象学和具体的经验科学结合起来。我觉得这个道路肯定是没有问题的，它们之间并不是互相驳斥反对的，而是一种互补、综合的研究。这是未来一个很重要的关于现象学的研究方向。最后一个问题了，我们还是回到胡塞尔，为经验科学奠基的现象学。胡塞尔研究意识，他研究的是什么呢？纯粹意识的本质，而不仅仅是研究人的意识，而是一种纯粹意识、普遍意识。比如说天使的意识，魔鬼的意识，巫婆的意识，外星人的意识，甚至我们讲未来出现的超级人工智能的意识。就是说，普遍的意识意味着他会研究所有这些东西，而不仅仅是一个人类学意义上的意识。此外，这里还牵涉到本质科学和经验科学的区分。我们今天对于科学的划分，一般来讲，按照德国人的看法，就是对自然科学和精神科学之间的这样一个划分。这种划分当然有它的道理，因为这两者确实很不一样。比如自然科学，它是受数学的支配，它之所以能发展到今天的地步显然是离不开数学的。精神科学也需要一个类似于数学功能的这种东西，只不过这个东西在今天真正要统合还是比较难的。现象学，它作为本质科学是要为一般包括精神科学与自然科学在内的经验科学奠基。如果一门经验科学没有经过本质科学的奠基，这就像什么呢？这就好像在数学和几何学成型之前的物理学，是一种素朴未成形的东西。而只有经过它的奠基之后它才会获得这样一种严格性！自然科学当然是从数学出发的，它是一种借助数学而解释世界的方式，一种普全的数理模式，那现象学呢，它不会认为数学自然科学的定理具有自明性，现象学觉得真正有自明性的就是绝对被给予的明见性，以它作为出发。也就是说，意识有一个构造的功能，如何给这些材料赋予意义，让它变成一个对象，甚至这些客观的对象也是这样。然后我们的意识又把它们看作成一个自在存在的意识，所有的这些东西都可以回溯到胡塞尔讲的 noesis 和 noema 二者的相互作用上。但是要注意的是，胡塞尔并不是说只从事本质科学，不关心现实世界，只是回溯到先验主体性，搞本质科学之类。不是。他仍然对具体的科学，对所有这些具体的东西有热爱，他只是希望通过给它们奠定一个基础，这也就是我们李老师一直讲的奠基。这不仅仅是他的信念，也是胡塞尔的信念。好。谢谢大家。

李朝东：我们非常感谢海斌博士给我们做的讲演。从这个哲学讨论可以看到，这么沉重这么严肃，一点也不轻松美妙。最后一个问题，经验科学和本质科学，其实我们可以把它还原到古希腊非常古老的词汇，也就是翻译成形而上学的 metaphysics。physics 是物理学，metaphysics 是以 being 为研究对象的这门学科，也就是我们翻译成形而上学，陈春文老师他们翻译成后物理学，它是给以物理学代表的基础科学奠定基础的，也就是哲学为科学奠基。这是从古希腊以来西方人一直的理想。从中国哲学中很难看到真正的形而上学。为什么？因为如果还原到古希腊词语中，形而上学这个词必须有个前置条件，首先必须要有物理学，物理学又是什么呢？希腊意义上的物理学和近代意义上的物理学又是两个完全不同的概念。现在的物理学是科学的一个分支，是我们的物电学院学生学习的那个物理学，希腊意义上的呢？是物之理学。那物的构成一切的理论和原理称之为物之理学。所以把希腊意义上的 physics 翻译成物理学也不对，应该翻译成物之理学。这个物就包括很多啦。关于动物的这个物，这个物所形成的理学体系，我们叫它动物学。关于植物的这个物，这个物所形成的理学体系，我们叫它植物学。关于天象这个物形成的物理体系，我们称它为天文物理学。关于原子分子这个物，运动规律形成的理论体系，我们叫物理学化学。所有这些物合在一起就是希腊词意义上的 physics。因为这个词的来源是 φυσικ，自然。自然有很多，我们把自然一个领域一个领域地搞清楚以后，希腊人给了它一个统一的名称叫 physics，我们翻译成物理学，实际上应该是物之理学。也就是说，希腊意义上的物理学和近代的科学 science 这个词不是一个意思。那么给希腊物理学奠定基础的学科就是对 being 研究，所构成的这一套，我们中国人翻译成形而上学，准确应该翻译成对物理学科学奠基的那个学。我们干脆还是叫它哲学。哲学为科学奠定基础的时候一定要找个思考的入口。柏拉图把这个入口叫做理念。柏拉图的理念在朱老师刚刚讲的当中就是本质，艾多斯（Eidos），柏拉图试图用理念这个概念给我们物理世界、物质世界构造一个永恒不变的基础。笛卡尔从柏拉图那里把这个理念解释为观念，但是我很遗憾，海斌老师没把观念这个问题给大家讲清楚，或者说，现象学为什么是本质科学，完全也可以说现象学是观念科学，因为观念和本质在这里是一回事。Eidos 可以翻译成本质也可以翻译成观念。但是我们现在大概可以看出来现象学实际上走的还是西方的路数，最终是要解决一切科学的最终基础是哲学。但是是哪种 metaphysics，后物理学奠基意义上的科学还是现象学意义上的奠基科学，这是胡塞尔哲学和其他哲学的一个重大差别。至于第四个问题，神经现象学，朱老师实际上的思路是，胡塞尔的现象学首先是一种方法，为了这种方法的完成他自我建构的一种哲学。就是说，胡塞尔在从事现象学研究的写作中，现象学只是一种方法，当这种方法自己把自己建构起来之后它就变成了一种哲学。海德格尔为什么和胡塞尔之间产生了分歧，是因为海德格尔只想把现象学作为一种方法而不愿意跟随胡塞尔的道路把它建构成哲学，所以海德格尔就用现象学的方法来分析存在，推问存在是什么，所以最后师生两人分道扬镳，造成了现在哲学尤其是德国哲学的一个极大的分裂。

胡塞尔和海德格尔分别代表了现在哲学的两个发展方向。我曾经在《现象学哲学观的差异》这篇文章中讨论胡塞尔的现象学是宾词哲学而海德格尔的现象学是谓词哲学。也就是说，它们都是哲学，都是爱智慧，而海德格尔是把重心词放到"爱"上，只要我爱着只要我思考，不管我怎么爱，爱出的东西都是智慧。而胡塞尔呢，他是想将人类爱的这个东西作为成果，他主要是把重心放在智慧这个宾词上，智慧是名词，所以是宾词。胡塞尔更偏向于我们已经认识的那个成果，把它作为认识的对象，这就是宾词哲学。所以说现象学从胡塞尔这里创立以后不管是作为方法，还是作为现象学的哲学，现象学家可以继续去丰富它完善它发展它。任何一个学科都可以借助现象学来进行自己学科的研究和领域拓展。神经现象学就是现象学作为方法在神经科学和科学的一种应用。所以说现象学在20世纪以后不仅在人文社会科学，而且在各个科学领域都引起了重大的变革，这些学科运用了现象学以后取得了革命性的进展。包括现象学的社会学，就是用现象学的方法，而不再用马克思的方法来分析社会，这实际上要从海斌的第四个命题回到第五个命题上来，并由第五个继续向下发展。我有时在想，西方人肯定在做这件事，但是做的怎么样如何展示出来我不知道，但是呢他们可能是在用现象学的方法更新自己的物理学、化学、生物学的研究观念和方法，可能在更新他的美术、音乐等领域的研究。当然当现象学的方法在这些领域成功的运用之后，这些研究成果、方法和观念会产生巨大的变化。所以海斌把神经现象学放到第四个命题又回到经验科学和认知科学中来，我觉得是一个不太恰当的安排。好，这是我做的评论，最后我们有请舒跃育博士。

舒跃育：刚才两位老师都是从形而上的高度来谈意识，我谈的是比较浅薄的，是从经验的方面给大家谈。那么我今天谈的主要两个方面，第一个是意识在心理学中的地位和演变，第二是当前心理学对意识的理解。

刚才李老师已经说过，意识是近代哲学家关注的核心问题，因而也催生了心理学从哲学之中脱离出来而成为一门独立的学科。心理学从哲学中脱离出来的一个重要动力就是，在近代自然科学取得极大进步的时候，自然科学和实证主义的思维方式为哲学走向心理学提供了一种启发，那就是用自然科学的方式来解决哲学中的意识问题。所以在这样的背景下，19世纪末，心理学就作为一门独立的学科而诞生了。

心理学科产生之初，同时就有四个学派并立：冯特的内容心理学（严格地说，应该是"意志论心理学"，内容心理学只涉及冯特心理学的个体方面），弗洛伊德的精神分析，布伦塔诺的意动心理学和威廉·詹姆斯的机能心理学。这四个学派虽然对心理学有不同的理解，但从本质上来讲，都主张心理学是研究意识的，它们的区别在于从不同的角度来研究意识或研究意识的不同方面。内容心理学的思路很简单，那就是试图用观察实验等实证的方法来研究意识。在那个时候心理学也受化学的影响。在化学中，我们当初发现的元素只有几十种，几十种元素就能理解这个纷繁复杂的世界，这个事实确实给心理学了很大的启发。这样的话，我们的意识也很复杂，那我们能不能把意识还原为一些基本的元素？把意识元素如何构成复杂心理过程的规律总结出来？所以冯特那时做了一个工作，就是试图用实验内省法来研究意识的元素。倘若我们知道了意识的基本元素及其相互联结的规律也就知道了整个意识的活动了——这是冯特的一个基本的想法，但这个想法不是冯特心理学思想的全部，他还有文化社会心理学。但是他的学生铁钦纳显然在这个方面走得更远、更极端，他就把心理学的根本问题回到研究元素及其构造上了，并且他忘记了心理学试图用简单现象研究复杂现象的初衷，于是他就走向了一个极端，把感觉元素分析为四万多种元素。他的道路走反了，用更复杂的现象来解释一个简单的现象，不符合科学的还原主义原则，所以构造主义在心理学上也就是昙花一现。

与他们两个对应的另外一个心理学家就是布伦塔诺。布伦塔诺认为，你们研究的那个东西其实是意识的内容，即意识的对象，你通过意识的对象能否研究意识本身呢？不行。所以布伦塔诺认为我们应该研究意识活动本身。以"看"为例，布伦塔诺认为，你们研究的是"看"的对象，通过"看"的对象来了解"看"本身，不行。所以我们现在要回到"看"这个活动上，主张用反省的方法来研究意识本身。

美国人受进化论和实用主义哲学思想的影响提出机能主义的观点。机能主义说你那些都不行，你想研究意识是什么东西，第一，你研究不了；第二，研究出来也没有意义。于是，机能主义心理学提出，心理学应该研究意识有什么用。机能主义受进化论的影响，从个体的生存和物种的繁衍角度来看，我们的某一种意识的机能到底对物种的进化来说有什么用，于是机能主义就把心理学引向应用，推动了心理学的发展。

此外，弗洛伊德认为，人的大部分行为都受无意识心理活动的作用，意识只是冰山一角，无意识才应该是心理学研究的核心，他主张用临床的方法研究人类的无意识活动，进而建立起了精神分析。如果把无意识看作意识的一种状态的话，那么，早期的四个心理学派都主张以意识为研究对象。

由此可见，在心理学独立的早期，意识在心理学中处于主导地位，我们将这个阶段称为"意识主导阶段"。因为这时的心理学总体而言是试图用自然科学的方式来解决哲学问题，心理学来源于哲学。心理学早期的四个学派，虽然都是在研究意识，但是主流心理学是试图从客观观察的角度来研究意识，是想把自然科学的客观方法引入，从而推进心理学的科学化。但是，因为意识这个东西你难以客观观察——你观察的都是意识的产物而不是意识本身，要真正了解意识，你必须从第一人称的角度去理解主观体验。但是这样又存在另外一个问题，那就是第一人称的体验可不可以共证、客观与否、可不可重复？不行，既然不行，不符合自然科学的实证原则，这样对于一门试图从科学的角度研究意识的学科，试图把心理学打造成像物理学这样严谨的自然科学的心理学家来讲，他们的方法是不成功的。于是在上个世纪20年代的时候，心理学就进入第二个阶段，"意识的否定阶段"。

这个阶段以心理学当中的行为主义为代表。行为主义的哲学基础主要是孔德的实证主义，当然后来的新行为主义也是受李老师刚才谈到的逻辑实证主义的影响。早期的心理学为什么用实验内省的方法？你一听这个名字就很矛盾，实验是客观的方法，内省是主观的方法，这一看就是试图把两方面都兼顾到，结果是两方面都没有兼顾到。所以华生就采取了一种便捷的方式，快刀斩乱麻，他的思路很简单：那与其那样，在我看来世界上就没有心理这回事，因为你心理想什么，只要你没有表现出来它就没有意义——因为它无法为他人所观察，无法为别人观察就不能实证，不能实证的东西就不能成为科学研究的对象，因此也就没有科学研究的价值。但是你一旦表现出来，它就是行为。但是华生对行为的理解与我们今天的理解是不一样的——我们今天理解的行为，往往是包含心理成分的，比如意愿啊，动机啊。华生理解的行为，只涉及两个方面：第一，肌肉的收缩；第二，腺体的分泌。这两样都可以客观观察，或者借助仪器间接观察，总之都可以客观观察。华生的理论，有些极端的解释，比如对语言和思维的解释。对感觉、知觉、记忆，这些东西我们都可以通过某些方式把它转化为外显的"行为"。比如说你的记忆，我们可以通过外显的行为来检测。但是语言和思维的过程，华生居然也将其理解为行为。他认为，思维就是无声的言语，言语就是大声的思维。首先他将言语和思维等同起来。出声的言语是由我表达出来的，这是一种行为，因为大家都能听见，可以分析我说出来的话。对于不出声的言语，华生说，你不出声不代表你的喉头没有运动，所以言语就是喉头的运动。那么这样一来，他的确让心理学走上了极端的客观化道路，但同时也将心理学引向了一个误区，那就是，心理学终于成为了一门不研究"心理"的学科了——于是有人批评华生，说他倒澡盆里的脏水的时候把里面的孩子也一起倒掉了。

在当时，行为主义的影响很大，统治心理学长达半个世纪。

但是行为主义它毕竟是心理学的一个学派，作为一个心理学派，它不讨论意识问题，或者否定意识问题，否认意识也就否认了心理，这样肯定会产生很多问题的。所以在上个世纪60年代，很多心理学家都发现这样做有问题：我们研究了这么久，从事的竟然是没有"心理"的心理学。没有意识的心理学是不可思议的。于是有人提出了让意识回归到心理学里面，把扔出去的意识从垃圾桶再捡回来。在这个时候催生了两种取向。一种是从自然科学的角度，延续当初冯特的观点，试图用自然科学的方式，来研究人类的意识——这就是当前的认知心理学。第二个角度，承袭了布伦塔诺的观念，用第一人称的方式来研究人类的意识，最终走向人文主义的道路——这就是人本主义心理学。

因此，当前心理学对意识的看法，总体来讲，分为两个取向。第一，人本主义。比较有代表性的就是威尔伯的"意识谱理论"，他是人本主义心理学的代表。第二个，认知神经科学，这是从自然科学的视角来研究人的意识的一种取向。当然，目前这两种取向有融合的趋势，它们试图携手共同来回答这个古老的哲学问题：有形的大脑如何产生无形的心智？身体是物质的，如果我们认为存在一个在本质上不同于物质的心智，那么非物质的心智如何从物质中产生出来？其实这还是把"身心关系"问题看作心理学一个很核心的问题。就这样，被抛弃了几十年之后，意识再次成为心理学的研究对象，于是我们把心理学的这个发展阶段，称为"意识的回归阶段"。

在这当中有两类比较有代表性的观点，一类来自于人文取向的研究，另一类来自于自然取向的研究。在自然取向中，今天主要介绍两个，一个是突现论，涉及的人物有四个：利贝特、艾克尔斯、斯佩里和加扎尼加；第二个是巴尔斯的剧场模型。人文取向主要是威尔伯的观点。

先跟大家谈人文的——威尔伯的"意识谱理论"。人文主义心理学家一般不反对用实验的方法，但是也不把实验的方法作为知识唯一可靠的来源，因为他们认为实验的方法使用的范围有限。威尔伯目前就是从理论层面提出这个模型，这个模型对我们的启示在哪里呢？我们过去一谈到意识，总会涉及心理学中另一个非常重要的概念，就是"自我"，就是"我"。人类有了关于自身的意识，从而产生"自我感"，因此，"自我感"就是意识的明证。或者，"我"就是"意识"，"意识"就是"我"。比如，威廉·詹姆斯就说，"自我"就是"意识之流"。于是，对意识的解释，就会变成对"我"的解释。那么，"自我"是什么呢？灵魂？或者是我头脑中一个小人？或者就是我的身体？或者都不是？在这些解释中，我们可能犯了一个错误，就是将许多与意识原本不是同一个层次的概念与意识这个概念放在同一层次去讨论，因此越解释就越混乱了。事实上，这中间许多相关的概念，可能是处于不同层级的。比如发动机与车流就属于不同层级的概念，不能用以相互解释。

威尔伯给我们的就是这样的启发，他认为意识是个多层次的存在，那么最高的层次就是"心灵层"（又译作"大心境界"）。他认为"心灵层"没有时间性、没有空间性，因而是永恒唯一的存在。当我们处于这种状态的时候，我们就与宇宙的终极实体相等同了。这种状态，是我们唯一的真实状态，其他的一切状态都是幻觉。其实这就是我们中国人讲的"天人合一"的境界。但是由于心灵被蒙蔽，我们大多数人在多数时候是体验不到这个层次的。只有少数人能经常处于这个层次。达到这个层次的时候，我与非我，与宇宙之间的界限就消失了，我就和这个宇宙同一了，宇宙的规律就是我的规律。可能佛、菩萨一类的存在能够达到这种境界，释迦牟尼这样的人能达到。如果说"心灵层"是一种天人合一的状态，但是这是人类追寻的一种最高的境界，就是最后如果人达到那种境界就超越所有二元分离了，超越生死了。没有什么东西是无法理解的，通达了，这是最高的一种境界。

在"心灵层"的下一层就是存在的水平——"存在层"。"存在层"最大的特点是把有机生命的整体和环境分开。在这个层级，意识是以具体时空中的身心有机体为依托的，因此在这个层级，理性思维和自由意志就开始产生了。具体来说什么意思呢？我与非我的界限就是以我的身体、心灵和生命为界。我身体以外的东西就是非我，身体以内的东西就是我。在我所感知所理解的范围，才能打上我的烙印。我在，我的世界就存在。这是我们日常生活中大家最能接受的理解。所以在这个时候，我似乎就跟我的身体等同起来。但身体并不是全部，因为在存在层里面，还包括心灵的内容。

在"存在层"和"心灵层"中间，还有一个"超个人带"。在这个层次，"我"与"非我"的界限就开始模糊了，我所认同的，也不再局限于个人有机体的范围了。集体潜意识中的原型就产生在这个层级。我们说，老吾老以及人之老，幼吾幼以及人之幼，就有这个层级的意味。这时候，他们已经超越了，说"我"的时候并不仅仅代表个体的我，可能代表人类，或者是代表所有有机生命体。比如说我们对生命本身的那种敬畏，那个时候，我敬畏的生命不仅仅是我的生命，我们说悲天悯人的那种情怀，这些都模糊了"我"与"非我"的界限，其实这都属于"超个人带"。在这个时候，我们已经从"存在层"向"心灵层"过渡了。如果有人能在大部分时间处于这个阶层，在我们人类当中属于悟道悟得水平比较高了，是吧？有得道的机会，能不能成佛，不知道。

"存在层"下一个水平就是"自我层"。我们刚才已经在存在水平把"我"的概念从环境中收回到我的身体范围以内。但是收回到身体以后，有的时候我们对自己的身体并不满意，在这个时候我们就会把"精神的我"和"身体的我"区分开，就是我认为我的身体是我借来的一个东西，是我借的一个工具，其实我的身体不能代表我，"我"只是支配这个身体的一个"精神自我"。当然，这时候也可能是对我们某部分"心理自我"的不认可，将这部分不认可的内容划到"非我"的范围内。总之，处于"自我层"的时候，"我"只是这个身心同一的个体的一部分，这个部分，可能是部分的身体和部分心理的结合，至于具体怎么样，那就只能在具体情况中讨论。

在"存在层"与"自我层"之间，有个社会生物带，关乎诸如家庭关系、语言逻辑、道德法令之类的。

还有一个最低的水平，被称为"阴影层"。即便在"我"的精神领域，也不是"我"的所有方面"我"自己都认同。当一个人因为某些原因，导致精神层面的许多内容疏离，个体只将自己窄化到非常狭窄的范围，这时候，精神层面的大部分内容都属于"非我"了。在这种情况下,我自己认可的这部分精神领域的东西属于什么呢?叫我的角色,我不承认的部分叫阴影。由此可见,越是低级的层面,"自我"与"非我"的界限越明显,同时,"自我"的空间越来越小。

总之,威尔伯认为意识可能是一个多维度多层次的存在,这种层次观后面在自然科学取向的意识观中也能看到。由于这个理论是统一心理学、哲学、宗教、神秘主义、人类学等多领域的统一意识的理论,因此威尔伯也被誉为"意识领域的爱因斯坦"。他的观点对大家的启发的确很大。比如对于理解人的心理健康。我们本来可能是存在于这五个层次中,在其中不断寻找我们的位置。或者,我们本身就是多层次的存在。但是想想,很显然我们每个人心理健康水平往往受到各部分之间的疏离的影响的。当我们的自我不完整的时候,那时候我们确实把我自己的很大一部分都否定了,可能就是这种状态,就是"阴影"过分侵占"角色"了,于是心理健康就出了问题。我们大部分人大部分情况下处于"存在层",我们如果身体保持健康,于是就趋向一个更高水平,不断地在整个光谱中游走,但是有时候我们也会活在一个最低层次。总之,意识着的人是一个多维度多层次的存在。

心理学考察意识的另一个角度就是自然科学的视角。特别是从上个世纪60年代以来,心理学试图用自然科学的方式来理解人的意识,认知心理学就是心理学的代言人。当然最初理解的方式也很简单,当时的理解是把人和计算机类比,那是最早的认知心理学——信息加工认知心理学。在信息加工认知心理学看来,人的身体与心理的关系可能有点像计算机的软件跟硬件的关系,因此,人的心理过程就如同计算机的信息处理过程。按照那样子的话,可能会涉及很多问题无法解决。我们即使从一个最简单的角度,把人的意识分为知、情、意三块的话,计算机最多能模拟人的认知领域,情感和意志模仿不了。所以这样的话,人机类比的模式也受到很多批评。同时，计算机还有一个问题，就是计算机它只具备执行功能，它可以执行一些指令，但它自己一般来讲是修改不了，特别是对自己以后执行的指令作一个创造，很难。计算机依据什么运行？是因为我们给了它一个程序。我们人类也在执行程序，但是，我们人类的程序从何而来？成年人给我们的，社会给我们的，但是随着我们长大，我们不断地在自己修改我们所执行的程序。但计算机只能执行程序，它所执行的程序不是它自己编写的。人不仅能执行程序，同时还在不断修改和编写新的程序。所以，通过人机类比来理解人类意识，存在很大的局限。

由于许多问题早期的认知心理学解决不了，在后来认知科学诞生后，许多邻近学科的成果对心理学的启发很大。特别是把神经科学的东西借鉴过来以后，在这个时候有人提出了"有意识的精神场"的观点。

利贝特最早在1966年做了一个实验，就是"意识半秒延迟实验"，这个实验是怎样做的呢？他在给别人做外科手术的时候刚好有机会把人的头盖骨打开，打开的时候用适度的电刺激病人的大脑皮层，结果发现，这个人的主观体验与刺激之间有个时间差，差了0.5秒——就是说刺激发出0.5秒之后，病人才产生相应的体验。那么差了0.5秒能说明什么呢？说明主观体验和神经活动在时间上不对应。利贝特的解释是，大脑皮层需要0.5秒的时间来建立起一个时空模式。后来他又做了另外一个实验，发现了意识经验提前的现象——即在特殊情况下，个体的主观体验可能先于皮层的电刺激，那么怎么解释呢？

先看第一个实验。正常情况是，我给你一个刺激你产生一个体验——当然我们的神经系统的运行需要占用一定时间，但是神经系统占用多少时间是已知的，就是我给你一个刺激，这个刺激信息传输到大脑一般大概在10毫秒以内，因为神经传播的速度是每秒一百多米,我们大概算 1 米多,两米,两米下来也才 10 毫秒。但现在是一下延迟了 500 毫秒,多的那些时间去哪里了呢?利贝特认为这个过程中,神经的脑电活动建构了一个电磁场,同时也建构了一个精神场。那么他的精神场是通过他的第二个实验所发现的意识经验提前的现象支持的。正常情况下,我给你一个刺激你产生了体验,至少这个体验应该在刺激发出之后。但是在很特殊的情况下,刺激还没来,我的体验已经产生了,那么这个问题怎么解释呢?利贝特的第二个实验表明,在时间上意识和生理的过程不对应。于是,利贝特认为,人的自由意志是无法通过神经电生理基础得到解释的,它是独立的。在这个基础上,他就提出了一个"有意识的精神场"的观点。他认为大脑的神经电活动会产生电磁场,但是在这个电磁场形成之后马上就会产生一个精神场,而这种精神场是人脑"突现"的一种功能。正是因为存在一个独立于电磁场的精神场,因此人就产生了自由意志,而且他认为这个精神场一旦产生以后,精神场本身就不能通过神经系统得到解释,因为精神场区别于电磁场,同时这个精神场通过物理的方式测量不了,所以意识只对精神场的主体保持开放。因此他强调的这一点跟刚才朱老师所谈的一个观点很接近,他强调意识需要从第一人称视角去体验。从第三人称的角度最多能测一下这时会的脑电波,可是我现在的体验是什么却不知道,而我的体验就是精神场的核心内容,这就是贾老师刚才所谈的"内在体验",我的体验不能还原为神经电波的活动。利贝特由于这方面的研究获得 2003 年的诺贝尔生理医学奖,这是他基本的观点。

第二个人是艾克尔斯。艾克尔斯走得更极端,他直接走向了实体二元论,他直接回到笛卡尔那里,强调精神和物质就是两个实体。艾克尔斯是神经生理学家,他在 1963 年因突触传递机制方面的研究而获得诺贝尔奖。有一个人做实验发现猴子的动作与运动神经元的活动在时间上不对应，这个对他产生了很重要的影响。人或动物的活动有两种：一种是自主的活动，另一种是外界给你刺激你做出反应的应答性活动。在这两种活动中，运动神经元的活动存在很大的差别。具体来讲是怎么样的呢？用猴子做实验，猴子怎么有自发的活动？当然他们可以用条件反射的方法训练出这只猴子有自发性的活动。结果就发现，猴子在自发运动中，辅助运动区的神经元（一种与自发运动相关的神经元）在自发运动前数秒就开始活动了。先有神经活动，再有运动。但在外界的刺激作用下（给你一个外界的刺激，比如说把你扎一下，你就缩回手，这种就是应发性的行为），发现猴子辅助运动区的神经元要么不活动，要么活动的强度很微弱。这说明，同样的机体运动，因为主观意愿的有无，导致辅助运动区神经元活动的差别，这不是就论证了"自由意志"存在了么？这也不就论证了存在一个作为精神实体的"自我"了么？这就给艾克尔斯一个启发，在此基础上，他提出身体和心灵是两回事，但是他没有办法否定精神能脱离身体而存在，他认为精神得依赖于身体，但是精神和身体就是两码事。他在这个基础上提出了实体二元论，在大概的模式上跟笛卡尔很像。笛卡尔认为，精神和身体接触的地方在哪里啊？在松果腺。他不再用松果腺，因为这个东西已经没有说服力了，他认为大脑的新皮层神经元细胞中的突触就是精神和身体相接触相互作用的场所。那这样的话，有人会说你违反能量守恒定律。因为这里要论证精神对物质的作用，就是存在一个精神上力量，它能驱动肉体产生动作。而精神的东西，既非物质又没有能量，如果它能驱动肉体活动，那不就违反能量守恒定律了么？

艾克尔斯用量子力学中的概率场去解释，因为量子力学中的概率场，既不涉及能量，也不涉及物质。于是艾尔克斯认为心脑相互作用类似于量子力学中的概率场，既没有质量，也没有能量。他认为突触前蜂窝状网格上的突触小泡质量在 10—18 克之间，符合海森堡的不确定原理和量子力学范围，完全可能在精神意向的作用下，以量子概率场的方式来释放递质，进而引发神经事件。神经活动影响精神这个不太是问题，但是，他要解释精神怎么影响神经活动。这个到底有没有说服力，反正这个观点现在广为传播。但毕竟精神是不是实体始终存在争论，所以这个观点也还需要经受考验。

　　现在来谈当前广受关注的两个人，一个是斯佩里，一个是加扎尼加。这两个人都主张"突现论"。这个观点，首先为斯佩里所支持。他在1981年因为对裂脑人的研究获得诺贝尔奖，他的研究对心理学的影响很大。加扎尼加是斯佩里的学生，他是在其基础上提出了一些有价值的观点。我们一般会以为他们搞认知神经科学的肯定会走向生物还原论，其实不然。加扎尼加等人在裂脑人的基础上建立了认知神经科学——1995年创立，到现在其实才20年的时间。那么什么是裂脑人呢？人的大脑由两部分构成，左半球和右半球，联结两半球的是胼胝体。这个胼胝体是一个横行神经纤维束，它联结左右半球，实现着两半球的实时通讯。如果将胼胝体切开，左右两半球就不能实时共享信息了，这就是裂脑人。那么为什么会把它切掉呢？癫痫病，很久以来一直没有有效的治疗方法。大概是在1940年左右，有位医生给癫痫病人治病，在一次特殊的情况下，刚好把他胼胝体切掉后发现癫痫得到了有效的控制，并且发现切了这个对人的影响不是太大。胼胝体被切断，当然左右半球就不能交换信息了，这不是绝对而是不能高效率地交换信息，这个引起了斯佩里的注意。

　　如果我们把视野分成左侧视野和右侧视野的话，那么根据已有的知识，左侧视野的信息被送到右半球处理，右侧视野的信息被送到左半球处理。在斯佩里研究的基础上，加扎尼加做了一个实验。这个实验很简单，大家看，当我们把胼胝体切开以后，让病人平视前方看这张竖着的板。这个板的右侧画了一个圆圈圈，当病人平视前方的时候，这个圆圈圈的信息只能进入病人的右侧视野，因此这个信息就被传到左半球了，于是病人报告说自己看到一个圆圈圈。我们的语言区在左半球，右半球主要控制空间感知。由于现在左右半球无法交换信息，传到左半球信息的病人可以进行言语报告，传到右半球的信息因为无法进入左半球，病人就无法通过言语报告了。这样的话就可以理解刚才的情况了。

但是第二次，在他的左侧视野给他放一个三角形，这个时候呢，让他干两件事情：语言报告和选择图形。语言报告的时候，他说，我什么都没有看见。可是，前面的桌子上放着一堆图形，什么月亮弯弯，什么椭圆形，圆形这种，让他手伸过去抓，他手会抓一个三角形不放。口头上报告没有看到什么，手里却抓着三角形不放，意味着什么？意味着他看到了这个三角形，但是语言上报告不出来。右侧大脑的信息传不到左侧大脑，但是右侧大脑能感觉到那个东西的存在，左右半球不能传递信息，就意味着左右半球对事物有一个共同的判断。如果是这样的话，是不是左右半球同时存在两个意识系统？那样的话，有可能它俩会掐架。为了回答这个问题，于是加扎尼加又做了一个实验。大家来看，那个时候病人看的是这个图片：左侧视野是雪景；右侧视野是个鸡爪。在这个时候，就让他左手和右手同时活动，寻找合适的图片匹配。这堆图片里面有很多小图片，这里有什么呢？有笤帚，铲子还有其他的一些东西，还有一只鸡的图片，让他用手去匹配。结果发现，病人右手抓了一只鸡的图片，左手拿了个什么呢？拿了个铲子。我们分析一下，左手拿一个铲子，左视野是雪景，左侧视野的信息投射的是右脑，因为投射的是右脑，因此病人看到雪景是报告不了的。所以，问他看到了什么呢，他说什么都没有看到，但右脑控制左手的活动，所以左手的选择应该与右脑中的信息有关（"雪景"对应"铲子"）。那个鸡爪子在右侧视野，因此被传到左脑，因为左脑中有语言中枢，所以，问他看到了什么，他说，我看到了一个鸡爪子。那你看到鸡爪子，为什么要选择一只鸡？他说，鸡爪子是长在鸡脚上的。可是我们要问他另外一个问题，你左手为什么拿个铲子呢？因为在语言层面他不知道他看到雪景是不是啊？问他，为什么拿个铲子，你猜他怎么解释？他说，我得拿个铲子把鸡圈打扫一下。大家注意，这个很有意思，所有的解释都围绕着左半球的信息转。这就发现一个问题，如果左右半球无法交换信息的时候，被试对外展示的还是一个统一的意识整体，不管他接受的是什么信息，左脑最后要给他做的事情做个事后解释，但这个解释中，包含了主观"编造"的成分。很显然，我们知道病人为什么拿铲子，他是想着铲雪呢，是不是？但是，他不那么认为——那不是要打扫鸡圈嘛?!有鸡，有鸡爪，由鸡爪想到鸡，由鸡想到鸡圈，那我要打扫鸡圈。由此可见，我们大脑的左半球有一种功能——解释功能，它的解释并不跟外界的客观刺激完全对应，它会编造故事，这一点是人脑跟计算机的最大区别。计算机在它的功能正常的情况下，它要执行的任务一般不会出错的，但是人脑则会出错——这暗示，人的主观世界并不完全由客观的物质基础决定。所以，加扎尼加和斯佩里做了大量的实验后，他们提出了一个观点，这个观点其实也标志着今天的心理学从物理主义当中摆脱出来，他们提出了什么观点呢？突现论。他们支持突现论，他们和利贝特的观点很像的，认为意识经验与神经活动在时间上、空间上不对应；意识经验是人脑的功能不假，意识经验不能离开人脑，但是，意识经验从人脑中产生出来以后，它就具有自己的独特性。意识经验不能直接用物理的方式测量，意识经验也无法还原为神经的活动，意识经验产生后就不能还原的。在这里，斯佩里有一个很重要的观点，对我们今天的心理学启发很大的——"下向因果决定论"。

我们以前试图由事物的构造去理解其功能，在构造方面呢，用局部的构造理解整体的构造。大家想，你去买一台电脑，这台电脑运转得快不快？我们得考虑几个问题：硬盘大不大，处理器的性能高不高，内存大不大等各个组成部件的性能。如果这些都好，我们肯定觉得这个电脑很好，对不对？如果再不行的话，估计得重装一下系统。那现在看看我们是怎么理解这个电脑呢？这个电脑好用不好用的原因在哪里？它的局部构造。因此，这种模式是一种什么样的因果关系呢？是一种上向因果决定论，就是用构成这个事物的部分去理解由这些部分构成的整体。举个例子，大家想想，回忆一下我们化学上学到的知识，怎么理解硫酸的性质？我们是这样理解硫酸的性质的：硫酸溶液，两种离子相互作用，有一个是硫酸根离子，还有氢离子，是不是？这个时候如果我们知道了氢离子它的性质和硫酸根离子的性质，我们就知道了硫酸的性质。而氢离子我们又怎么理解？看氢离子的质子和电子的结构有什么特征。氢离子和硫酸根离子结合的时候，键位之间的关系是怎样的？这就是很明显的上向因果决定论。由局部理解整体，整体的问题都可以通过局部得以解答。

但是，斯佩里说不对，因为如果按照这样的思路我们怎么理解人的意识呢？如果知道了你每一时刻脑的活动，如果我们一直扫描你的大脑，了解你的大脑这一时刻所有的心理活动对应的神经活动信息时，通过你脑袋里面的活动，不用你告诉我们你在想什么，我们就知道你想什么了。但事实上是不可能的，因为这是上向因果决定论，单靠上向因果决定论无法解释意识的问题。所以我们需要上向因果决定论和下向因果决定论结合。下向因果决定论就是指，部分一旦形成整体以后，整体本身就会对构成它的部分产生因果效能——这时候，不仅部分在决定整体，整体也在决定部分，因此，我们要理解这个新的整体，就一定要意识到在部分构成整体的过程中已经产生了新的东西了。就如同我们

13亿多人口构成一个国家，我们是不是理解了每一个中国人就理解中国这个国家了？不是，我们这么多人一旦组成一个国家后，这个国家就开始制约我们每个人的行为。我们每个人在影响着我们的国家，我们的国家也在影响着每个人。在这个过程中，既有上向因果决定论，同时也有下向因果决定论，这是斯佩里的观点，我觉得对我们今天的心理学的发展是比较有启发的。

那么，这样子的话，我们又要谈到另外一个问题，我是谁？我是不是就是"我脑"？我的脑袋里面的神经结构就是我？加扎尼加说不对，为什么？大家设想一下，把我一个人放在一个深山老林里面，我还是我吗？——以前我们看书上的故事，《鲁滨逊漂流记》呀，《人猿泰山》呀，这都是不现实的。从心理学角度讲，一个人长期与人类脱离的时候，他就不能行使一个"正常人"的功能了。因此，我是谁？不仅包括我的大脑结构——大脑结构是基础，我们永远脱离不了它，但是，这个大脑结构为什么成为今天这个样子？为什么能产生意识？生活在今天这样的社会，由人构成的各种团体、国家、民族，反过来又产生下向因果决定的作用，最后形成了我。因此，意识是什么？我想问大家，西北师大是什么？校长吗？还是大门口那块牌子？还是那个公章？还是那栋行政楼？行政楼可以换；校长任期到了，也会更换；公章，从国立西北师院到现在，都换了好几个了。这些都不是西北师大，西北师大是什么？西北师大是某一系的同学吗，还是某个同学？某些老师吗？都不是。我们传统的观点总是希望在头脑中找出来一个东西，即什么是意识的载体？意识是什么？做个比喻，意识就如同西北师大一样，当西北师大各个部门都如此这般地运行的时候，西北师大就存在。它需要那颗公章，需要校长，需要同学，需要老师，但是，我们找遍全校，也找不出一个最终能代表西北师大的最本质事物的这样一个物质载体，就如同我们搜遍大脑不能直接找出来一个代表"我"的载体。因此

"我"就是整个神经系统协同作用的一个结果，而且这个协同作用不能离开人际环境以及大的生活环境。意识也一样，它是一种环境、生理基础等多方面的统合的结果。当然，这里将西北师大比喻成个体的意识是有局限的——后者是以个体的生命为基础的。

进一步讲，自由是什么？加扎尼加回答得很好，他说自由不是一个能从人脑当中寻找到的事物。我们一直做错了一件事情，那就是试图从人脑当中寻找到意识，寻找到自由。因此我们总是在讲头脑当中有一个小人，有一个真正能代表我的事物来决定我干什么。如果你生活在一个星球上，那个星球上就你一个人，存不存在自由的问题？不存在啊。有没有责任？无所谓责任。因此加扎尼加认为自由和责任，都是一个人际的问题，因此自由和责任，不存在人脑中，它是在一个人际互动过程中，自然而然衍生出来的。所以我们不能从人头脑当中找出一个最终决策者，因此自由只是一种幻觉。作为幻觉就是指，无论你做出任何事情，你的大脑左半球都会给你作出一种解释。你刚才为什么做了那么一个动作呢？它就会回答你由于什么什么，总之它会给你一个解释，但是事情真的是不是这样，不知道！

另外，还有巴尔斯的剧场模型。他说人的意识就是一个舞台，就是一个剧场，在这个剧场当中，舞台的中央是什么？舞台的中央就是此时体验，我们很多的演员都在前面等着，竞相走向舞台的中央。但是，即便我站在舞台上，聚光灯也不一定正打在我所在的位置。聚光灯没有打在我所在的位置，其实，我处于意识的边缘。这样在聚光灯中央的位置就属于注意的内容，在边缘的位置，如弗洛伊德所说即是潜意识，浅层潜意识。当然还有更多的内容处在无意识系统，当然后台还有操作者导演，导演就是自我，但是自我是什么？"自我是什么"就是我刚才问的"意识是什么"那个问题，就如同我刚才问的"西北师大是什么"的问题一样,所以,导演他是一个总的功能,不是一个人不是一个事情。当然还有很多观众,观众决定着谁上舞台,观众也随时争相走上舞台。在这里,剧场模型给我们提供了一个解决心理学中诸多概念间关系的思路。心理学上有很多概念理不清,比如意识和无意识的关系,意识和注意、记忆的关系,这样一来,用一种隐喻的方式给我们回答了,意识是一种多层次的、多水平的、主体与环境的、人与人之间的关系的、最终的一种协同作用的结果。

这大概就是心理学角度所理解的意识。好了,谢谢大家!

李朝东: 有请3位嘉宾上台做一个简短的评述。

同学提问: 老师您好,我是物电学院的学生。我接下来想表达一下我的观点。我的观点是典型的唯物主义的。我认为意识还是依赖于物质存在的。意识和客观物质是一种互动作用,比如光对流。这就来自于我对物理的理解。我的中心论点是,过去的物理学都是决定论的。它是属于决定论的经典科学。从量子力学的角度来讲,它的结果是随机的,所以说是不可预测的。所以我觉得意识具有多样性可不可能是来源于客观物质的随机性和不可预测性?不知道刚才那位老师是物理主义的哪一个派别?

贾克防: 你有点紧张,其实我也有点紧张,但是你不知道我紧张,因为我表现得没有你那么紧张。我觉得你刚才的理解不仅是典型的物理主义,还是取消主义的,非常激进。这是好的,说明你对自然科学非常有信心,但是可能还有些没有谈透。就是取消主义,还原主义,所有的物理主义都遇到了一些困难,这困难就是意识是主观的,这个主观性是相对必要的。我们没法用自然科学的语汇描述我们的意识,我们必须要用过到非自然的语汇。有一个东西是独立于我们的物理属性的,我们的心灵属性是从物理属性里推导不出来的,因为它是第一人称的。还有,我补充一点,我整个讲的最核心的观点是,自然主义发展到今天遇到的一个问题就是意识的主观性，就是一个内在体验的不可消解性，所以意识的不可消解性、内在体验性是意识的一个本质属性，但这不意味着意识的所有的本质就这了，绝不是。我们目前还无法给意识一个非常科学、完满的定义，但我们可以有一个备选的定义，这是我的一个澄清。

胡好：我只问一个问题。这个宗旨主要是反对物理主义的，但我不太明白，它既然可能存在也有可能不存在，按我的理解，只有它可能存在才能是对物理主义的一个反驳，我的问题是，这个思想实验究竟是如何反驳的？对这个，我不是很清楚。麻烦解释一下。

贾克防：今天我讲的稍微有点跳跃，其实 zombie 的三个论证全是用来反驳物理主义的。它的意思是说，我们可以设想一个 zombie，它没有内在体验，我们会拒绝认为它有意识，这是一开始提出者说的。但是后来有些人说，咦，它也有意识，这是另外一些人。一开始提出的设想的人，认为这要我们设想一个 zombie 大家肯定清楚它是没有意识的。但后来有些人说 zombie 是有意识的，我觉得它很好，如果他各方面满足一个男朋友的功能，我甚至可以和他谈恋爱。这就相当于两派，最后就产生了两派的结果。如果让所有的人来回答 zombie 的问题的话，最一开始提出的那个人认为，内在体验是意识的本质要素，没这个绝对不能说它是意识；但是另外一些人认为这样不对。就是说 zombie 的提出者收到了相反的效果，反而有些人认为 zombie 就是有意识的，因为内在体验不是意识的一个本质要素。这是一个简短的回答。

张美宏：听三位讲解收获很大，听的时候我想起了维特根斯坦，在他后期的研究里头提到对私人感觉和私人语言的处理问题，这些问题我也很感兴趣。我也想了些问题先问一下，一个是关于内在体验问题何以确认，它的合理性在哪里？作为意识定义，把这个东西作为一个核心确立，如果你说有这个东西，那么它的可交流性、可理解性在哪里？要定义，最基本的东西是可理解性。就好像刚才那位同学，他说紧张的问题，维特根斯坦说，紧张的问题关键起源在哪里？哲学最根本的定义在语言的功用上，我们可能对紧张的语言还原上，从一开始就是一个错误的使用，所以导致我们把它当作一个真实的东西加以表述。其实它本来可能不是一个问题，但我们在使用的过程中表达错误了。我不知道你怎么看这个问题，就是内在体验的问题你怎么确立，这是一个。另外海斌刚讲了一个现象学问题，就是第一人称、第三人称意识理论，我听到第一人称意识里面讲到一个结构性的解释，但我现在想问就是究竟内在体验能不能作为一个第一人称的意识？如果不能，在你的理解中，现象学不能处理这类型的问题，那它为什么不能处理？作为一个私有感觉的东西它是存在的，也许解析的过程中有解析困难的问题，但是这个问题究竟怎么看？在第一人称的意识中为什么不能列入？难道从解析或结构的角度，它能代表对意识的最本质的界定，这是一个。另外一个是我看了赖尔的《心的概念》，确实他在里面一直讲到英国人、也是中国人总是讲，到牛津大学逛遍了以后问牛津大学在哪里，他可能也是进入笛卡尔所说的范畴设置的问题。我们说的是不是也是这个问题？他要解决这个问题，就是出现心物问题的范畴设置，出现的心物问题，对于理解一个大学在哪里，它不在一个大门，大学不在一个牌子，最终，对于心物问题在这两个范畴上的处理问题，所以我想，意识的问题我们能不能在另一个立场上做一个思考？所以这是我对于你的问题的一个揣摩。谢谢。

李朝东：美宏教授是我们哲学系的老师，我把他的发言看作是讨论，而不是问题，所以你们三位就不用回答了。

学生提问：两个问题，第一个是问朱博士的。意识是什么时候进入中国的话语系统的？

第二个问题是，佛教里面讲一个"悟"字，而在六祖慧能那里，讲一个"心"，六祖慧能是唯一的一个金刚不坏的肉体之身，所以他当年说过"心动，不是幡动"的问题，所以我的问题就是相由心生，意识和佛教里面的"心"是一个什么样的关系？我想问一下海斌博士。

朱海斌：这个我不懂，我确实没有做过这个研究。你可以问张美宏老师，他可能会解释得好一些。

李老师：现象学和中国佛教的唯识宗有一个紧密的结合。瑞士现象学家耿宁，他主要是做现象学和唯识宗的结合，有一些重要的成果。从中国人做唯识宗的熊十力，到后来受到他影响的复旦大学的张庆熊，写了一本现象学和唯识宗结合在一起的一本学术著作，我们可以看一看，还可以看一看耿宁的一些书。另外，倪梁康写了一篇关于现象学和唯识宗结合在一起的一篇论文，也可以作为参考。这个同学的问题很好，但是，包括我自己，由于我们还并没有向禅宗等领域去涉足，所以我们也难讲。如果让我谈唯识八识，我也谈不清楚。所以，你的问题很好，但是超出了海斌和我的知识范围。咱们学者，知道就知道，不知道就不知道。

同学：老师好，我有一个观点，我觉得机器是可以有意识的，像咱们人在受精卵的时候是没有意识的，人就是从无意识到有意识的这样一个过程，所以肯定有一个转折点，所以现在我们说机器没有意识，但是从长远发展来讲的话，它是一个由简单到复杂的过程，等它复杂到一定程度的时候，我想机器是可以有意识的。我就是想听一下老师对我这个观点有什么样的看法？

李朝东：你的意思是说机器人，即使现在没有意识，但是从发生发展的角度来说，总有一天它会有意识的是吧？这是个发生学问题，你们谁来回答？舒老师，心理学好像也研究这个问题？

舒跃育：对，即使在心理学内部，不同的人看法也不一样。我的观点是，如果按照目前的模式，应该是不能有意识的，除非是将来按照一种新的逻辑去设计计算机，因为现在，正如我刚才所讲的，经过对比，我们发现一个问题，计算机只具有执行命令的功能，但是它能否为它后来的程序进行编写？人的意识包含"自我意识"，"我"在创造"我"的未来。计算机呢？

同学提问：我觉得未来的计算机可以，不像现在的计算机那样，它可能摆脱这样的一种运转模式……

李朝东：这位同学，你是哪个专业的？

同学：物理学的。

李朝东：所以说，我觉得你就不能够说"我觉得"，而应该给我一个物理学的科学证据来。

同学：我觉得目前从物理学的角度上来讲，唯一的不确定性，比如说投硬币，正面向上和反面向上似乎是一个概率问题，但是从纯粹物理学上来讲，你把它的受力全部分析的话，它本质上仍然是一个具有一定确定性的问题，但是在量子层面上的不确定性，那是真正的不可测，后来那些想通过参量来增加确定性的行为，都被否定掉了。包括爱因斯坦他们搞的一个理论，也被否定掉了，所以目前来说，很多人就认为量子不确定性，就是一个原理。如果根据这样一个不确定性原理，再根据刚才舒老师说神经传递中的一个海森伯的不确定的话，就会产生一种不确定的机制，我觉得意识可能就是从这一块儿产生是有原因的。然后另一点，在以后的人类科技文明发达的情况下，在机器这一块儿，如果会有那种量子不确定性的东西，我想它可能就会产生一种不确定性的东西，而这种不确定性的东西，也许就会产生出一种计算机的意识，我是这样理解的。

李朝东：好，谢谢这位同学，你们两个是同班同学是吧？你这个问题就更有根据，而不是"我觉得"，前面同学的问题就太"觉得了"。提问题一定要给出一个本学科的根据来论证你们的问题，好，谢谢你们的问题。这个我替他们来回答一下。机器人有没有意识，到目前为止，哲学上的结论是没有。人工智能是机械和物理的方式，而人类是心理和生理的过程，它要有感觉的协助，身体要有感觉。身体热了之后就会出汗，这些体验就会成为意识的基本构成。但是体验是不是意识的本质呢？心理学和现象学对意识的内在分析都是同一个开始，内在体验从哪里开始，比如手在玻璃上割一下就会疼。但是机器人是没有痛苦的。关键是我们究竟把意识看成是生理、心理的过程还是物理机械的过程。意识最终我们还是要从神经系统的分析来提出意识的基本发生学的东西。这里可以用物理的方式，例如电子的或者物理的。因为它是相互联系的过程。就像是我可以走路，机器人还是可以走路，我可以哭，机器人也是可以哭。我可以说我胃疼，机器人就没有生理体验，我说我恨一个人，机器人不会说恨，因为他没有心理体验。最近有人机下棋大战，事实是输了，人工智能战胜了人的意识？最根本的解决方法就是一点：我拔了电就可以了。对这个输赢的论证是没有根据的。阿尔法用庞大的后台来计算，所以说每走一步都可以把以后的步数计算了。所以，计算机有没有意识，那就是它有没有人类的感觉、有没有人类的心理。我们一般有三种能力，感觉、直觉、知性，我们今天讨论的是知性范围内的。心理学涉及到感觉和直觉，但是计算机是在知性能力、是人在知识逻辑中的产物，但是我相信计算机会有这些感觉，拥有这些后，计算机才会有人的意识。举个简单的例子，股票大家都在看，很多人计算着，但是有个人会说我知道哪个跌，这就是人的感觉和直觉，计算机呢？都是运算，都是知性范围内的。所以，我接着这位同学的话来说，我感觉有一天计算机会成为上帝，它是一个漫长的过程。什么时候赋予计算机以感觉和直觉，而不仅仅是一个运算过程，计算机才能够真正意义上能够运用思维，成为上帝。

学生提问： 四位老师好，我的问题很简单，如果从一个细胞开始，就是做一个精细胞与卵细胞，然后这个细胞是人工制作的，紧接着我们给它一个编程，相当于是一个精细胞与卵细胞的结构，最后把它结合在一起，把它们运用成一个个体，那么这个个体可能会有感觉、知觉、信念、情感，也会有幻觉和梦，此时我们该称之为一个人，还是一个机器？它是否具有意识？

李朝东： 这个同学的问题刚刚我已经回答过，就是计算机有没有意识的问题？我的看法是计算机有没有意识，取决于它有没有感知、意识能力。

贾克防： 我很赞成李老师刚才说的这一点，大概在 2012 年的时候有个心理学家获得诺贝尔经济学奖，他叫卡耐曼，他提出了一个"系统一、系统二"，他说系统一就包括刚才李老师讲的直觉，系统二是什么？就是我们需要费劲想一想 33 乘以 58 等于多少？它是需要仔细推算的，系统一就是凭直觉就可以立马做到的。这是人能做到的，但是计算机现在只能模拟，它是在系统二上超过人类，但是系统一它们完全达不到，人类思维中系统一的一个典型的功能就是知觉。

李朝东： 意识看起来是一个各门学科关系的问题，我是专门研究现象学，朱老师解释的很对，所谓现象学研究中的意识就是对象在我们意识中的显现，而不是现象，就是显现出来的那个东西，我们已经把它翻译成现象了，因此翻译为现象学，准确的应该叫显现，现象学是对意识的分析，胡塞尔的理想首先是，现象学的意识分析是一种方法，而这方法一旦完成就成了一种哲学，胡塞尔和海德格尔分道扬镳，完全是因为对现象学研究是不是要继续走下去的不同理解。我想说明的是，现象学仅仅是在哲学层面上考察通过意识分析，因为对象世界的一切都要显现到我们的意识中来，所以我们分析对象世界，实际上就是分析显现意识中的这个显现、这个意识。朱老师举的一个例子，这支笔总是有一个侧面,它就会有一系列概念去分析,它只能"在场、缺席"。本来在场、缺席这都是现象学分析对象给我们显现所使用的概念,后来海德格尔、阿甘本把现象学关于意识对象在我们意识中的这些概念不讲了,只是用了在场和缺席来进行别的分析。这说明,现象学有个口号,就是要把一切已有的科学知识悬置起来,但是现象学绝不否认具体科学的研究成果。尤其是不否认心理学研究成果。我前面提到《逻辑研究》中有心理主义批判,心理主义批判并非意味着胡塞尔要否定心理学研究成果,反之,胡塞尔在任何时候都强调现象学作为哲学,对任何具体学科的研究所做出的研究和成果都给予极大程度的尊重。这里面主要有一个西方人的观念,就是一切科学都在自然时间的维度上对对象进行发生学的描述,比如刚刚舒博士讲的我们人类是怎样意识的状况,它通过大脑分析,或者是量子的、电子的一个具体的过程,这都是对于我们的体验发生的、或者是对象提供给我们的一种方式、一种体验的时间发生学上的一个特点,把它观测出来,所以心理学越来越走向实验。凡是借助于实验和观察从事研究的,它肯定会让我们越来越清晰地了解对象世界向我们的呈现方式,所以胡塞尔不否认任何科学提供给我们的结论,因为它极大地丰富了现象学分析的素材,但现象学需要做的就是,当这些意识现象呈现给我们的时候,我们怎么获得真理?所以,对于心理学的分析,今天有一个学者提出这么一个观点,明天有一个学者会否认这个观点,提出另外一个观点,我们就可以把他们的观点认为是这个时代的相对真理。但是,现象学就是不管时间的变化提出一个什么样的观点作为这个时代正确的认识,但它就要看真理是如何构成的,给出一个如何分析构成真理的先验条件。所以,胡塞尔为何称之为先验现象学,现象学实际上就是给经验科学提供一种先验根据,这就是哲学对科学奠定了良好的基础,这也是哲学不管是作为科学还是方法论,将越来越向具体科学,尤其是经验科学延伸,那么从而也会改变经验科学的一些研究观念、研究方法。它的研究对象,研究领域都可能不会发生变化,但是它的研究的视野、观念和方法会发生变化,从而使人类的视野不断开阔。现象学领域有一个概念叫"视域",但它的范围过大。但是,现象学作为哲学本身的发展也需要越来越多的具体科学所做出的新发现、新材料来提供更加丰富的材料来支持它对对象进行先验的分析,但是我个人觉得胡塞尔走得太远了。我曾经请教过一个现象学家,胡塞尔的现象学离我们今天的中国大概有多远,他说超过一至二百年,太远了。人类大概也就是这么几百年才出这么一个大学者,从此以后,我们人类就跟着他走,走完这个过程的时候,就会再出现一个大学者,把我们人类的思想延伸到未来的几百年。那么,我们这些后知后觉者慢慢地再跟着他们走。柏拉图时代的人们跟着柏拉图走了几百年,后来有了笛卡尔,有了康德,现在有了胡塞尔。总而言之,胡塞尔的理论对我们非常陌生,我在下面听报告的时候,问海斌博士胡塞尔的《经验与判断》他读过没,他说他读了一点,当年我写了一篇文章,结合这篇文章读过《经验与判断》。《经验与判断》这本书里面就是讲我们人类的知识,我们的经验是怎么发生的,在经验发展的基础上有一个一个的奠基关系,通过不同的奠基以后,最后才奠基到我们的判断基础上来回答康德的问题,人类一切的知识都是以判断的形式表现出来。"我感觉"不行,感觉在哲学的观念中不构成知识,知识是谁的能力呢?知识是知性的能力。只有当我们把两个感觉做成判断的时候才构成人类的知识,感觉不是知识,感觉就是感觉,天下雨,我感觉到了,这不是知识。太阳热,我感觉到了,石头热,我感觉到了。但是,太阳热后石头热这两个感觉分开感觉,它都不是知识,只有当我们把这两个感觉做成一个判断,太阳晒热了石头,这才是知识,而这个判断的功能是属于知性的。计算机执行的就是太阳晒热了石头这一个功能,计算机感觉不到下雪和太阳晒,因为下雪和太阳晒对它来说没什么意义,它也不会有什么石头热的感觉,但它却能根据太阳晒热了石头(因为这个里面就有因果性),把前一个现象和后一个现象联系在一起了。如果我们热衷于计算机是否有意识这一个问题讨论的话,我觉得哲学家们之类的著作也是有的,一个是康德的《纯粹理性批判》,什么时候算知识,什么时候算感觉,我们怎么从感觉到知识,都有回答。对这个问题的更进一步讨论是胡塞尔的《经验与判断》,我们是怎么从经验包括抽象思维、图像意识、想象等等,这里面还有个时间(科学的时间和抽象的时间),还有先验时间,一步一步的到最后我们怎么才构造出判断的,是一个非常有意思的纯哲学话题,下一次我们专门找时间让海斌博士给我们讲先验时间观念。先把先验时间观念搞清楚,我们再讨论现象学的对象构造问题,对象是怎么在我们意识中构造起来的。胡塞尔在《内时间意识现象学》里面专门举过关于音乐的时间意识分析,是一个典型的对象是怎么在我们意识中构造起来的例子,我们过一段时间专门再来讨论一次先验意识问题。

好,今天晚上我们就到这儿,谢谢三位博士,特别谢谢心理学院的舒老师,他给我们理解意识问题提供了非常好的参照,我们也感谢各位同学对我们一如既往的支持和热爱。谢谢大家,祝大家晚安!

(主讲人:贾克防 舒跃育 牛海斌)

第六讲　浪漫主义的精神坐标

李朝东：尊敬的各位老师、各位同学，欢迎大家来到中和论道现场！

今天晚上是哲学沙龙——《中和论道》第十二期，我们邀请的两位主讲嘉宾是兰州大学的两位老师，一位是孙冠臣教授，另一位是兰州大学仲辉博士。我们很多人读过陈嘉映和王庆节翻译的海德格尔的《存在与时间》这本书，仲辉是在香港中文大学跟王庆节老师读的博士。

今晚我们讨论的主题是"浪漫主义的精神坐标"。"浪漫主义"是欧洲文艺复兴以后，对理性主义的一种反动，或者是一种反思性的思想派别。对于近现代西方思想的走向和发展产生了非常重要的影响。对文艺复兴以后的这一段欧洲精神的裂变，我们大多数人对于理性主义比较熟悉，那么理性主义究竟对人们有什么作用，它有什么值得我们进一步去反思的地方，我们还思考不多。今天晚上，我们就请冠臣教授和仲辉博士来和大家一起来探讨和分享这个话题。

我们的规则是这样的，你们两个一人先讲一段，你的观点陈述完，他可以再讲，当然在讲的过程中你们可以相互交流，时间你们自己掌握，我们没有严格的限制。在讲完以后，我们会留一点时间和大家讨论。好！那么下面我们有请冠臣老师！

孙冠臣：首先感谢李校长，还有我们的董事长，能够给我们提供这个机会。今天能和我们的哲学同行、文艺同行一起交流一下"浪漫主义",非常荣幸,也非常感谢!

我首先想围绕着"浪漫主义"作为思想运动来考察,所以这里边可能涉及到一些观点上的争执。当然,我这里还没搞清楚,仲辉老师接下来会讲什么。如果形成思想上的对峙,那就是非常好玩的一个事情,希望如此。我就先开始了。

大家都知道在中国的文艺界,包括思想界,海涅是非常出名的,海涅的著作《浪漫派》对中国文艺界影响很大,今天我讲的话题,其中一个引子就在于海涅对德国"浪漫主义"或"浪漫派"的评价。但海涅对"浪漫派"的评价显然不高,也可以说,负面的东西是很多的。他说:"浪漫派不是别的,就是中世纪诗情的复活,如其在中世纪诗歌、造型作品和建筑物中,在艺术和生活中曾表现的那样。"① 由于我们的祖师爷对海涅的评价很高,再加上海涅语言优美,但也刻薄,将德国浪漫派与法国浪漫派完全对立起来,并将其看作是在对天主教的招魂中抬高精神、践踏肉体的反动文学潮流。不过,我对德国浪漫主义的立场,与海涅的立场完全不同。先表明一下态度,海涅的立场是政治立场,我的立场是审美立场。

尼采在《善恶的彼岸》中谈到19世纪欧洲浪漫主义这一思想状况时曾说它是一种"病态的疏离"、"在欧洲各民族之间诱发了民族性疯狂"(《善恶的彼岸》,第256节)。尼采对德国浪漫主义的评价还是比较到位的,但是这里面有个小问题留下了,如何理解这种病态的疏离(Entfremdung)?因为这个德文词和另外一个词"异化"(entfremden)是同词根的,一个动词向名词的转化,这里面我们要把握住病态的疏离从哪里来。还有一个,接下来我们还会提到一个词,就是无根感,也就是失去根基的这

---

① 海涅:《浪漫派》,薛华译,中国法治出版社2010年版,第7页。

种感觉。

另外再提两个人,萨弗兰斯基认为,"浪漫主义"是"德国"的一个事件(*RomantikEine deutsche Affäre*),"他视欧洲范围内的浪漫主义为一种反启蒙运动的思潮"①,以赛亚·伯林在他的《浪漫主义的根源》中持同一立场:反启蒙运动思潮,"其实出自别的地方,出自那些德国人"②,"无论如何,浪漫主义运动起源于德国"③。他认为,真正称得上浪漫主义之父的只有两个人。一个是赫尔德,一个是康德。赫尔德是浪漫主义运动中的核心人物,康德不是,康德的严谨与刻板在这个世界家喻户晓。而且,康德本人最讨厌浪漫了,他绝对不是一个浪漫的人:他憎恶一切形式的放纵和幻想,憎恨任何形式的夸张、神秘主义、暧昧、混乱。康德崇尚科学,他对科学原理的信仰,可能远远超过他对其他事物的信仰。这是我们提出的第二个小问题。

接下来回归我们的日常生活。今天来的年轻人我看很多,年轻人都喜欢浪漫,尤其是在油菜花开,爱情到来的季节。但什么是浪漫呢?浪漫主义与古典主义,浪漫主义与现实主义,浪漫主义与启蒙运动,德国浪漫派与英国浪漫派、法国浪漫派,都在说浪漫,似乎凡是对过去一切不合时宜的规则、条例的反叛都可以称为浪漫的。"浪漫"是一个含义模糊的词,很难将其仅仅归结为罗马和日耳曼人的结合体或独特风格。因此,我们不能说日耳曼人是浪漫的,法兰西人就不浪漫,也不能说德国古典音乐中就没有浪漫。所以在这里呢,我给大家提的问题,或者说这些线

---

① [德]吕迪格尔·萨弗兰斯基:《荣耀与丑闻:反思德国浪漫主义》,卫茂平译,世纪出版集团、上海人民出版社2014年版,第1页。

② [英]以赛亚·伯林:《浪漫主义的根源》,亨利·哈代编,吕梁等译,译林出版社2011年版,第40页。

③ 同上书,第131页。

头,我将尝试在下面的讲解中一个个扯出来。好了,最后提醒一下大家,作为一个沙龙的主题,因为正好要谈"浪漫"这个话题,我就忍不住想到,那些法国宫廷贵妇人或者德国银行家的女儿们举办的沙龙,本身就是制造浪漫、滋生浪漫的温床,但我们今天晚上的哲学沙龙只谈论"浪漫",不制造浪漫。

第一个部分,我们来讨论浪漫与启蒙。

只有将浪漫主义运动作为一场思想运动来考察,我们才能说浪漫主义是对启蒙运动的反动,否则会引来极大的麻烦。针对启蒙的反动和批评,以赛亚·伯林已经深入考察了三个代表人物:维柯、赫尔德、J. G. 哈曼(康德的同乡)。在这里我们也只是提及浪漫主义者赫尔德,我们更多地是对浪漫主义运动思想特质本身的考察。从思想运动的视角,浪漫主义也可以说是对18世纪理性主义运动的反动,这样的反动有很多(谢林的哲学、神秘主义的宗教和维柯的历史),但如果把凡是缺少近代理性主义性质的东西一概称为浪漫主义则是浅薄的。

"启蒙运动"肇始于英法,在法国达到高潮。"浪漫主义运动"是专属于德国的一个事件,我有时候也将其戏称为18世纪的"德法之争"。当然,这里没有否认德国启蒙运动的意思,德国的启蒙运动(莱布尼茨、莱辛、门德尔松、康德等)比英法相对要晚,而且也有很大的不同:德国启蒙主义者对法国同行否定一切超验的东西以及极端的革命意识形态感到陌生,也不赞成英国人对理性和科学表现出的过分热情。有人将德国启蒙运动理解为一场纯粹致力于人的精神解放的非政治运动,虽然这有些片面,但也抓住了其精神实质:德国启蒙运动在理论领域探究人的使命、人的权利、人的本性,在社会领域为以人的解放为目标的教育纲领而战斗,让所有个体都接受教育,在人性改善的前提下建设一个公正合理的美好社会。齐亚法多纳这样概括德国启蒙运动的特征:它导致文化持续的世俗化:不再像16世纪那样,是存在及其最高使命位于思想的中心,而是人、人的本质和人的需要位于思想的中心。最优秀的科学不再是神学或形而上学,而是关于人的理论。这决定了18世纪的特征,因此可以言之有理地把德国启蒙运动称为"苏格拉底世纪"。像苏格拉底那样,德国启蒙运动把哲学当作一种教育性的活动,其目的是让人们记住自己的责任,也就是意识到人本身、人的本质和人在世界上的任务。

因此,这里我们必须要限定德国人对启蒙运动的反动,主要是针对法国的启蒙运动。以赛亚·伯林总结了撑起西方传统的三个支柱或命题:(1)理性主义,(2)科学方法,(3)普遍规律。① 当我们不再信奉上帝是真理的唯一来源,而是转而相信人生来就具有理性能力的时候,所有的真问题都能得到解答,所有的答案通过科学的方法都是可知,且这些答案是相互兼容的,最终我们将发现普遍的规律、获得永恒的真理。

受牛顿在物理学领域所取得的伟大成就的鼓舞,上述这些观念构成了18世纪的生活或自然。生活、自然就是一个智力拼图游戏。我们躺在拼图的散件和碎片间,总有办法把它们拼凑起来。凡是能够这样做的人都将了解世界的真相:事物是什么样子,过去如何,未来又怎样,支配它们的规律是什么,人是什么,人和事物之间关系如何,进而将了解,人需要什么,人的欲望是什么,他如何获取自己想要的东西。总之,不管是真理(科学)的问题还是规范(道德)的问题都是可以回答的。

18世纪法国百科全书派哲学家伏尔泰、爱尔维修、狄德罗、拉美特利作为启蒙运动的核心成员都对此坚信不疑。正当启蒙运

---

① [英]以赛亚·伯林:《浪漫主义的根源》,亨利·哈代编,吕梁等译,译林出版社2011年版,第28—29页。

动用理性之光准备照亮全球的时候，也遭遇到"出自那些德国人"①的反抗。德国人通过内在的精神生活抵抗着越来越客观化的理性世界。

当时的一个现实处境是，"三十年战争"使德国分崩离析，德国人备感伤痛和屈辱，从那些相当忧郁的17世纪末德国民谣和通俗文学中，甚至从德国专长的艺术形式——音乐中，我们可以感觉出德国人耿耿于怀的伤痛和屈辱，特别是疏离感、失根感（Entwurzelung）。现实的不幸使得德国人只能寻求内在精神的高贵和伟大——"单纯的高贵和静穆的伟大"，基于这个背景，宗教上的虔敬运动②得以渗透到德国人的日常生活中，由此引发了一种强烈的注重内心的生活方式，大量感人、有趣但是相当个人化和情绪化的文学作品如雨后春笋般冒出来。丹纳认为这是新兴市民阶层对传统贵族风格和古典章法矫揉造作模式的拒斥，由此我们也许会说，浪漫仅仅是一种向往中的完美，一种没有真正得到满足的渴望在幻想中的满足。于是，浪漫主义就被解释成德国可悲的政治处境的结果。"浪漫派植根于尘世的痛苦，这就是人们为何会认为，一个民族的处境越不幸，就越浪漫和哀怨。"施密特的这一评价只说对了一半，因为完全忽略了费希特这个伟大的浪漫主义运动的引领者。文德尔班的评论也许更到位："德国人凭借他们的哲学，尤其是文学重新赢得了在三十年战争中失去的民族性。"

另外，过分的理性主义使得人类的情感受到阻碍。人类的情感总要以某种别的形式爆发出来。于是在德国，继文学上的狂飙突进运动（又称为天才时代）对过分强调理性主义的启蒙运动

---

① ［英］以赛亚·伯林：《浪漫主义的根源》，亨利·哈代编，吕梁等译，译林出版社2011年版，第40页。

② Pietismus 虔信派：德国路德宗的一派。

进行第一波冲击之后,浪漫主义运动作为第二波就接踵而至。神秘、神圣、天才、创造(幻想/想象力)、意志、自由、自然等浪漫主义的核心词汇一股脑地迸发闪耀。

下面我们来考察一下浪漫主义的思想特质——审美。

我们简单提及一下赫尔德,约翰·戈特弗里德·赫尔德(1744—1803),德国文艺理论家、作家。被称为德国的卢梭,曾受过康德的帮助和影响,后转向康德的同乡哈曼。以赛亚·伯林将其原创性的学术观点总结为三个思想主题:一、民粹主义,二、表现主义,三、多元主义。[①] 卡尔·施密特对赫尔德的总结与以赛亚·伯林的观点一致,只是表述略有不同:其一,表现主义(expressionism)。就是说,艺术即表白:艺术作品是某人的一种表白,是一种表达出来的声音。一件艺术品就是一个人向其他人表达自己的声音。一首德国民歌,只有德国人才能听出它们内在蕴含的象征和经验。如果这种观点更进一步,那么人类自我表现的每种形式在某种意义上都是艺术的,自我表现是人类自身本质的一部分……自我实现正是自我表现最丰富、最和谐的形式;其二,归属的观点(notion of belonging),意即归属于某一个群体(希腊人、亚洲人、拜占廷人、阿拉伯人,每个人类群体都应该为自己与生俱来的东西而奋斗,或者说,为他们的传统而奋斗。因此,民粹主义是对隶属于一个群体或一种文化所自有的价值的信仰:费希特作为浪漫主义运动的中间力量——《对德意志民族的演讲》);其三,真正的理想之间经常互不相容,甚至不能够调和。不仅是对多元性的信仰,而且是对不同文化和社会的价值的不可通约性的信仰。此外,也是对同样有效的理想的不相容性以及暗含的革命性后果的信仰,也就是说关于理想的

[①] 以赛亚·柏林:《启蒙的三个批评者》,马寅卯、郑想译,译林出版社2014年版,第187—88页。

人和理想的社会的古典观念,在本质上是不连贯且无意义的。

接下来我们主要关注一下康德。

康德出身于一个虔敬派家庭,这与浪漫主义的产生氛围是一致的。毫无疑问,康德之所以被以赛亚·伯林称为浪漫主义之父,就在于康德所确立的"自由"理念,但是,我们在浪漫主义的语境中讨论康德的自由概念还是要谨慎一些。首先,康德在实践理性领域是反对机械决定论的,这一立场与法国机械唯物主义者不同。如果人们的行动取决于外在于他们或某种他们无法控制的东西,或者换句话说,如果他们的行动不是缘起于自身内部而是自身之外的事物,那么我们就有理由认为他们是不负责的。如果他们不能为自己负责,那么他们也就不是完全意义上的有道德的人。也就是说,只有按照自由意志而行动,这样的行动才是道德行动。因此,称一种行为是善还是恶,是正确还是错误的,其实就是说存在着自己可以自由决定的信奉行为——后来这种行为被称为担当行为、奉献行为或切身行为。人是行为的选择者。价值(善)就存在于人的内心,它们是人愿意自由选择并愿意为之生、为之奋斗、为之死的东西。因果链条、特别是机械决定论,在康德这里,与任何一种自由和任何一种道德都不是相容的,因此也是错的。

如果斯宾诺莎和18世纪那些决定论者所言无误,人只是一只钟表。他被调好,滴滴答答地走,却不能自己给自己调好。这种自由根本不算自由,也不具有任何道德价值。总之,一个听凭冲动行动的人,不管他的行为多么慷慨;一个依照本身性格行动的人,不管他的行为多么高尚;一个屈服于无从避免的压力行动的人,不管这种压力来自外界或自己的性情,这个人不算是在行动,至少不是作为道德存在者在行动。

我们只有在自由的理念下才能行动,这就是康德的核心观点,这一主张注定要带来极度革命性的、颠覆性的后果,尤其是在浪漫主义者这里，这显然是康德没有预料到的。

其次，我们要留意，康德的自由理念是以"善"或善良意志为基础的，也就是说，只有在实践理性领域，康德的自由理念才闪耀着耀眼的光辉，浪漫主义者只看到了自由所发出的闪耀光芒，却没有注意到发光体是何物，更没有在意康德"自由"即是"自律"的规诫。在康德这里，"每一个理性存在者的意志都是一个普遍立法的意志"，也就是说，我的行动准则应当同时成为一个普遍法则，正是因为康德相信我们都拥有一个善的意志，按照自由的观念行动，我们就走向自由。这是康德一以贯之的观点，而浪漫主义者一看到自由就开始激动不已。费希特说："只要提到自由二字，我的心马上敞开，开出花来，而一旦说到必然性这个词，我的心就开始痛苦的痉挛。"所以，浪漫主义者没有时间去留意康德讲这些话的根据和前提是人们拥有善的意志，就开始去自由行动了。浪漫主义者的自由行动是没有善的基础的自由行动，只要我的自由、我的天性、我的行动……完全背离了康德的"一个自由的意志和一个服从道德法则的意志是一回事"（《道德形而上学的基础》，第455页）这一主张，因此，浪漫主义运动虽然是从康德出发，但与康德渐行渐远，最终误入歧途。

最后，康德关于自由意志的观念经他的忠实信徒弗里德里希·席勒的改造，以"伟大的罪人和多余人的理论"在19世纪艺术中开始占据一席之地。到了1780年，美狄亚与伊阿宋的形象完全不同了（高乃依《美狄亚》），菲耶斯特（席勒：《菲耶斯特》）虽然是热那亚行迹恶劣的暴君，但就他是一个人，就其人性质量而言，却远远优于那些名正言顺谋杀了他的人。卡尔·莫尔（席勒：《强盗》）虽然是一个强盗，但也被抬升为英雄的地位。这一切的发生，意味着一次伟大的决裂，同所谓理性主义或启蒙传统的决裂。换句话说，因其自在的性质而受推崇的殉难和个人英雄主义就在这时出现了。要是康德看到自己那套绝对正统、半是虔敬主义半是斯多葛主义的理论居然带来如此的后果，他会吓坏的。要知道，康德的自由意志是必然要走向道德的，因自由意志而行动才是道德行为。浪漫主义运动却因自由意志走向了审美、自然主义，主张张扬天性、个性、创造力、天才，走向他们所理解的生命之神圣，但意志的最高原则是自律而不是放荡不羁。

弗里德里希·施莱格尔认为，三个因素从美学、道德和政治方面深刻影响了浪漫主义，它们依次是：费希特的知识学、法国大革命以及歌德的著名小说《威廉·迈斯特》。顺便说一下，教养小说主要致力于描述一个人内心的成长过程和他在与外界的接触中所产生的经历。《威廉·迈斯特》是歌德的自传性小说，讲如何成长为一个有教养的人，成为人类的楷模。值得注意的是：歌德、席勒并不像赫尔德、施莱格尔兄弟以及诺瓦利斯那样狂热，而是刻意与浪漫主义运动保持距离，对浪漫主义有清醒的认识。歌德认为古典是美好的，浪漫是病态的。

浪漫主义作家中的一部分人强调德行（席勒、费希特、黑格尔），另一部分人，像诺瓦利斯和施莱格尔这样的浪漫主义作家，强调审美。浪漫主义因此成为一场艺术运动，浪漫主义者从绝对意义上来理解艺术，却没有义务提供伟大而严格的形式和表现，这也是浪漫主义运动没有形成伟大的风格，没有代表性的原因。浪漫主义最精美的成就存在于私密的感情之中。因而，"他们动员了幻想，而且不是纯粹的补充、附属和美丽的补白，而是作为理解世界和形成世界的中央机构。幻想掌权！该做的是，以诗意的精神穿透世界"[①]！

以审美的视角看待浪漫主义运动中存在的矛盾与复杂性，这种矛盾与复杂性就会一直显得既深刻又神秘。

---

① 吕迪格尔·萨弗兰斯基：《荣耀与丑闻：反思德国浪漫主义》，卫茂平译，世纪出版集团2014年版，第143页。

我们来看看浪漫主义的思想特征——幻想。

浪漫主义者拒绝现实走向幻想的原因有这样一些。

首先，在诺瓦利斯看来，经验的和技术的自然科学使得自然的基础作为一种世人可以辨识的机械论，现代的思维方式把无限的创造性的宇宙音乐，糟蹋成一座庞大石磨的单调嘎啦声。蒂克借洛威尔之口抱怨说："我们的时代成了某种白日。较之于这种多云天空里的灰白之光，浪漫主义的夜晚及清晨的朗照，更加美丽。"对浪漫主义作家而言，这种普通的启蒙运动的灰白之光，不仅存在于头脑中，而且存在于社会的现实里。这被他们体验为一种日益变得受控制和整齐划一的现实。而实际的启蒙运动，被视为权利日益增长的经济利益的政体。诺瓦利斯写道，没有一个国家，能像弗里德里希·威廉一世死后的普鲁士那样，如此地被转变成了工厂。

其次，浪漫主义作家抱怨现实的另一个原因是，一种被霍夫曼称为多样性的损失的发展。等级、品格、卓越的消失让浪漫主义作家们感到痛心。霍夫曼的小说《选择为未婚妻》，书中的故事发生在16世纪，他在书中说："当时我们的柏林远比现在有趣和热闹，如今一切好像都似一种方式铸就，人们在无聊本身中寻找乐趣，而找到的还是无聊。"弗里德里希·施莱格尔在多样性的失去中，发现了法国革命那划时代的影响。他看到一种革命的平等威胁性出现。现在占主导地位的是千篇一律。后来海德格尔在对技术本质的追问中，也使用了这一词语——千篇一律。城市就是在直线和精密测量中被规划和设计，越来越笔直的大街，越来越宽大的广场，但在浪漫主义者看来，即使从外面看来宽敞空阔，但它具有悖谬的效果，以至于让人有一种逼仄的感觉。海德格尔称其为技术的促逼。E. T. A. 霍夫曼就这么写道，尽管空间看上去宽敞，但对我们这样的人来说，它还是由于那些理性的人，而被建造得相当可怕的逼仄。原因是空间里的规律性，和时

第六讲 浪漫主义的精神坐标

间中的重复性一样,具有同样的效果。使用恰当的规律和重复给人一种节奏、分段,甚至美的感觉;若使用过度,它们将会让任何一种出人意外的要素消失,单调和千篇一律的印象就会出现,而这将被体验为由一成不变所造成的狭窄。由此,按几何图形划分的空间和按几何图形划分的时间,对浪漫主义作家来说,成了一种糟糕的启蒙运动的恐怖景象。一旦那作为处世智慧或者作为理性的对世界之诠释的明智,将不同寻常改造为寻常,将不可预见改造为可以预见,那么,宽广的世界就会收缩,所以诺瓦利斯才会说:"当我给卑贱物一种崇高的意义,给寻常物一副神秘的摸样,给已知物以未知物的庄重,给有限物一种无限的表象,我就将它们浪漫化了。"这是浪漫的第二个定义。此外,浪漫主义与宗教保持着一种隐晦的关系。它属于两百年来未曾中断的寻找运动,意在对抗世俗化的、祛魅了的世界。另外,浪漫主义还是一种借助于审美手段对宗教的延续,浪漫主义战胜了现实准则,有利于诗,有害于政治。

下面我们来讨论一下浪漫与虚无的关系。

本质上,"浪漫主义"这个词揭示的是人与世界的浪漫关系,浪漫的主体或个人把世界当作他从事浪漫创作的机缘和机遇[①]。施密特建议将浪漫派称作是主体化的机缘论(subjektivierter Occasionalismus)。在浪漫主义这里,人与世界的关系不是因果关系、更不是征服与被征服的关系,而是机缘化的关系,"取代上帝而占据了中心位置的浪漫主体,把这个世界及其万物统统变成了一种纯粹的机缘"。[②] 我们用这种机缘论的视角来看待赫尔德以自我实现为最高目标的表现主义,很容易得出浪漫主义者

[①] 卡尔·施密特:《政治的浪漫派》,冯克利、刘锋译,上海人民出版社2004年版,第15页。

[②] 同上书,第16页。

的公共生活、私人生活表现都没有节操这种论断。因此讨论我们"浪漫"并不是要罗列一些五花八门的贴上浪漫标签的事情、事件，而是要看得更深远一点，才会有可能发现，欧洲的浪漫主义在这里与欧洲的虚无主义撞在一起了，通过这种对撞，我们才能理解浪漫主义的深刻之处，而不是仅仅看到月光、旧城堡上的落日余晖、骑士、风车、异国情调诸如此类的东西。具体而言，启蒙运动之后，无论是用理性（一般主体）取代上帝的中心位置，还是用民族国家、民主国家取代上帝的位置，甚至在现代性的话语中用技术取代上帝的中心位置，都依然能够建立起一种秩序、某种客观性和统一性依然可能存在。但当孤立的、获得了解放的个人落实其机缘论态度时，情况就不同了。只有在这时，机缘论者才展现出他在摒弃全部一贯性上的彻底一贯性。只有在这时，万物才真正变成了万物的机缘。只有在这时，一切将要发生的事情、一切相继出现的秩序，才以奇遇的方式成为不可计算的、也正因此而成为极为诱人的。这种态度可以把任何具体的时刻变成起点，因此投身于无限和不可把握之境——以内在性情的方式还是以入魔的邪恶方式，取决于具体的浪漫主义者的个性。机缘与幻想的关系、与迷醉或梦幻、奇遇、神话或魔幻戏剧的关系是何等密切——这也取决于具体的浪漫者的个性，只有在这时才变得十分清楚。

在浪漫主义者那里，所有东西都不再是客体，都变成了纯粹的接触点，用诺瓦利斯的话来说，万物皆是"一部无结局的小说（Romans）的起点"。

诺瓦利斯的"浪漫"是一个针对无聊及其后果的纲领：针对空洞、无意义和虚无的意识。在浪漫主义作家那里，无聊这个概念的发迹，也是我们这个时代"现代性"话题的发源地。早在孟德斯鸠那里，无聊就被深刻地描述为伟人、精英所犯的疾病，所有的君主都感到无聊，他们纠缠于权力游戏和应酬交际，活动的心灵乐趣则将他们排出在外。这一见解被启发了康德的卢梭使用：人民不感到无聊；他们过着一种积极的生活……长时间劳作和短时间休息之间的更迭，是他们这个等级的欢娱的调料。富人们的大灾殃是无聊。身处许多花费昂贵的消遣活动中，身处众多费力取悦于他们人中间，他们无聊至极。他们度过自己生命的路径是，逃避无聊，随后又被它重新赶上。在康德的时代，百姓没有资格无聊，无聊是达官贵人的特权，但进入技术全球统治的时代，一切都被抹平了，普通老百姓也开始感到无聊了。为了治疗全民的无聊症，技术通过市场发了疯似地制造话题、制造消费，企图用繁荣来掩盖无聊。

世人怎样才能摆脱这种诱逼性的、旋转性的虚无？怎样走出无聊的荒漠？这不仅是浪漫主义的课题，也是今天技术全球统治下有待于深思的话题。当浪漫主义作家捍卫秘密的时候，他们其实针对什么？他们针对的是现代虚无主义的危险。随着技术的发展、组织的完善，自然没有了秘密，世人也没有了秘密，一切都处于理性的光亮之中，没有了幽暗，没有了神秘，没有了大书柜后面隐蔽的阁楼……当人们不再被不可思议、晦暗和神秘所包裹的时候，神秘就需要捍卫了，浪漫主义作家就是为此而挺身而出和大声疾呼的。技术规定下的日常工作和习惯，让眼界变得狭窄，世人看不到有坠落的危险，所以技术也保护了世人。但是，浪漫主义作家他们是形而上学的娱乐艺术家，他们清楚地意识到，这是一个坠落入贫乏时代的陷阱。有坠落之危险者必须得到扶持（unterhalten），这也是娱乐（Unterhalten）在此更确切的含义。于是，浪漫主义作家针对有威胁性的无聊，他们用美丽的纷乱进行抵抗，并称其为"浪漫化"。浪漫主义作为一场思想运动它的意义恰恰就在这儿。作为我们现代世界的一个补充，是非常有意义的。

李朝东：感谢冠臣教授给我们分享的关于浪漫主义的起源、

发展和流变。语言很生动，线索很清楚，但由于时间关系，我们还是紧接着进行下一个环节。下面有请仲辉博士来分享他对《浪漫主义精神坐标》这个题目的观点和思想，大家欢迎。

仲辉：谢谢，刚才孙老师以非常博学的姿态为大家介绍了浪漫主义运动下的浪漫这个词，那么就着我们的这个题目，我今天想谈一谈的是精神这个词，然后在浪漫与精神之间，达到一种可能的对话的关联。刚才孙老师作报告的时候，我已经记录了四五个可质疑的问题。一会儿我们可以共同探讨一下。

我们来看看怎么去谈精神，我想通过提出三个问题给出三个命题，那么这三个命题是由我自己给出来的。所以大家尽可能去质疑它。

第一个问题，我们如果要谈精神的话，肯定首先要问，何为精神？精神是什么？海德格尔讲，哲学其实就是问"这是什么？"这个问题。所以，精神这个词非常特别，尤其在德文当中，为什么呢？Geist 这个词，包括我们能够在英文当中相对应找到的，比如说，soul，spirit，我们现在译作精神，当然是一种灵性的东西，然后还有呢，mind，就是我们所说的心智、理智。我们直接用心去讲它，这些所有的都可以包含在 Geist 这个词里面，但是没有一个能够完整地或者是透彻对应到这个词的身上。它包含着这么多的含义，有点类似于我们传统的中国哲学里面的"性"和"气"，复杂性非常高，而且包含的问题也是最多，也是最不清晰的。当然你研究了你有可能感觉最清晰。

海德格尔还有一个观念，他认为德国人之所以区别于法国人、英国人，乃至于像我们这样的中国人，其原因就是在于精神慰藉。也就是说，德国人就是精神的灵魂，德国人的根性就是灵魂。海德格尔在上世纪 30 年代和 50 年代分别在《形而上学导论》以及对特拉克尔诗的解释当中关注到了德国人的历史的根性问题，并且认识到，德国人的精神与希腊人的这样一种存在

第六讲 浪漫主义的精神坐标

感，是直接相通的。所以德国哲学的精神性与希腊哲学保持着很有效的一种统一性。我们来回顾一下，在希腊哲学当中，最重要的就是灵魂，但是希腊人讲灵魂大致有这么两种方式，一个是将灵魂看作一种气，这个观点在希腊人当中很流行。另外一个非常独特的人，赫拉克利特，他讲灵魂是火，他说越干燥的灵魂越高贵。这背后有一个解释的背景，即神的灵魂就是由火构成的；英雄的灵魂，在太多的发生场景都是由雷电产生的，它既有气的成分也有火的成分；平凡人的灵魂，是由气构成的。所以火与气之间有一个神性与否的差距。这两种精神在海德格尔谈论精神的过程中一直贯穿着，后面我会举例跟大家讲。

我们现在来看一下出自《形而上学导论》中的一段引文，这段引文证明了德国这个民族在精神上所展现出的独特性，乃至于在处理哲学问题上时它的一种根基性之所在。他说，只要你发现了精神之所在，那么问题之所问，问到的那个地方就变得深刻起来，这是由精神主宰着的。因此对存在者本身整体的追问，对存在问题的追问，就是唤醒精神本质条件的基本本质之一。为什么要有这种存在问题，在德国人看来就是要挖掘精神所主宰的场景。所以要唤醒精神，这是一个目标或者说是一个任务。继而他说，因此也是历史性的存在的原世界，唤醒了精神，历史性存在的本源的世界，就呈现出来了。这些句子都是海德格尔喜欢用的最经典的句子。

怎样防止世界暗淡的危险？在我看来，按照海德格尔，因为精神的缺失，因而世界暗淡。为什么浪漫主义是世界暗淡的一种形式？我觉得这个问题在出发点上与孙老师可能不同。唤醒精神就是防止世界暗淡的危险，因而也是存在于德意志民族本质性的历史条件之一。所以大家想一想，精神作为重要的位置就完全呈现出来了，那你怎么去发掘它呢？我个人的感受，是在我们学习、阅读文本，通过语言的方式，或者，通过语言和思索的方式，去切进这个世界的时候，会很难以发现，精神藏身于何处。就好像我们这个问题是在追索"精神是什么？"这样一个问题，大家都有点懵懂是不是？这个精神在哪里？在海德格尔看来，精神就是一个实在物。而在孙老师刚才的讲座当中呢，他也提到这一点，比如说：浪漫主义精神之父，是康德，是不是？而传递衣钵的人，是席勒，然后呢，好像大家读的文献当中并没有如此。也就是说，你如果要阅读的话，纯正的浪漫主义，到哪里去找呢？看不到的。

有一个确定的方法，我想提醒大家，就是在我们的聆听当中，在音乐当中，精神本身存在着，并且作用着。所以我今天带了设备，带了两张CD，想跟大家分享两章音乐，看看你能不能在音乐的这个结构当中找到精神之所在。一讲精神，它应该是震撼我们的东西，是不是？能不能直面这种震撼性的东西，不是通过我们的讲述，而是通过我们的聆听。大家都知道，贝多芬的音乐为什么是世界性的，它不仅仅是德国人的音乐，比如说美国人要把音乐放到太空上去，选取各个民族的音乐选段，让它在太空里唱响。代表欧洲精神的就是贝多芬。代表中国的是我们的古琴音乐，大家知道，是管平湖先生的《流水》，现在还在宇宙当中循环播放着。当我听贝多芬的《第九交响曲》最后一个乐章的合唱响起来的时候，有直接震撼性的感觉，就好像全世界过往已有的，未来将有的，和我们现存的，所有的良善灵魂，他们飞升在宇宙当中，在夜空当中，手拉手，连成一个圆环，圆满地包围着我们所谓的宇宙，或者是世界，它具有这样一个实在形式。所以，今天我想跟大家分享的，是贝多芬晚期的一个弦音四重奏当中的一部作品，编号是133号，还有另外一个叫《大赋格》。"赋格"大家知道，巴赫作曲的时候，是用"赋格"的方法。我们最初以形式化完整呈现音乐的时候使用对位的方法，而对位方法主要运用的题材，就是"赋格"。贝多芬运用了这样一个前人所运用而且已经非常娴熟的传统方法，但是当你听到这些音乐的时候，总的来讲可能会感觉到，它不像是古典音乐。当时，在贝多芬所在的那个时代里面，所有的人听到这部作品之后，都对他嗤之以鼻，觉得这个聋子到了晚年的时候已经发了疯了，但是我们20世纪的人听起来的时候却发现，贝多芬在古典音乐当中所灌注的这种精神性的东西，就好像是现代主义的一个先声在当时的18、19世纪唱响起来。所以我讲这么多没用，大家可以自己去听一下。我自己听这个作品的这个感受，就好像夜空当中大家看的流星雨，非常有震撼力和划破夜空的那种闪亮感，就像火在夜空燃烧的感觉。但是落到哪里去了呢？不知道，落入到虚空当中去了。下面大家来听音乐。

……

（音乐结束。）由于时间关系，我们只听几个小节就够了。这段音乐非常蓬勃，没有一般的音乐情感的表达，没有浪漫充斥在里面，大家听到的是一种疯狂的强力，这可能也会过渡到我们第二个问题上去。

我要通过刚才大家所听到的，这样一种能够在你的听觉中呈现出来的东西去讲精神。我在讲这个问题时有一个非常自我的假设，大家一会儿可以进行批评。就是我们的古典主义当中所谈论的精神或者我们的浪漫主义，乃至浪漫主义的衰弱以及浪漫主义所对应的理性主义等等这些东西，在我们无限的描述的话语当中，永远是说不尽的，但是在音乐史上已经完成了它的完型。贝多芬的音乐其实就是精神完型的一种形式。大家知道，贝多芬的时代已经在进行着古典主义的进程，也有说法是他开启了浪漫主义。贝多芬之后许多在德法工作的音乐家，我们都可以把他们称为浪漫主义音乐家。也就是说，在贝多芬之后完全就成了浪漫主义的世界。但是你在聆听当中会发现，浪漫主义时代的浪漫，有许多不同的形式。而在我看来，真正的浪漫，纯粹的浪漫，只有一个作曲家在贝多芬之后达到了一定的高度——舒伯特。

从舒伯特之后,所谓的浪漫主义的作曲家,都在尝试着一种自我的浪漫主义曲调,或者是形式,他没有述说浪漫主义的声音。那么舒伯特有句话,我觉得这是浪漫的一个代言词。他说:"当我想歌唱爱,我却唱出了悲伤;当我想唱出悲伤,我却唱出了爱。"这句话不仅仅是非常深刻的乃至于它就是浪漫本身,所以在这里我还想和大家分享一段音乐,这个是音乐瞬间当中的一个小曲,哪怕是这样一支小曲也是充满着悲伤和爱的情感,一种深切的情感不亚于贝多芬在精神上的那种创造性的浪漫程度。大家可以去细心体会一下。

(播放音乐)……

当贝多芬快病逝的时候,躺在病床上看着舒伯特的曲谱,然后说这个年轻人是个可造之才,可以继承贝多芬的衣钵。而据说舒伯特在去世的时候嘴里一直喊着贝多芬的名字。但是在贝多芬去世一年后舒伯特就去世了,也就是说,舒伯特很年轻的时候就去世了,所以这样一种精神的传承乃至于有精神所产出的浪漫或者是浪漫主义的形式只不过昙花一现。我把这种浪漫叫做纯粹的浪漫主义。

其后的音乐成了一种无理性的或者是无节制的表达自我的臆想的一种音乐的创造,后来它成为浪漫主义的一个传统,我觉得也是野蛮的浪漫主义。为什么这么讲呢?这个问题和我第三个问题是相关的,就像刚才孙老师和大家说的油菜花开,爱情都已经迎面而来了,但是大家真的明白什么是爱情吗?就比如说我们在过情人节的时候,除了玫瑰花和巧克力,在你的想象力当中你还能制造什么出来?但是我们把这些标志性的东西都等同于在情人节赢获爱情的一种权利。然而实际上,这是文化上的一种集权主义。所以我们现在以浪漫主义的情调想去表达的无非是一种文化情怀的集权主义。我称之为野蛮的浪漫主义。这是我的第一个问

第六讲 浪漫主义的精神坐标

题，就是以听觉的方式给大家一个空间，去想象精神是什么这个问题。

接下来我在这里给出的一个命题是，精神即实体。精神是一个实在体。它不是一个与实在物相对立的概念，精神本身就在那里存在着，就好像在引文中提到海德格尔在谈论精神的时候的态度，就好像他确确实实看到精神在那里存在着。第一个问题是何为精神，第二个问题我想讲的是，精神何为？比如在贝多芬音乐当中它存在着，那么它在做什么呢？我觉得精神做四件事情。其一，创造；其二，应和；应和也就是应对唱和、吟唱；其三，拆解；其四，废黜，就是什么都不要，把它废掉。精神作为这四个层面的力量，它在刚才所听的贝多芬音乐中就被完整地包含着。

其一，创造。贝多芬创造的这种力量直接穿透到我们 21 世纪听者的耳朵中来，我们不觉得它是一种诡异的东西。所以毋宁说贝多芬是浪漫主义音乐的开山人，同时也是现代音乐的鼻祖，甚至可以说非常具有摇滚范儿。大家听起来是不是？第二点，应和。它应和什么呢？贝多芬用它应和着巴赫音乐的精神，应和着我们摇滚乐的精神。它把我们的历史，如果听有历史的话，全部贯穿起来。因为它所在的这个位置，就像海德格尔所说的，哪里精神存在着，那么我们对存在这个整体的追问就在哪里深刻起来。所以精神是一种应和的力量。我们说它贯穿历史也好，说它超越历史也好，这些都无关紧要。第三个，拆解。大家可以听得出来刚刚音乐当中包含着一种强烈的拆解的力量，当初没有一个地方是和谐的音调，但是你听起来它又是一个整体中的片段。所以在四把乐器中间它们是在相互拆解，在相互拆解的中间完型，这是贝多芬想要赋予"赋格"的新的形式。第四点，废除。废除什么呢？贝多芬通过这样的音乐的写作，否定了其前所有创作的作品。他可以不理会他以前创造的所有东西，把这个东西作为一种卓然的、有标记性的一种东西。

在刚刚孙老师讲 18 世纪的德法之争时，他谈到一个观点，说德法之争其实就是法国的启蒙运动与德国的浪漫主义之争，也就是启蒙主义与浪漫主义之争，这个说法在历史上表述是成立的。我们从哲学上怎么去表述它呢？我觉得德法之争的实质就是精神与客观化思维之争。德国人在创造应和、拆解和废除精神力量的时候，延续着其民族性。康德也提出，他对音乐这种形式是不太看好的。为什么呢？因为当时康德所接触的音乐都是法国沙龙音乐。贝多芬是康德殁后二三十年才出生的。如果说康德可以听到贝多芬的音乐，我相信他会有灵魂共通的气质，去赞许音乐本身。法国音乐确实不及德国音乐，但是法国音乐确实玲珑剔透、可爱。为什么呢？从哲学精神上也可以去解释。法国音乐基于一种明见性，但是明见性绝不是创造力。明见性是什么？明见性是我们现在所处的这个时代在开端中所包含的问题，也就是理性。精神和理性是有区别的。我之前讲了精神的四个作用以及在哪些方面产生作用。理性的作用在哲学上也很清楚，很明确。比如说理性要做什么？理性要去看，理性要划界。从康德批判哲学以来，在《纯粹理性批判》中"理性"这个词等同的功能就是去划界。理性还要指明合目的性。比如康德说，我的批判哲学就是要把地盘划出来，划出来之后，比如在实践哲学当中，我们有一个更重要的目标，刚才孙老师已经提到的，道德。所以他在划界的同时，就指明你的目的是什么，你要通过理性去完成什么，所以理性是要合目的性的。理性的合目的性在我们今天看来，已经逐渐地变换为一种计算性。计算性思维。我们已经有了大致的框架，认为什么是好的，什么是正确的。就是这样的一种合目的性，通过实际的生存指标已经排列了出来。然后我们再利用理性去干什么，这完全是理性所具有的工具的功能。这时我们要去计算。在整个过程当中，把这个合目的性高效完成。在这个意义上，就是孙老师刚才所讲的，我们现在所处的世界是个敉平化的

第六讲 浪漫主义的精神坐标

世界。因为目的就在哪，正确性就在那，合目的性就在那。所以在这里我想提醒大家，精神与理性是不同的东西，它们的功用是不同的。海德格尔在评论拉克尔的诗的时候，有一句诗是这样讲的，"火是苍白者的朋友"。火是什么呢？在赫拉克利特意义上，理解希腊人所讲的灵魂的时候，我们可以用德国的"精神"这个词去替代它，所以我们这里把火等同于精神。

"火是苍白者的朋友"，那么苍白者是什么？就是火燃烧之后的灰烬，就是一堆白灰，火在哪里燃烧，就是在这灰烬中。所以我们可以看到，从康德的时代18、19世纪一直到我们现在，浪漫主义经历了一个纯粹浪漫主义到野蛮浪漫主义，乃至于一种文化精神主义的一个过渡。到我们的时代，我们现在所屈从的一个现状，我们去找精神的寓所是很难的。你说我去创造，太难了。你说我应和，应和什么呢？你说我去拆解，拆解啥也不知道。你说我去废除，根本就没这个力量。但是你用理性的时候，你觉得如鱼得水，你说我要划界，我要建构，我要合目的性，我要算计，是不是？这些大家都可以去做。所以我们仍然是在理性主义所规定的这样的一个时代里面生存着。而理性主义的根源可能就是启蒙运动，可能就是客观化思维，是这样的一种主导线索所给予我们的。如果我们在利用理性时运用得不好了，我们发现能力不足够，我们把这个世界整成什么样子了呢？其最糟的结果就是平庸还原。你说大家建构的都是这个水平，批判也没有力度，划界也不甚清晰，那么这个世界是个什么样子呢？如果我们理性主义运用得不好的话，那么它的结果就是平庸的。但精神不是这样，如果精神我们用得不好的话，其直接导致的结果就是虚无化。没有创造，没有迎合，没有拆解，没有废除，什么都没有。没有精神的话，这个世界就是虚无化的世界，但是没有理性或者理性不足的话，这个世界就是平庸化的世界。所以理性与精神之区别，我觉得就是在这里。

所以刚才引用那句诗"火是苍白者的朋友",就是说,精神燃尽之后就是灰烬,灰烬是什么呢,就是一无所有,是什么都没了。所以我想在这里通过第二个问题——精神何为,举出精神的功用,以及精神与理性的区别。

第三个问题,大家可以看,在海德格尔之后,西方的哲学家里边很少有去点燃精神力量的人。大家都是在一个理性批判的意义上去延伸工作,而不能直接去应和。比如海德格尔讲希腊性的时候,认为它与远古的东西形成一种应声或者回应,然后他讲技术问题的时候,直接开启了我们这个时代,他是在用精神的火种照亮哲学的东西。但在其后,很少有人触及到精神这个层面,往往就是在理性批判的层面。阿伦特讲集权主义的时候,对我们确实是一个非常重大的警醒。大家在淘宝买东西的时候不知道能不能反思到,淘宝就是一个在现在的消费文化中集大成的集权主义的代表。也就是说,你的这种消费习惯,或者是你消费的一种意志,或者是你消费的心情,乃至于那种情绪,都被它控制着。集权主义在当代绝对不是一个政治概念,它是一种文化概念,在所有的当代性的文化中,都存在着集权主义的力量、规范。所以我们用理性去分析它是一条路径,同样也可以用精神的力量去拆解它。

所以我觉得在第三个问题上想谈的就是为何要谈论精神,尤其在中国的这个环境下,人为什么要去学习西方哲学?这就是一个现实的问题。刚开始我讲了,精神是德国的标志,那么大家就会有一个疑问,中国有没有精神?我觉得中国也有精神,只不过与西方的精神所体现出来的形态不同。所以作为中国的学者或学子,大家孜孜以求并不断想要去靠近西方思想的源头,我觉得这不是去研究一个知识系统,或者说一种个人的倾向,而是一种精神与精神之间可以进行摆渡的可能性追求。大家立足于我们的一种精神形态,然后聆听着以知识的方式传递而来的生命的讯息,触动了我们的中国原点并给精神界一种震动,所以集体都愿意去学习它和了解它。所以为什么要谈论了精神呢?在中国现在这种情形下,它不仅仅有对集权主义和女性处境的反思,这些东西都是出于一个西方思想的后续,基于我们本身存在于一种精神的摆渡。大家对胡塞尔所说的欧洲科学危机会产生触动,科学的危机实质就是欧洲精神的危机,而我们在面临这样的一种环境下也会有危机感。

第三个问题是,何为精神?我想给出的回答是,精神是思想摆渡的执桨者,它是握着这个桨的东西,它是我们此岸与彼岸,彼岸和彼岸相互转化的一种中介。所以我觉得在精神的意义上,西方思想乃至于我们生活的现实,有一个非常明显的特征,就是理性主义的禁锢与浪漫主义的衰弱是同步的,我们越是平庸化,越是远离了浪漫,理性主义的禁锢与浪漫主义的衰弱是同步调的。而在此之外,我们还要关注一个问题,那就是浪漫主义不过是精神的一种依附,或者是一个后续,我们要把浪漫还原到精神本身去,由精神去创造,去应和,去拆解,不管是浪漫不浪漫都不是一个原发性的问题。今天所讲的就是这些,谢谢大家!

李朝东:我以前总觉得搞哲学的可能对琴棋书画一窍不通,没想到今天晚上我们欣赏了一堂音乐普及课。就我个人来说,最不理解、最陌生的领域却很能产生吸引力,让我很仰慕、很崇拜它。音乐就是我很陌生的领域,但是没想到仲辉博士一个做哲学的人,能有对音乐的如此理解。

我们浪漫主义的精神坐标是由两部分构成的。冠臣教授讨论了浪漫主义,仲晖博士则是给了一个坐标。他有一句话,不知道大家注意了没有,缺乏理性主义我们会陷入平庸,失去精神我们会陷入虚无。那么,理性和精神作为我们人类两个主要构成因素,失去任何一个就会陷入平庸或虚无,人类就在这样的精神张力中自我成长,自我完善,自我进步。非常感谢两位博士。还有点时间，我们看看大家有什么问题，和两位交流一下。

我先提一个，我的问题提给冠臣。你在给我们讲浪漫主义的时候提到了康德，有些学者是这样认为的，康德是一个蓄水池，以前的哲学就像一条一条的溪流，都是为了流到康德这个蓄水池，现代哲学都是从这个蓄水池流出来的各种各样的支流。也就是说，康德哲学在古往今来中处在中间地位。在你的讨论中，既把康德看作浪漫主义的鼻祖，同时又看作一个坚定的理性主义者，我想问问这两点如何在康德身上统一起来？也许我的问题本身就有问题。

孙冠臣：这个问题很尖锐，我在匆忙表达中，语词上有些含糊，借这个机会澄清一下。我非常赞同李老师的这个问题，我们讲哲学史的时候，一直把哲学问题简单化，当然这也是师长们对我很不满意的一点，我说西方哲学史，如果从古希腊讲到德国古典哲学就结束的话，就只有两个问题，一个是苏格拉底之问，刚才仲辉已经提到了，也就是"是什么"的问题。那么康德的伟大在于承前启后，为什么承前启后，因为他有第二个问题，就是"如何可能"的问题。所以呢，我是认可你的问题的。下面我就解释一下，康德举的理性主义旗帜，也是德国的启蒙之父，怎么就成为浪漫主义之父？在这里，我把您的问题换一下，这不是我说的，这是以赛亚·伯林在讨论反启蒙的三个主要人物时提到的。我怕有误会，所以我在讲他的自由概念的时候，反复强调，这里面存在浪漫主义对康德自由的误会，他之所以成为浪漫之父，原因不在康德，而在于康德的自由主张被浪漫派作家拿去用了，准确地说是拿去实践了。这里面存在一个误解。当然我也相信，康德思想本身的张力，它最终也会水到渠成地进入浪漫主义。

简单解释一下。康德注重的是自由，我们必须按照自由这个观念来行动，你听了这句话以后会热血沸腾，但是他有一个根本支点，前面有一个善良意志，而浪漫主义者与他的差别在于浪漫主义者只坚持自由地行动。为什么呢？浪漫主义者，我认为如果非要挖掘他们思想的深刻之处，就在于作为一个个体在这种自然化处境当中要实现个体，这种自我实现是非道德的，是审美的，不能够用道德来评价。我们不是说它不道德，当然在现实表现中，当这种审美进入社会生活的时候，在实践过程当中，我承认，浪漫主义者，德国的很多浪漫主义者个人生活一团糟。不知道我这话说清楚了没有。谢谢。

李朝东：我对仲辉最初的认识，是他在兰大读硕士研究生的时候，春文老师说仲辉了不得，他在读研究生的时候就带着他的师兄弟读康德、读亚里士多德的《形而上学》，后来他去香港大学读书我们就很长时间没有见面，但每次到兰大去总会聊起他。我想问问，除了读亚里士多德、康德、海德格尔，或者是读哲学家的哲学著作之外，你是不是经常也听听音乐？你对音乐、绘画这些艺术和你的哲学的阅读和思考之间能够展开一个什么样的比例？赫拉克利特讲，人不要听我所说的，要听我所说当中的那个逻各斯。我有一个提前的预设。

仲辉：在我自己的生活当中，我觉得在音乐中倾听到的所发生的世界历史，与我们在哲学当中所阅读出来的精神的历史，是同一个逻各斯。所以在这个意义上，孙老师知道，我读书也不勤奋，然后经常在一起就是喝喝茶、听听音乐、打打拳，所以我自己是希望从这些事物的节奏当中去把握一种在阅读之外的经典，所以从比例上来讲，大概就对半吧，或者哲学更少一点。

李朝东：现在看起来仲辉也是我的学习榜样，希望以后能多教我欣赏欣赏音乐。跟这个问题相关，我再问一个，你觉得精神和理性，它们只能有一条道理通向自由，还是两条道路都能通向自由？你对自由给出的概念是什么？

仲辉：从康德的意义来讲，大家做康德哲学一致的会发现，他对自由……

李朝东： 仲辉博士，我的意思不是要你讲康德，让你讲自己，因为你今天的讲话已经讲了精神和理性之间的区别，似乎好像给我和别的听众造成一种印象——浪漫主义的精神追求的目标是自由，而理性和自由又有这样一种区别关系，所以我才有这个问题。通向自由的道路是理性和浪漫两条道路，还是一条道路？从康德讲起。

仲辉： 我想从康德哲学的一个回应来回答这个问题。大家都觉得康德自己所做的证明不够，对于自由作为实践理性置于最高点的这样的一个论证不足够。为什么呢？因为康德一直在关注批判化这个问题，就是把自由等同于一种实践理性的目的性去阐述。但是我觉得，其实在康德哲学当中，他也包含着精神的向度，而且主要是精神的向度。所以我觉得在我阅读康德的时候，当我用精神这一向度去理解他讲的自由的时候，我觉得完全可理解，就是证明得通，但是从实践理性这个角度介入呢，就从我们大多数学者所做出来的磨难中去刁难康德，也确实成立，所以在我看来，自由就是精神的一种表达。

李朝东： 自由是精神表达，最近我也在思考一个问题，如果把理性表达为沉重，把浪漫表达为一种轻逸，两者都是通达自由的一个途径。我前面的问题主要针对两位，似乎理性变成一种浪漫主义反动和解构的对象，似乎只有浪漫才通向自由，而理性却是高楼大厦，是必然性，是绳索，这个问题我不想多说，后面我们还是会回到这个话题上来。下面我们想请音乐学院的李丽教授，著名的音乐家，对我们晚上讨论的话题，尤其是仲辉博士的话题做一个评论和回应。

李丽： 首先我对今天晚上这个题目非常感兴趣，而且我也是第一次参加中和论道这样一个哲学沙龙，我对仲辉博士在哲学方面的成就和研究，不甚了解，但是我觉得一个学习哲学的人能都对音乐作品有这种相当深厚的理解，我表示非常钦佩。

刚才我听他介绍贝多芬的作品和浪漫主义的关系，我个人有些不同的看法。因为，从西方音乐史角度讲，在发展的历史中，有巴洛克时期、古典音乐时期、浪漫主义时期、印象派时期，是这样划分的。在巴洛克时期，最主要的这些作品都是从宗教音乐、从教堂里产生。古典音乐时期，有非常著名的三个作曲家，是古典时期的代表人物，海顿、莫扎特和贝多芬。巴洛克时期的代表是巴赫，他在音乐史上被称为音乐之父，为什么是音乐之父呢？通过他的创作，他把音乐创作的很多技法，如复调、对位等发挥到了极致，后来很多人的创作都是沿用他的技法去做练习，创作奏鸣曲式、变奏曲式等等，产生了很多音乐作品的不同形式。在浪漫主义时期，最杰出的代表人物是莫扎特，到了贝多芬的时候，我们把贝多芬称为从古典主义时期过渡到浪漫主义时期这样里程碑式的代表人物。为什么？因为贝多芬在他的作品创作当中打破了古典主义时期的中规中矩。怎么给大家解释呢，大量的作曲家在创作奏鸣曲式，奏鸣曲式必须按照某种创作模式来发展，到贝多芬时期，他打破了这些创作的模式，在音乐内容方面，更多融入了自己的哲学思想以及人文的精神，尤其是他创作的九部交响乐，到他第九交响乐《欢乐颂》的时候，他竟然打破常规，把合唱加入到了交响乐中。但是，贝多芬他本人并没有意识到或者说有意要去做这些东西，而且他自己肯定不会感受到他自己是从古典音乐时期过渡到浪漫主义时期。他在创作的时候都是通过自己的生活经历，对社会的不满，他自己的人文思想，哲学精神的融合来创作，我们这个划分都是后人给他的一个界定。

刚才仲辉博士在举到浪漫主义最具有代表性的人物，谈到了自己的感受，当然，个人的理解不同，看作品的时候感受也不同。那么在浪漫主义时期，我们觉得可能最具有浪漫色彩的作曲家是钢琴诗人肖邦，他的很多作品大家去听的时候，会感受到融入的更多的是情感的东西。

我有时候也在思考音乐和哲学到底是什么关系？很少上升到哲学的高度去思考这个作品。哲学是形而上，音乐表演的形式是形而下，那么我们在学习音乐的时候一定要从形而下上升到形而上。

舒伯特在历史上被称为歌曲之王，也是贝多芬非常喜欢和得意的一个门生。贝多芬去世的时候，他的灵柩有4个人抬着，前往他的墓地，其中一个人就是舒伯特。舒伯特的作品更多的是旋律的优美，一种歌唱性发自内心而自然流露的东西。作为在介绍音乐作品的这个方面，我觉得浪漫主义时期都是属于非常炫技的，他创作作品的技巧难度都非常大，但是从音乐本身，从音乐的气质、从音乐对人的直观的这种感受来讲，我还是建议大家多听一下肖邦的作品，还有柴可夫斯基等人，听了这些作品后，大家都会变成一个热血青年，这是我的一点肤浅的认识，和仲辉博士进行商榷。

李朝东：谢谢李丽老师。稍等一下，首先，我这个外行就不会同意音乐是一个形而下的东西，莫扎特说音乐是来自天国的声音，从天国来的声音大概只有两个，一个是上帝，一个是音乐。你把它叫做形而下，我估计仲辉博士一会儿也会反驳你的，因为它是属于精神层次的东西。仲辉博士，李老师的问题是针对你的。

仲辉：肖邦对浪漫主义时期的重要性是无可置疑的。大家都知道肖邦写作的是钢琴的作品，但是舒伯特作为一个浪漫主义时期的人物，他涉及到几乎所有的音乐表现形式，他全部都写了。大家可以去听听舒伯特的即兴曲，就是刚才李老师所说的自然主义，那是一种完美的自然主义。像莫扎特的一个旋律最长持续五到六分钟，但舒伯特的可以长达十几分钟，他的这种天才性可以作为一种浪漫的表达。从音乐创作的丰富性上来讲，当然肖邦的这些作品同样重要。我也建议大家多听肖邦。

第二，从古典史上的区分讲古典精神，其实就是李老师刚才讲的，三者形成一个经典的模式。对于学哲学的同学，我想提醒一下，你们去关注一下这三者的关系，与我们在对古希腊哲学，我们读到的苏格拉底，柏拉图，亚里士多德的关系非常相似，形成了一种精神的比照空间，非常有趣。对于浪漫主义，古典主义，确实是后世的称呼，历史上这样划分的意义是不充分的，为什么呢，举一个例子，莫扎特的作品，编号475号，它的一种独立的特性非常具有超越性，有的音乐评论者认为，它甚至开启了整个贝多芬奏鸣曲的精神的内核，所以，有的时候，它在这个时代，追寻的不是一个什么主义去创作的，这个确实是后世的划分，没有什么意义。大家从作品当中去寻找蛛丝马迹，就像你在学习哲学的时候，思想家和思想家进行的问题，构建的一个观念，也是相同的。

李朝东：好，谢谢。音乐的话题我们可以暂时告一段落。因为浪漫主义首先是一种表达形式，普遍存在于文艺复兴以后的欧洲各国，但它的具体表现也各有侧重。在德国表现为音乐和诗歌，在法国表现为绘画和雕塑，在意大利主义表现为雕塑，在俄国等其他国家都有着不同的侧重，所以我们也不能仅仅围绕着音乐来展开。我在这个地方想起我们美宏教授，想提一个问题，在中国思想史上有没有浪漫主义？

张美宏：李老师问的这个问题太突然了，我还没想到中国的特定形式的浪漫主义。但我就我的疑惑向他们两个提个问题。我一直在想，我也是对问题很执着的，第一个问题是提问冠臣的一个问题。你们两个的演讲对我很有启发。冠臣讲了康德的浪漫主义，尤其是在审美上，那么我在想，自由意志是在《实践理性批判》中讲到的，善良意志更多在《道德形而上学基础》中讲到的。就自由意志的讨论而言，与它相对的是功利主义的具体，善良意志讨论的是普遍立法的问题，在传统的西方道德哲学的历史上看，尤其是在20世纪以后的哲学界，才注意到所谓的道德的浪漫主义。为什么呢？康德犯了一个致命的错误，就是把"在任何情况下都是对的"，和"在任何情况下必然如此"，这两个问题搞混了。就是说，对不对和普遍必然是两个层面的问题，所以这犯了道德哲学的浪漫主义错误。因此，我不知道为什么非得从审美的角度来讲康德，道德领域难道不存在浪漫？所以康德的这一套道德浪漫您怎么看？这是第一个问题。那么对仲辉的问题呢，当然是我自己的一种偏执吧。我一直有一种分析的偏执，对任何一个概念，都是很认真在听，关于精神的概念你讲了好多，引起了我好多的困惑，但也许对你来说不是困惑。当然我希望你对我的困惑有所回答。第一，你讲到了从海德格尔那里引出了道德的精神，精神就是实体，从这里面蕴含着精神是个单数，然后你在后面讲精神的过程中，讲到了精神在中西文化之间的摆渡，那显然这个精神是个复数，所以我现在想问，精神作为一个重要的哲学概念，它究竟是单数还是复数？如果不是问题，可以不当问题回答，这一直是我的一个疑惑。

孙冠臣：我勉强回答一下吧。这里面涉及了一个何谓浪漫，或者给浪漫主义做一个界定的问题。我在前面的陈述当中尝试着对何为浪漫下一个定义，实际上在讲述过程中我洋洋洒洒多次转换名头，掐头去尾，这里面大致给"浪漫"下了四个定义，当然其中有我心仪的，有我排斥的。为什么我不把康德的道德定义为浪漫？首先来说一下个人践行的感受，如果严格按照康德的要求来行动，给人什么感受呢，康德的道德太高了，是实现不了的，是很难的。第二点，如果我没把浪漫规定为那种仅仅是对理性的拒斥，或者说强调个性化，或者说审美化，或者说个体化、差别化、神秘化，这样以完美的理想来界定它，从而与现实相对，那么我们完全可以讨论康德的浪漫，因为他的道德制定得太高了，成为一种完美的理想，因为你的每一个法则、每一个行动法则都将成为普遍法则，所以这仅仅是对浪漫的一个误用。所以我们在讨论的时候首先要界定，在什么意思上讲浪漫，这是我尝试着回答一下。

仲辉：精神只有一个，是单数，为什么要讲摆渡的问题呢？是因为我想这么多对哲学感兴趣的，尤其是西方哲学，那么我们学习的一个动机就在于有一种鼓励的意味在其中。中国有没有精神呢？举个例子，顺便回应刚才李老师提到的问题，中国哲学当中有没有浪漫主义？比如我们经常讲的四君子：梅兰竹菊，它们聚集于哪呢？就是四季当中，聚集于四季当中的哪呢？聚集于四季当中的冷，梅就不用说了，它有一种孤傲的东西，它是在寒冷当中盛开的东西。哪怕是在百花盛开的时候，兰也是盛开在幽谷当中，它聚集于四季的冷当中，那这是不是一种精神呢？我觉得讲君子的时候，它其实有一种精神的象征，可以去比对，所以新儒家对于儒学和康德哲学关于自由观念、伦理观念的比较，已经成为了一种几十年的气候，仍在酝酿，所以我觉得这个问题当中含着精神。但是对于我自己，精神其实是单数，就是我自己从西方哲学当中读出来的那些东西，但是关联我们自己的学习心态、学术生态来讲，鼓励大家去寻求一种应合的机缘，或者是可能性吧！

李朝东：你回答精神是单数，既然精神是一个摆渡者，摆渡的执桨人，我想问摆渡的方向？是单向摆渡，还是双向摆渡？

仲辉：这是比较哲学当中最现实的，如果我们把中西的观点都拿过来的话，那方向就断了，到底是单向还是双向？这是比较的方法和比较的平台二者建立起来的，就我们现在的学术状况来讲的话，人生就那么几十年，你思想的工作做到多大程度？可能也就是在精神所规定的那个深度上，这个时候可能会消解一个中西方向的问题。现在实际上来讲，你说你是一个中国人，还是一个西方观念下塑造的人，很难界定。如果我们把一个思想者所具有的精神性的深度去还原到这个思想者身上，在当今这样一个学术状况下，我想也已经足够了。

李朝东：这个问题是艰难的学术问题，暂时不加讨论。如果这是一条黄河，河的这边是西方，那边是中国，那么是向哪儿摆渡？仲老师的答案是消解中西精神的这种差异性，最后浓缩成一种新思想，至于未来中国的新思想是什么样的形态，应该在他们这一代人身上，我们希望我们能看到。

贾克防：非常感谢两位主讲人，其实我的收获非常大。我有两个问题，第一个问题是从孙老师那里听到浪漫主义的一种补充，然后从钟辉老师那里听到浪漫主义是昙花一现，是精神的一种依附，无论从影响还是时间上来讲，浪漫主义都是处于边缘的位置，那么我想听听两位老师对我理解的看法，浪漫主义是不是一种边缘的位置？其次，这种边缘的位置有没有它的必然性所在？如果我们去分析和探究它的原因的话。希望两位老师可以给出自己的思考。

仲辉：浪漫主义的边缘化，从历史时间来讲的话，确实是边缘化的，尤其是科学主义出现之后。我们现在的生活，就是科学主义或技术主义的。浪漫主义边缘化，它变成一种奢侈品，比如说，学理工科的同学读几本文学作品，或者从文学作品中获得了什么？就哑口无言是吧，感觉大多数同学应该都是这样子的。孙老师谈论的目标就是，我们要把浪漫主义在思想上进行繁衍，如果这种东西在思想上可以等同于我们人性的习气的话，那么从整个时代来讲，从人类开始文明化之后，其实浪漫主义是伴随着人类文明化整个进程展开的，所以我们可以在一个时代的局部去谈论，我们也可以去谈论浪漫这种思想，也可以像我所说的，我们也可以对浪漫进行批判。怎么批判呢，从精神坐标的角度。

孙冠臣：我们今天讲的这个东西作为一种思想的考察，但是呢，同学们注意，你们的那个"浪漫"，用仲辉的话叫做滥情，所以要小心。

学生：我想说的是，刚才老师问的精神的单复数问题，中哲的老师可以这样说：可以用理一分殊去回答，也可以从方向问题上，它指向的是人，可以以存在来讲，它是要指向人的未来的可能性，是一种指向可能性这么一种方向。至于说在指向过程中要选择中国还是西方的精神的话，我感觉就是取决于你个人，还要自己有所取，不要强加规定性。另外就是中西方的精神，我感觉这个精神，就是要把词对应到中西方的话，就是一个人要对着这个界阈，在什么时候产生和解释这个词。刚才老师讲精神，我感觉有点非理性，就是意志的内涵套了海德格尔的哲学语词。我感觉就是这样的，我把你的这个精神理解为非理性的意志冲动。

李朝东：不管你理解的对不对，我想你可以自我介绍一下。

学生：我就是一个普通学生。我是文学院文秘专业的。

李朝东：谢谢你！这个说的很好，李老师您还有问题吗？

李丽：刚才讲的有可能会有点误解了，我说音乐的形而上学，就是说，我们现在学生的一些现状，其实每一个伟大的作曲家、作家，就像哲学家一样，他首先是有哲学精神，通过音符、文字来表现他的思想精神。作家是用文字的话，那么音乐家是通过音符，来表达他的精神思想和哲学思想。我现在就是觉得我们现在学音乐的很多老师和同学，都缺少上升到哲学思考的层面，只是是技能上的演奏演唱。

李朝东：最后我想讲个故事作为今天晚上的总结。希腊神话里面有个很有意思的人物，叫做赫拉克勒斯，这个大家都知道。他是宙斯和人间的美女在一次不经意中留下的神和人的孩子。慢慢长大，选择人生道路的时候，在一个十字路口，对面来了两个女人，一个是阿里特，一个叫喀吉雅。阿里特是道德女神，勤劳、美德的象征，现在美德在希腊语里就是阿里特（arete）。喀吉雅代表邪恶、淫荡，她直接跑上去给赫拉克勒斯说：你听从我给你指的道路，跟我走。我给你指的道路是，轻松的，愉悦的，不用劳作就可以获得快乐的生活。赫拉克斯问她说：你叫什么名字？她说：喜欢我的人叫我快乐，不喜欢我的人叫我邪恶。这个时候阿里特上前说，你不要听从她给你指引的路，你要听从我给你指引的路，我给你指引的路是，我们要通过劳作获得收获才能过上幸福快乐的生活，在劳动中获得自己生命的价值和意义。赫拉克勒斯说：那你叫什么名字？阿里特说，人们都叫我美德。

为什么两个道德名词在希腊语中要用两个女人来命名？刘小枫解释说，希腊人那个时候就是用女性来编制道德话语，道德本体。我想说的是，浪漫主义对应的概念不完全是理性，它还指向现实，而理性恰好给我们塑造的是一个现实的社会、现实的秩序，如果我们长期走在这种秩序中，我们就会沉闷和压抑，我们就需要放松发泄解脱，浪漫主义作为它的一个对立面就应运而生。

其实我不太喜欢用浪漫主义或现实主义这样的词来命名，就好像说我今天干了一天活，我在麦田里捡了一天麦穗，算不算很现实？我不捡麦穗的话今年没收成，我可能活不下去，可能完了以后，到家里边晚上我放开音乐听一会儿，音乐是浪漫，也就是说现实和浪漫它是我们生活的一个组成部分，就像一枚硬币，两面都是不可或缺的，但是一旦把它发挥成理性主义或者浪漫主义的时候就各自走向自己的极端，浪漫主义会说理性主义塑造的现实社会使人压抑太重，可是呢，我觉得理性主义的现实就是现实通过劳动创造的幸福生活。但是我们一天只是劳动的话，就像李丽教授，如果她今天弹一天的钢琴，弹琴变成一种劳动的时候，她也觉得不浪漫。一个歌唱家唱一天的歌，本来一种艺术享受，就变成一种体力活了，他也不会觉得这是一种浪漫。

第六讲　浪漫主义的精神坐标

前面我的问题是达到自由并获得幸福是不是理性和浪漫两条道路中的一条？我觉得一样的，两条道路是获得幸福的必经之路。如果我们总是写诗歌、绘画、唱歌、搞雕塑，就是不愿意去农田里去插秧，就是不愿意到工地做工，你想一下，你唱完歌后你穿什么？这些东西都是实实在在的通过理性和科学技术创造的，所以我们不要把它主义化。理性和浪漫共同构成我们现实的自由幸福生活，是它的必要组成部分，我们现在需要的不仅仅是每天只是劳作，在我们劳作的同时，我们也能欣赏艺术诗歌绘画，这才是海德格尔说的"人虽充满劳绩，却诗意地生活在大地上"。

关于精神坐标，我同意仲辉博士最后的结论：如果我们没有浪漫的精神，就有可能会陷于虚无。没有理性，我们人类的生活会陷于平庸。但我更愿意把它倒过来，没有理性我们生活有可能会陷于虚无，没有浪漫我们的生活才可能会陷于平庸。

好了，今天晚上我们就到这。下一次我们邀请的是兰州大学的陈声柏教授和我们哲学系的李永亮博士，他们讨论的问题是"修身的力量——《大学》和《中庸》的视角"。实质上是中国哲学的一个话题，一个是兰大的，一个师大的，希望大家能来，我们是每两周一次，下下一周我们讨论。好，今天晚上就到这里，谢谢主讲人，谢谢同学们！

（主讲人：孙冠臣　仲辉）

第七讲　修身的力量
——《大学》《中庸》的视角

张美宏：各位老师，各位同学，大家晚上好！今天我们的《中和论道》邀请到的是兰州大学哲学社会学院的陈声柏教授和西北师大马克思主义学院哲学系的李永亮博士。他们两位对儒家哲学都有深度研究，他们今晚演讲的主题是"修身的力量"，副标题是"《大学》《中庸》的视角"。当然从标题我们已经看到，强调修身的力量，也是《大学》《中庸》的题中之意。我们都知道，哲学史上有个很熟悉的说法，"知识就是力量"（Knowledge is power），是培根提出的。在这一表述中，培根赋予知识以功利的使命——可化为力量。从一定意义上说，近代西方哲学的知识论转向就是在这么一个无形之幕的掩盖下展开的。随着这一信条的推行，知识，尤其科学技术知识就成了"力量"的化身。那么，我们今晚讲"修身的力量"，是不是要重走功利旧路呢？我想在儒家传统中，这个力量应该相当于今天的"意义"。就修身这一课题来说，《大学》《中庸》的意义到底何在？两位老师今晚将从各自的视角出发和我们一道分享他们最新的研究成果。

大家都知道，在《大学》中，修身具有非常重要的地位。《大学》不是在讲完"三纲领""八条目"后还追加了一句吗？"自天子以至于庶人，壹是皆以修身为本"，强调修身的重要性。这就是说，无论上自天子，还是下到庶民百姓，修身都非常重要。《中庸》未尝不是如此。《中庸》第一章讲,"天命之谓性,率性之谓道,修道之谓教。道也者,不可须臾离也,可离非道也"。这就是说我们时刻不能离开"人伦之道",然而面对这个"人伦之道",我们又如何能够保持须臾不离呢?答案是通过修身,用《中庸》中的话说,"修身则道立"。只有以修身为契机,所谓的"人伦之道"才是有意义的,如果不以修身为旨归,则任何意义上的"人伦之道"就会流于形式。所以,不管是《大学》还是《中庸》,都特别重视修身的意义。下面我们邀请两位老师分别从《大学》和《中庸》的角度讲一讲儒家的"修身"学说。首先请陈声柏教授开始上半场的演讲,主题是"《大学》与内圣外王之道"。

陈声柏:先谢谢有这个机会,上个月参加学术会议我刚来过这里,今天得缘再次前来,感谢你们这里有一个叫"中和论道"的学术"道场",这对我们学人来讲是一个不易获得却很重要的交流平台。我们在兰大也有个私人性的学术"道场",叫"山河论道",但不会有这么多人,因为我们是小范围的学术同仁以研讨班形式进行的,更书生气些。张美宏老师给我打电话说,希望这个道场能有更多人介入和参与,所以,我的设想就是:我们今天讲文化。讲文化的一层意思是说,有些人认为,"哲学"一般不太讲文化,哲学要讲的让人听不懂才叫哲学,听得懂一般被认为不哲学,文化当然属于后者。我今天讲的其实是一个常识,这个常识是针对中国传统文化的。当然,在正式讲述之前,我的确很感慨,羡慕贵校有这样一个好的环境,谢谢姜宗强副院长和张美宏老师的邀请!感谢各位老师的出席,等一会儿请多批评。同时,因为马上要面临期末考试了,还有这么多学生对这样的议题感兴趣,来参与讨论,是特别需要致谢的。

我今天讲的议题是"《大学》与内圣外王之道",今天的报告大体上不是一个严格意义上的学术讨论,而是我个人对中国传统文化理解的一些分享。从现代学术分科而言，我是研究"中国哲学"的，事实上，我更愿意说自己是研究"中国思想"或"中国文化"的。之所以有这个区分，是因为：严格意义的哲学（philosophy）这个词、这种思想方式、或者这件事是源自于西方的，具体而言是希腊，是迥异于中国传统精神特质和思想方式的。一般在哲学系里任职做中国哲学研究的老师，用哲学这种思想方式去接触中国的文献，感觉总是有点怪怪的，我们要使用哲学这个词及其思想分析中国古代文献和描述中国古代思想，总是感觉有点名不正言不顺，即便我们可以"做"一个"中国哲学"出来，也只是一个"妾"的身份，总进不了正室，我个人这种感受是很深的。当然，这只是提醒我们在研究中要"同情的理解"中国古代的人、事和思想，警惕"反向格义"带来误读问题。这并不意味着我认为哲学不能研究中国传统文化和思想，或者哲学对研究中国传统文化和思想没有帮助。这是我们今天讨论问题的基本方法论前提，当然这也是一个很重要的基本背景。

之所以从《大学》出发，就我的了解，作为中国文化和思想代表的《四书》中，《大学》排在首位，是"初学入德之门"，而且，认识的朋友里面一般没有说读不懂《大学》的，加之其文字简短。《四书》中的《论语》大家当然也不会说读不懂，但是内容有些多，因为文体的关系，系统性不如《大学》精炼简洁，加之平常被说得太多。剩下的《中庸》与《孟子》其实就难理解得多了。等一下李永亮老师会跟大家分享《中庸》里的内圣外王思想，是更有难度的。请看屏幕上的幻灯片，目录有五部分内容：一、引言：为什么要讲内圣外王之道？二、《大学》及其主旨：内圣外王之道；三、朱熹与王阳明的"格物致知"思想；四、天人合一：内圣外王与万物一体；五、内圣外王之道在今天的意义。今天不会讲这么多内容，因为时间有限，我大概重点讲一、二、五部分，三、四部分比较专题性一点，其实也只是我个人的一些想法。

首先的问题是，什么是"内圣外王之道"？我们为什么要讲它呢？"内圣外王之道"这个词大家都很熟悉，我们今天说起来一般都会跟儒家有关系，用这个词来概括儒家的思想。但实际上，这个词源自于《庄子·天下》篇："是故内圣外王之道，暗而不明，郁而不发，天下之人，各为其所欲焉，以自为方。"当然断句是可以有不同的，但我觉得在这一句里面，不同的断句并不影响对它的理解。我需要先跟大家交代一个很重要的背景：文本中"是故"之前在讲什么。《庄子·天下》篇的内容大家知道，无非是评论春秋战国时期各家门派的不同思想，"是故"之前，正是描述和批评所谓"道术为天下裂"之后诸子百家的思想状况，就是各家各执一辞，各讲各的道理。在作者看来，这是不对的，我们应该要讲"内圣外王之道"，"内圣外王之道"就是反对诸子百家各执一辞的偏执和分歧，强调有一个整全、平衡的"大道"。

《庄子·天下》篇里的这个内圣外王之道显然不是儒家的，一般认为是从道家的角度来讲的，它的内圣是指什么，外王是指什么，我们另说。明确用"内圣外王"这个词来概述儒家思想精神应该到宋代理学兴起之时了。最早使用该词的儒者可能就是北宋的程颢，据《宋史·邵雍传》记载，程颢一日与邵雍论道，大快而归，退而叹曰："尧夫，内圣外王之学也！"又见《河南程氏文集·传闻续记》："……明日，明道怅然谓门生周纯明曰：'昨从尧夫先生游，听其论议，振古之豪杰也。惜其无所用于世。'纯明曰：'所言何如？'明道曰：'内圣外王之道也。'"可以说，正是宋明理学的开创者之一程颢开启了后世儒者谈论内圣外王之道的先河。

中国直到近现代，在西方哲学进入以后，哲学家、思想家们开始反省中国文化精神，不约而同，大家都认同用"内圣外王之道"来概括和形容中国文化和思想精神的特质。梁启超先生就说:"'内圣外王之道'一语包举中国学术之全体,其旨归在于内足以资修养而外足以经世。"(《庄子·天下篇释义》)冯友兰先生则说:"在中国哲学中,无论哪一派哪一家,都自以为讲'内圣外王之道'。""所以圣人,专凭其是圣人,最宜于作王。如果圣人最宜于作王,而哲学所讲的又是使人成为圣人之道,所以哲学所讲的就是内圣外王之道。"(《新原道:中国哲学之精神》)汤一介先生也认为,"无疑中国传统哲学中的儒、道、释(中国化的佛教禅宗)均讲'内圣外王之道'"(《在非有非无之间·内圣外王之道》,台湾正中书局1995年)。

内圣外王真正的意义是什么?其实并不需要我去过多界定,大家都能够体会,"内圣"当然是强调一个人的内在的道德、德行,借用牟宗三先生的话来讲,中国哲学本来就是所谓的道德形上学,"内圣"就是,"内在于个人自己,则自觉地作圣贤工夫以发展完成其德性人格之谓也";"外王"就是,"外而达于天下,则行王者之道也"(《心体与性体(上)》)。意思是说,道德内在于人心,先要修心养性,这是讲内圣;然后再由己推人,就是说外王。比如说你有德性,是个品行高尚的人,那你会表现成什么样子呢?别人怎么会知道你有德性、品行高尚呢?一定得靠一些外在的行为或一些言论才能表达,才能看得到。

现在还需要梳理一下内圣外王这四个字对于中国文化精神解释的有效性,特别是对于儒家。我们知道,先秦时候的儒家,先不讨论简帛的问题,一般可以以孔子、孟子、荀子为代表。同时,我们也知道,孔孟的心性传统被宋明理学发现并昌明,我们一般会以为,宋明理学强调内圣的面向为多。当然余英时先生不满意这种印象,他写了《朱熹的历史世界》,就是指出宋明理学并不只是单纯强调内圣,还有外王的一面。同样,回到先秦那里,内圣外王其实是平衡的,因为孔孟本人的思想里就有很多外王的思想，且不说他们游说王侯的行动，单看孟子"仁政"的主张就可以了解。还有个荀子，荀子处理问题的方向跟孟子很不一样，作为韩非的老师，我们也看到他带来了后来的法家的某些传统，从这个意义上说，儒家与法家是有渊源的。这就意味着，外王的面向在荀子这里得到了平衡，甚至是强调。当然，荀子并不是一个不强调内圣的人，他是特别强调"圣"这个字的。这是先秦的情况，宋明理学和先秦子学之间的儒学思想如何体现"内圣"与"外王"？即汉代"经学"，加上新兴的道、释思潮——魏晋玄学和隋唐佛学。汉代经学的主流主要是在处理一些文字考据方面的技术问题，以及从"术"的层面运用儒学思想。一直到唐代中期，儒学的情况也大致如此，基本上是在外王的范畴下思考问题的。当然严格讲，这样说会有逻辑上的困难，因为这个阶段儒家思想没有后来形而上意义的内圣观念，理论上不存在内圣和外王的对子，自然讲它强调外王是很勉强的。那么，"内圣"的观念是怎么被发现出来的？这涉及宋明理学的兴起。我们知道，从汉代开始到隋唐，佛道两家渐成气候，成为儒家最大的挑战。而佛道特别是佛教给儒家最大的挑战也是最深刻的影响就是它讲形而上的东西，讲心性，讲生命的最后归宿，而这一时期的儒家主要在处理文史问题，讨论文字训诂、考据典章制度，缺乏高深的形而上考量，这或许也是玄学和佛学大行其道的原因。佛道的兴盛给儒学构成了一个巨大的挑战。自中唐韩愈、李翱到北宋五子（周敦颐、邵雍、张载、程颢、程颐），发明心性、建立道统，应对挑战，逐渐形成注重内圣的称为新儒家的宋明理学。在这种意义上，儒家之内圣是被激活的，内圣、外王之观念也由此真正形成，"内圣外王之道"也就开始成为理解儒家和中国文化的钥匙。当然，内圣外王的讲法并不总是平衡的，作为一组分析性的理论范畴，它其实是针对不同时代的问题有所侧重地进行强调。我们总结一下，大概的意思就是说，儒家在先秦的时候是内圣和外王两方面兼备,汉唐时期,儒家主要侧重外王,强调外王更多,宋明的时候则是强调内圣更多。大家再想想,宋明之后呢?一直到近现代的今天,似乎又强调外王了,以至于现在经常说,今天的中国人光有钱了,没有精神,社会上道德滑坡。看起来,"内圣外王"这个范畴还是具有解释力的。

回到我们的问题:今天我们为什么要讲代表中国文化精神的内圣外王之道?具体来讲,可以分为这四个要点:第一点就是经济崛起后的中国人面临"我是谁"的身份、价值认同问题。随着中国经济的崛起,越来越多的中国人有机会走出去,对外面世界的了解越来越广,交流越来越深入,有了比较,有了参照,就如同有了镜子,可以反观,可以借此看到自己的模样,但是又不确定看到样子就是真正的自己,这样,"我是谁?""我们(中国人)是谁?"的问题就呼之欲出了。这就是我们开始寻求精神上的"身份认同""价值认同"了。哲学上怎么回应这个问题,这需要从我们的传统上着手寻找,需要在比较的尺度上分析。

第二点,从我们高考作文考试说起:"写景要抒情"。我们都参加过高考,大家记得在高考大作文里一般是哪几种类型文体?议论文、记叙文。哪一种类型的文章一般是不能写的?说明文!为什么说明文的地位这么低?别的都可以写,说明文不能写?议论文、记叙文是最常见的,甚至写诗歌也可以,但大概没有一次是要求写说明文的。说明文只是客观描述、没有价值判断。客观描述某处某种风景,是不被认为有才识的,只有借此感伤抒怀了,才被认为是合理的。这就是"写景要抒情"的中国式教育,注意这里的感伤抒怀就是价值判断。我的问题是:写景为什么一定要抒情?光写景不行吗?这就意味着,跟事实判断相比,在我们的认识里,价值判断优先。

第三点,我们通常的教育理念:为学先为人,做事先做人。我们为什么会这样要求?我们的老师也好,长辈也好,天天都讲：为学先为人，做事先做人。我们为什么要常强调？如果大家熟悉西方哲学史的话，大家可能就会发现，西方的哲学家有不少在道德上是有瑕疵的。在历史事实上和在现在的历史教科书的写作中，为什么他们可以不在乎哲学家的为人呢？做人那么差，可是西方人还把他们写在历史教科书里，人们一直还在学习他们的知识！而中国思想家往往要求道德上不能有瑕疵，否则一票否决，写不进历史教科书的。你们看这个差别，这同样意味着：中国人更重视人们在价值上的道德操行，强调人的内在德性。

第四点，将我们刚才说的三点合起来就意味着：我们中国人注重人的道德、强调价值判断，这是我们的文化特质之一。跟前面讲的"内圣外王之道"联系起来，这也就是"内圣外王之道"在我们现实生活的体现。接下来的问题是，在我们的传统中是怎么讲"内圣外王之道"的？为什么要讲"内圣外王之道"？要回答这两个问题，现在学术界的共识是：最好通过《大学》来诠释。这就是我们今天讨论的议题选择《大学》这一文本的依据，《大学》正是在回答以上两个问题。

《大学》原为《小戴礼记》第四十二篇，唐代中期面对佛道挑战，韩愈、李翱师徒首发其心性之旨；北宋程颢、程颐兄弟把它从《礼记》中抽出，编次章句；朱熹将《大学》《中庸》《论语》《孟子》合编注释，称为《四书》，从此《大学》成为儒家经典。至于《大学》的作者，程颢、程颐认为是"孔氏之遗言也"。朱熹把《大学》重新编排整理，分为"经"一章，"传"十章，认为，"经一章盖孔子之言，而曾子述之；其传十章，则曾子之意而门人记之也"。就是说，"经"是孔子的话，曾子记录下来；"传"是曾子解释"经"的话，由曾子的学生记录下来。《大学》的版本主要有两个体系：一是经朱熹编排整理，划分为经、传的《大学章句》本；一是按原有次序排列的古本，即《礼记》中的《大学》原文。以朱熹《大学章句》本流传最广、影响最大。

朱熹认为《大学》是"为学纲目",且《四书》中以《大学》为最易晓,故读《四书》要先读《大学》。他引二程的话说:"初学入德之门也。于今可见古人为学次第者,独赖此篇之存,而《论》《孟》次之。学者必由是而学焉,则庶乎其不差矣。"《大学》讲什么呢?用朱熹的话讲,叫做大人之学。他说:"大学之书,古之大学所以教人之法也。"又说:"人生八岁,则自王公以下,至于庶人之子弟,皆入小学,而教之以洒扫、应对、进退之节,礼乐、射御、书数之文;及其十有五年,则自天子之元子、众子,以至公、卿、大夫、元士之适子,与凡民之俊秀,皆入大学,而教之以穷理、正心、修己、治人之道。此又学校之教、大小之节所以分也。"(《大学章句》)也就是说,"大学"是对"小学"而言,是说它不是讲"详训诂,明句读"、"洒扫、应对、进退之节"、"礼乐、射御、书数之文"的"小学",而是讲修己治人、治国安邦的"大人之学"。

以上是我今天演讲的第一部分:为什么要讲内圣外王之道。接下来讲第二部分,《大学》的内容及其主旨:内圣外王之道。我主要只涉及朱熹说的"经"的部分,一共也就214个字,7个句子(不算现代的标点):"大学之道在明明德,在亲民,在止于至善。知止而后有定;定而后能静;静而后能安;安而后能虑;虑而后能得。物有本末,事有终始,知所先后,则近道矣。古之欲明明德于天下者先治其国,欲治其国者先齐其家,欲齐其家者先修其身,欲修其身者先正其心,欲正其心者先诚其意,欲诚其意者先致其知,致知在格物。物格而后知至,知至而后意诚,意诚而后心正,心正而后身修,身修而后家齐,家齐而后国治,国治而后天下平。自天子以至于庶人,壹是皆以修身为本。其本乱而末治者,否矣。其所厚者薄而其所薄者厚,未之有也。"因为这个文本大家相对熟悉,加上时间关系,字句我就不

——详述了。基本上，我们可以概括其内容为：三纲（明明德、亲民、止于至善）八目（格物、致知、诚意、正心、修身、齐家、治国、平天下），八个条目是实现三条纲领的途径，其中"修身"最为根本。其主旨为：内圣（明明德；格物、致知、诚意、正心、修身）外王（亲民；齐家、治国、平天下）之道，内圣与外王并不是并列的，而是内圣优先于外王，只有做到了内圣，才可能外王；甚至，只要做到了内圣，外王自是水到渠成。

这里讲一下由韩愈发端的儒家"道统"观念。提到韩愈，大家马上想到的可能就是《师说》了。大家试想，他为什么要写《师说》呢？他的"师"是指谁？传道授业解惑的"道"又是指什么？他在《原道》中说："尧以是传之舜，舜以是传之禹，禹以是传之汤，汤以是传之文武周公，文武周公以是传之孔子，孔子传之孟轲，轲之死，不得其传焉。"这里的"是"就是"道"，这个传统就是"道统"，认同这个道统，宣讲这个"道"的人就是"师"。从这个意义上说，韩愈所谓的"师"跟我们今天说的"老师"并不相同，是有着明确儒家价值取向的特定传承人。他强调《原道》，写《师说》主要是批评佛老异端邪说，树立儒家正统。我们可以看看他说的话："传曰：'古之欲明明德于天下者，先治其国；欲治其国者，先齐其家；欲齐其家者，先修其身；欲修其身者，先正其心；欲正其心者，先诚其意。'然则古之所谓正心而诚意者，将以有为也。今也欲治其心而外天下国家，灭其天常，子焉而不父其父，臣焉而不君其君，民焉而不事其事。"（《原道》）这就是韩愈引摘《大学》里的内圣外王思想来批评佛老。

在韩愈的思想里面，借《大学》内圣外王之道批评佛老，此其一。另一点很重要的就是道统观念，儒家的道统观念就是他最早提出的。我们前面引用的《原道》说，尧传之于舜，舜传之于禹，禹传之于汤，汤传之于文武周公，周公传给孔子，孔子传之孟轲,至孟轲,不得其传也。大家注意,孟子死了之后,"不得其传"的意思就是"道统"断了,现在到韩愈这儿才重新捡起来了,后来宋明理学的真正创始者周敦颐、二程也都有这样的意思,孟子之后中断了,我失而得其传,儒家道统在我这里得到接续了。中国文化精神是什么?某种意义上,就是对传统的追随,一种遵从,不也是一种"道统"吗?

接下来第三部分,原计划以朱熹和王阳明对"格物致知"的理解为例具体阐释"大学"之旨,主要是讨论对作为"修养工夫"的中国文化的理解和实践问题。限于时间关系,我们就略而不谈了。

我们只是来看看王阳明的两个故事。一个是他格竹子的故事。格物致知,朱熹老先生的教导是说,今日格一物,明日格一物,日久一旦豁然贯通,则理穷性尽。王阳明年轻时按照朱熹的方法和朋友一同去格庭前的竹子。"众人只说格物要依晦翁,何曾把他的说去用?我着实曾用来。初年与钱友同论做圣贤,要格天下之物。如今安得这等大的力量?因指亭前竹子,令去格看。钱子早夜去穷格竹子的道理,竭其心思,至于三日,便致劳神成疾。当初说他还是精力不足,某因自去穷格。早夜不得鞭理,到七日亦以劳思成疾。遂相与叹圣贤做不得的,无他大力量去格物了。"(《传习录》下)这里王阳明劳而不得的"道理""理"指的是什么呢?我们推测,是指根据竹子看出做人的道理,比如,竹子空心引申做人要谦虚,竹子挺拔象征做人要正直。一般人可能都能想到,但是王阳明是个诚实的人,看到竹子的空心却联系不到做人谦虚,看到竹子挺拔更想不到做人正直。在他看来,竹子就是竹子,谦虚正直只是谦虚正直,这是两件事,前者是"外物",后者作为道德观念为"内心之理",是为"心物为二"。"心物为二"怎么打通呢?接着说:"及在夷中三年,颇见得此意乃知天下之物本无可格者。其格物之功,只在身心上做,决然以圣人为人人可到,便自有担当了。"原来,理在心上,不在外物,无假外求,只需正心诚意即可!

第二个故事是说:"先生游南镇,一友指岩中花树问曰:'天下无心外之物,如此花树,在深山中自开自落,于我心亦何相关?'先生曰:'你未看此花时,此花与汝心同归于寂;你来看此花时,则此花颜色一时明白起来,便知此花不在你的心外。'"(《传习录》下)你不是说心外无理,心外无物吗?你现在看到这个花,在山中自开自落,与你的心有何干系?王阳明的回答是:如果你没来这里看到此花时,此花对你来讲就是寂灭。王阳明借佛教术语"寂"说此花没有生发出来,不是说没有这个东西。也就是说,这东西在那儿跟你又有什么关系呢?你来到这里看到了它,花儿才鲜活的呈现在你面前,所以说心外无物。总体意思是说,不是说物有没有、存不存在的问题,而是说物对我而言有没有意义的问题。这是不同的关注视角。

总结一下,这两个故事就是再次阐明中国文化的思路里,关注的是"心"、是对于人的价值,也就是重内在、重体验、重道德的内圣外王之道。

第四部分要回应的问题是:中国人为什么会走上上述的"内圣外王"之道?

请看看中国人是怎么样看待这个世界及世界跟自己的关系的:"万物一体"的本体观。或许这也是一种对"天人合一"观念的具体解读。同样限于时间关系,我们这里也只能提及而不能展开,庆幸的是,在座的张美宏老师博士论文正好是处理这个问题的。略举几例:张载讲"民胞物与"(《西铭》),程颢说"仁者浑然与物同体"(《识仁篇》),王阳明"仁之而天下一体"(《大学问》)。最著名的说法莫若以下两段:"仁者以万物为一体,医书言手足痿痹为不仁,此言最善名状。仁者以天地万物为一体,莫非己也。认得为己,何所不至?若不有诸己,自不与己相干。如手足不仁，气已不贯，皆不属己。"（《遗书》二上。）"阳明子曰：大人者，以天地万物为一体者也。其视天下犹一家，中国犹一人焉。若夫间形骸而分尔我者，小人矣。大人之能以天地万物为一体也，非意之也，其心之仁本若是，其与天地万物而为一也，岂惟大人，虽小人之心亦莫不然，彼顾自小之耳。是故见孺子之入井，而必有怵惕恻隐之心焉，是其仁之与孺子而为一体也。孺子犹同类者也，见鸟兽之哀鸣觳觫，而必有不忍之心，是其仁之与鸟兽而为一体也。鸟兽犹有知觉者也，见草木之摧折而必有悯恤之心焉，是其仁之与草木而为一体也。草木犹有生意者也，见瓦石之毁坏而必有顾惜之心焉，是其仁之与瓦石而为一体也。"（《王阳明全集·卷二十六》）我们相信仁者万物一体，也就是说，他人、他物的痛痒是跟我们有关的，并且我们能感知到他人、他物的痛痒，人与人、人与物是能感通的。也只有以这样的本体认识为基础，我们才读得懂、体会得了张载"为天地立心，为生民立命，为往圣继绝学，为万世开太平"的伟大情怀！

第五部分，借简单讨论一下内圣外王之道在当今的意义以结束今天的演讲。第一，我要回应我之前提及的一个话题，西化与中国文化精神近代以来进展：西进中退。第二，作为中国文化精神的内圣外王之道还在吗？在哪里？请回到我最先举的高考和教育的例子。不是鲜活地证明这种价值好好地保存在中国人的伦常日用中吗？！第三点，内圣外王之道对世界有价值吗？我们讲中国文化精神、讲内圣外王之道，并不是借此说这是只适应中国人的判断，只对中国人有价值。恰恰相反，有了西方思想、哲学作参照、做镜子，我们要发现的是原创意义上的特殊性，适用意义上的普遍性。后者也就是普世价值。好比说，产生于西方的一些价值比如科学、民主对于中国适用，产生于中国的一些价值如内圣外王、万物一体观念对于西方人同样适用。按照这样的理路，内圣外王之道可以在美德伦理的意义上揭示出其普世的价值。就好像刚才我讲的伦理道德的仁,不是一个底线伦理,而是一个美好的理想境界。

最后有一个说明,今天分享的不是一个严谨论证的学术研究,而是一个读书体证的生活事件,窃以为,这正是中国文化的生命所在,也是中国哲学的特征所系。仅供参考!我就讲到这里,谢谢大家。

张美宏:谢谢声柏教授!他刚才的这个报告信息含量很大,内圣外王之道作为儒家的理想信念几乎是不争的事实。在历史上,《论语》和《孟子》都对这一构想做过比较清楚的界定。在《论语·为政》篇中,孔子指出:"道之以政,齐之以刑,民免而无耻;道之以德,齐之以礼,有耻且格。"我们可以看到,在国家治理方面,孔子非常反对纯粹技术性的政治操作,而是更多地诉诸深沉的伦理关切。不过,真正把内圣外王之道提升到心性高度的应该是孟子。孟子有句话大家可能并不陌生,"人人亲其亲,长其长,而天下平"。(《孟子·离娄上》)如果每个人都各尽其责,各安其分,那么,治理天下问题就会变得易如反掌。所以,孟子主张内修心性,在一定程度上是要为外在的政治伦序作某种承诺,Commitment,即担保。担保也好,承诺也罢,总之,在孟子那里,一个纯粹的政治问题最后被化约为一个伦理问题,或道德修养问题。当然,从孔子到孟子大概一直是这个意思,只是到了《大学》,这个意思开始变得更加明确。我们从格物、致知、诚意、正心、修身、齐家、治国、平天下的"八条目"可以看到,所谓的治国、平天下理想最终都可还原为"壹是皆以修身为本",这样,《大学》实际上把一个宏观的政治理想化约为一个完全关乎个体修养的伦理问题。关于《大学》修身之道的探讨我们暂且告一段落,下面我们欢迎永亮博士开始下半场的演讲——"《中庸》的内圣外王之道"。

李永亮：各位老师，各位同学，大家晚上好！感谢中和集团为我们提供这样一个平台，今天来和大家分享学习《中庸》的一些心得。大家看我这个题目（《中庸》的内圣外王之道）和陈老师的有什么区别？陈老师说《大学》与内圣外王之道，我所要讲的是《中庸》之中的内圣外王之道。刚才大家也感受到陈老师是用比较广博的视野，用历史的眼光、比较的角度来讲，而我本人主要从《中庸》的原文来谈。具体讲四个方面：一、《中庸》内圣外王之根据；二、《中庸》内圣外王之展现；三、《中庸》思想之圆融；四、内圣外王之流变。第一、第二和第四大家很容易看清楚，为什么要讲第三点？第三点是要阐述内圣和外王的关系。

先来看一段话："是故内圣外王之道，暗而不明，郁而不发，天下之人各为其所欲焉以自为方。悲夫，百家往而不反，必不合矣。后世之学者，不幸不见天地之纯、古人之大体，道术将为天下裂。"这段话刚才陈老师引了一部分，我把后面的内容也引用了，我们可以看看其内容。实际上庄子对上古的文化是比较精通的，不光是道家的思想，他对战国之前的整个文化是特别熟知的。他用内圣外王来概括，不仅符合道家，也符合儒家的思想，后面会给大家详细地来分析。通过这段话我们也能看到内圣外王实际上是一个比较高的标准。尤其最后一句，诸子百家在庄子看来是有一定问题的，因为他们很难再把握天地之纯、古人的大体。比如说我们所熟知的法家，法家关注的主要是外王，很少讲内圣，很多法家的人物在内圣方面做得确实不够。所以庄子认为在他所处的那个时期诸子百家已经很难达到内圣外王。按照儒家的思想来看，尧舜禹、商汤、周武王等是内圣外王的典范。不过我们今天谈内圣外王已经泛化，不是在讲最高的标准。最高的标准是内在讲述圣人之德和圣人之才，外在讲述王道。王道是儒家最高的政治理想，真正的平天下在实行王道政治。和王道相对应的是霸道，霸道之下就是侵略与掠夺。而王道是中国古人理想的政治模式。

下面讲第一部分：《中庸》内圣外王之根据。我们谈内圣外王，要看它的根据在哪里。按照中国传统文化尤其是儒家的思路，不可避免要提到天道，天道就是根据，用今天的哲学术语来讲就是本体，要去寻找到终极的形而上根据，儒家经常用天或者天道来表明。《中庸》说："天命之谓性，率性之谓道，修道之谓教"，这是《中庸》的开篇，也可称为它的纲要。这三句如何来理解？天所赋予人的称为本性或者说是性理，而人遵循这样的性理去做形成所谓的正道、大道，但在现实当中人去做的时候往往会过或不及，对这样的道进行调节或修正就称为教育或教化。举例来说，天赋与人的性理是什么？性理对于人来说就是人的五常之德，或者按照《周易》的话来讲就是自强不息、厚德载物等，这是人之所以为人的性理。人遵循这样的性理去做，就形成五伦大道，父子有亲、君臣有义、朋友有信、夫妇有别、长幼有序，即所谓的人际关系的大道。但是我们看历史、看现实，五种关系之中，往往有些人可能做得有点过，有些人没做好。比如说父母爱护子女，有的就变成溺爱了，溺爱就叫"过"。而有些明显是对子女不够关心，这叫"不及"。对于这样的人遵循的道进行一定的调节，形成各种教育教化。如果说按照儒家的观点来讲，有些人是生而知之、安而行之的，对于他来说就不用所谓的教育教化，因为他已经处于这种本然状态，已经做得很好，就是标准。但是绝大部分人不是如此，所以才需要教育教化。这是儒家特别强调教化的原因。

《中庸》说："喜怒哀乐之未发，谓之中；发而皆中节，谓之和。中也者，天下之大本也；和也者，天下之达道也。致中和，天地位焉，万物育焉。"这段话也是在《中庸》的开头，也是特别有名的一段。喜怒哀乐是人的情绪，当人的这四种情绪没有表现的时候，就称为"中"的一种状态，也是所谓的本体的一种表达。因为他没有表达出来、没有表现出来，就是没有偏的，就把它表述为"中"，把它称为天下之大本。天下之理由此本体而发。而我们更容易感受到的是什么？就是后面喜怒哀乐等情绪发出的状态。这种状态可能大家每天都有，但如何能达到合适、恰到好处？这是一个难点。而往往我们的喜怒哀乐可能有偏，比如说把自己气得脸色发青，我们有时候可能有这样的经历。而儒家特别强调"发而皆中节"。儒家并不是说让大家没有情绪，或者说不让大家发泄情绪。比如说"怒"，儒家提倡"武王一怒而安天下"。周文王、周武王都有这样怒的表现，但是他们的怒不是为了个人情绪的宣泄，而是为了救民于水火。这种怒是儒家所提倡的，这种发就称之为和。"致中和，天地位焉，万物育焉"，致中和可以说是内圣的一种表现，它的效果是天地安其位，万物各顺其生，万物各得其所。当然这是一个比较高的标准，也是一种比较理想的状态。把人和天地万物联系起来，也可以体现出我们今天晚上讲座的主题："修身的力量"。人和天地万物如何结合起来，儒家是有这样的表述的。后面第三部分提到《中庸》思想的圆融性，我们可以一起再来分析。

《中庸》说："诚者，天之道也。"这一段话对天道有一个表述，天道如何给大家展现？就是这个"诚"。"诚"是《中庸》当中一个关键字，出现很多次，它既可以表达本体，也可以表达具体的一种方法、一种工夫。按照《中庸》的原文，"诚"是指真实无妄的一种状态，比如日月的运行，天体的运行，它是运动的不停息。《周易》讲"天行健"，这就是真实无妄的一种表达。而我们人也可以做到，不过完全做到真实无妄是圣人的一个标准，一般人总会有懈怠，很难真正做到真实无妄。

天道和人如何联系起来？可以通过两段话来看。第一段话："诚者，不勉而中，不思而得，从容中道，圣人也。"刚才说真实无妄，我们能做到一部分，而圣人应该是做到极致，他在人群当中达到极致。这段话前面还有内容，就是要"明乎善"。而圣人对于善，不勉强就可以符合善，不思考自然符合善、达到善。而大多数人需要勉强、勉励而为，好好思考、琢磨，才能符合这种善。圣人的表现从容中道，自然就符合这种正道、大道。儒家认为，圣人与天合一、与天为一，可通过这一句话去理解。第二段话："唯天下至诚，为能尽其性；能尽其性，则能尽人之性；能尽人之性，则能尽物之性；能尽物之性，则可以赞天地之化育；可以赞天地之化育，则可以与天地参矣。"真正做到真实无妄，尽己之性，尽人之性，尽物之性，最后可以"赞天地之化育"。"赞天地之化育"，是指可以帮助天地化育万物，比如说在古代，很多时候人可能会遭受自然灾害的侵袭，而人用各种办法，包括建筑房屋，以及其它的一些措施，使人得到比较好的保护。帮助天地化育万物，人们做这些事情，最终达到与天地并列的地步。这是第一部分讲内圣外王的根据。

接着谈第二部分：内圣外王的展现。分内圣和外王两方面来谈，先讲内圣的展现。《中庸》的思想来自于孔子，《论语》说："知者不惑，仁者不忧，勇者不惧。"这个"知"是通假字，通智慧的智。而《中庸》也说："天下之达道五，所以行之者三：曰君臣也，父子也，夫妇也，昆弟也，朋友之交也，五者天下之达道也。知、仁、勇三者，天下之达德也，所以行之者一也。"前面我们提到五伦大道，它是对现实生活中人际关系的一种凝练，概括为五个方面。如何来落实这五个方面？就靠智仁勇。真正知道了这五个方面对人的重要性，有了这样的智慧，并且身体力行，不畏惧退怯。这就是说用智仁勇来实现五伦大道。"所以行之者一也"，"一"就是真实无妄，没有虚假、也没有间断的就叫"行之者一也"。《中庸》还有一段话："好学近乎知，力行近乎仁，知耻近乎勇。知斯三者，则知所以修身；知所以修身，则知所以治人；知所以治人，则知所以治天下国家矣。"因为前面的智仁勇相对来说难以做到，在没做到之前，怎么办？通过好学、力行、知耻，来达到三达德。这就是修身所要做的。对于大多数人来讲，就从这三个方面来做。明白这三个方面以后，就可以治人、治天下国家。《中庸》还有一段话，通过四个方面来表达内圣，即"唯天下至圣，为能聪明睿知，足以有临也；宽裕温柔，足以有容也；发强刚毅，足以有执也；齐庄中正，足以有敬也；文理密察，足以有别也。见而民莫不敬，言而民莫不信，行而民莫不说。是以声名洋溢乎中国，施及蛮貊，舟车所至，人力所通，天之所覆，地之所载，日月所照，霜露所队，凡有血气者，莫不尊亲，故曰配天。"四个方面就是仁义礼智。以宽裕温柔、发强刚毅、齐庄中正、文理密察来表达仁义礼智。大家都知道仁义礼智信五常，在汉代时把五者明确地并列起来。而之前的典籍当中，像《中庸》和《孟子》都提到仁义礼智四个方面。这也是表达内圣根本的四个方面。做到了仁义礼智会有什么表现？"见而民莫不敬，言而民莫不信，行而民莫不说。"大家会很恭敬，很敬重，所说的百姓很相信，所行的百姓很高兴。真正做到了内圣外王，只要是人所到的地方，天所覆盖的地方，地所承载的地方，只要是有血气的，都会尊敬亲近，达到"配天"，与天合一。内圣在《中庸》当中主要通过三达德和仁义礼智来展现。我们若对《论语》和别的经典有了解，就知道表达内圣还有其他的词语。在《论语》当中讲"仁"，一个字表达全体、心之全德。这也是内圣的一个表现。在《论语》当中还有仁和义，以及仁和智，分别用两个方面来表达内圣。今天所讲的智仁勇，仁义礼智，以及后来提倡的五常，这些都是内圣的一些展现。

下面讲外王，先来看《中庸》的原文："凡为天下国家有九经，曰：修身也，尊贤也，亲亲也，敬大臣也，体群臣也，子庶民也,来百工也,柔远人也,怀诸侯也。修身则道立,尊贤则不惑,亲亲则诸父昆弟不怨,敬大臣则不眩,体群臣则士之报礼重,子庶民则百姓劝,来百工则财用足,柔远人则四方归之,怀诸侯则天下畏之。"严格来说,修身是内圣的内容,从八个方面来谈外王:尊贤,亲亲,敬大臣,体群臣,子庶民,来百工,柔远人和怀诸侯。真正做到内圣,要有修身的功夫,所谓的大道就能确立,外王的标准才能实现。治国要靠有德有才的人,《中庸》明确讲要想实现治国平天下,首先自己修身,其次就要尊贤。贤就代表德才兼备的人。有这样的人辅佐,就可以对事情比较清楚而不容易迷惑。除了任用贤才、提拔贤才以外,下面要做的就是亲亲,也不能忽视自己的亲人。中国古代有封建制度,比如周朝天子把自己的亲戚分封到各地。这是古代维系政权的方法。古代这种大家族比较多,处理好亲人之间的关系很重要。"敬大臣则不眩",不眩和不惑的意思差不多,都是对事理清楚而不迷惑。大臣和群臣是有区别的,大臣是国家的顶梁柱,比如汉朝的张良、萧何、韩信这样的人能称得上是大臣,而其他作用没那么明显的就叫做群臣。一定要敬大臣,确实把他们看重。我们知道刘邦重用韩信,是斋戒设坛拜为大将,真正给他信任,真正让他掌权,对大臣要有这种敬重。对群臣这些做事的具体官员应该体恤体谅他们,考虑他们物质方面的需求,考虑他们心理方面的因素。这样做到之后,群臣对国家的事情应该就会尽心。子庶民就是爱民如子。所以我们古代把官员叫父母官,这个称呼是很有道理的。不过可惜的是古代很多官员没有做到爱民如子。把百姓当做自己的孩子一样对待,爱民如子,这是很高的标准。后面还有来百工,除了农业之外还需要工艺工匠,这是国家所需要的。柔远人,就是善待远方来的人。怀诸侯,是在分封制背景之下安抚各个地方的诸侯国。只要把这些诸侯国安抚好,那么天下人就会畏服。这是具体的九个方面以及九个方面的成效。

《中庸》还提到九个方面如何来做:"齐明盛服,非礼不动,所以修身也;去谗远色,贱货而贵德,所以劝贤也;尊其位,重其禄,同其好恶,所以劝亲亲也;官盛任使,所以劝大臣也;忠信重禄,所以劝士也;时使薄敛,所以劝百姓也;日省月试,既禀称事,所以劝百工也;送往迎来,嘉善而矜不能,所以柔远人也;继绝世,举废国,治乱持危,朝聘以时,厚往而薄来,所以怀诸侯也。"大家可以看出这几个方面的讲解并不是严格意义上的下定义式的一种表述,它是把最核心的内容列举出来。如何做到修身?"斋明盛服",斋戒身心,服装穿得很端正,内心比较清净。"非礼不动",大家都知道在《论语》当中有四勿,"非礼勿视,非礼勿听,非礼勿言,非礼勿动",不符合礼的行为就不去做,这就是修身的要求。孔子告诉颜回的四个条目也可以说是修身的四个方面。如何来劝勉贤人?"去谗远色,贱货而贵德",就是不去听信谗言,远离美色,不要太看重钱财,而要看重德行。如何来劝亲亲?对亲人进行分工,使他们有爵位有俸禄,和他们的好恶保持一定的类似性。如何劝大臣?刚才讲了像张良、萧何这样的大臣,不能事无巨细都让他们去做。真正的大臣对一些具体的事务没必要事必躬亲,需要给大臣配备下属官员去做事务性的工作,否则大臣很难忍受,会觉得特别辛苦,也很难再决定大政方针。事务性的工作让士人、一般官员去做,给他们忠信重禄,要信任他们,以诚相待,这是精神方面,同时给予重禄,给他们提供丰富的物质条件,这样才能劝勉士人、官员。如何来劝百姓?"时使薄敛"。古代农业社会特别强调时令,耽误了种庄稼,就没有收成,百姓就饿肚子,所以说让百姓做事情一定不能以牺牲农时为代价,要在农闲的时候去修造城墙,或者从事其他的劳役。"薄敛"就是要少收税。劝勉百工要"日省月试,既禀称事",就是经常进行检查考核,按照劳动给予报酬。如何善待远方的人?"送往迎来,嘉善而矜不能",远人来了要好好欢迎，远人离去要欢送，对那些表现特别好的要进行嘉奖，对有些做得不太好的要体恤。如何"怀诸侯"？"继绝世，举废国，治乱持危，朝聘以时，厚往而薄来"。这些举措在夏商周三代体现得好一些。比如说周朝在建国的时候就把大舜的后代子孙找出来，把他分封到陈国。因为尧舜禹这样的人对国家有很大的贡献，他们的后人可以享受一定的优待，这叫继绝世，举废国。而不是斩草除根，把前朝的都灭掉。我们也看到周朝建国时把商朝的子孙分封了，虽然说后来武庚作乱，但平叛之后还是分封微子启于宋国。"治乱持危"，如果这些诸侯国当中有动乱，帮其平定；有危难，帮其扶持。"朝聘以时"，古代的诸侯去见天子是有时间规定的，比如说五年诸侯去朝见天子，平时三年或一年派使者过去，而不能让诸侯频繁地朝见，尤其是比较远的诸侯国的国君。"厚往而薄来"，对诸侯国来的人要多多赏赐，而让他们少纳贡。《中庸》把九经讲得特别好，这就是外王的主要内容。

中国古人有外王的精神，虽然说后来的王朝做得不太好，但是中国古代很少主动去侵略其他国家，应该说是一种比较包容的心态。刚才讲了外王的一些具体做法，九经代表九个常道。下面将外王的几个标准介绍一下。《中庸》最后一段话："《诗》云：'予怀明德，不大声以色。'子曰：'声色之于以化民，末也。'《诗》曰：'德輶如毛。'毛犹有伦，'上天之载，无声无臭'，至矣！"引用《诗经》的内容、孔子的话来讲外王，可以达到什么程度？《诗经》里以上天的口吻来对周文王讲，我眷恋你有这样的明德，不靠外在的东西来使百姓幸福，而是靠修身、靠德来使百姓幸福，并不靠威权不靠武力。而孔子也说靠这种外在的东西来教化民众是差一等的做法。《诗经》还讲到用德去教化、去治国平天下，其作用的呈现不是显而易见的，但并不是说没有成效。比如说治国靠经济利益的诱惑，靠武力的强迫，这是太过了。而靠德来治国不像前面那样的突出，还是有物可以比的。而上天之事是无形的，上天化育万物、四时的运行既没有声音也没有气味，可以说是一种无相的状态。这是内圣外王达到极致的标准。在《五经》当中还有其他的记载，尧舜之时老百姓甚至不知道帝王的存在，因为他已经做得很好，老百姓甚至没什么讲的，没什么说的。这是最高标准无相的一种状态。像前面提到的尧舜，《论语》记载了他们的治国效果，《论语·泰伯》："大哉，尧之为君也！巍巍乎！唯天为大，唯尧则之。荡荡乎！民无能名焉。"《论语·卫灵公》："无为而治者，其舜也与？夫何为哉？恭己正南面而已矣。"可以看出尧舜治国特别好，没什么说的。大舜是无为而治，无所为而为。《尚书》称尧"光被四表，格于上下"，《诗经》称文王"自西自东，自南自北，无思不服"，都体现了外王的标准。

讲外王，还要提到一点，就是"与时偕行"，按照今天的话就叫"与时俱进"。因为讲外王就难免涉及到制度和具体的措施，而这些是可变的，而内圣的内容如智仁勇、仁义礼智是具有永恒意义的，在任何时代是不会变的。《中庸》《周易》《孟子》把"时"讲得很到位，如《中庸》说："君子之中庸也，君子而时中。"《中庸》又说："诚者非自成己而已也，所以成物也。成己，仁也；成物，知也。性之德也，合外内之道也，故时措之宜也。"做外王事业，不是说一成不变的，不是说复古或者守旧。《中庸》说"时中""时措之宜"，都在讲要随时而变，根据时代而变化。"成己，仁也；成物，知也"，成己代表内圣，成物代表外王。《周易·损·彖》说："损益盈虚，与时偕行"，该增加的增加，该减损的减损，就是指在制度、措施方面加以改变。《孟子·万章下》说："孔子，圣之时者也"，孔子是一个典范，知时，善于把握时，可以说是"与时偕行"的楷模。

关于孔子是圣之时者，可以通过《论语》的两段话来看。《论语·为政》："子张问：'十世可知也？'子曰：'殷因于夏礼,所损益,可知也;周因于殷礼,所损益,可知也;其或继周者,虽百世可知也。'"孔子的一个学生子张问,周朝之后十个朝代可以了知吗?孔子回答说,商朝沿袭了夏朝的一些礼仪,但是有些具体的仪式方面有损益,有增有损,这都可以知道;周朝继承了商朝的礼仪,一些根本的方面继承下来,但有些仪式方面进行了一些损益;那么周朝之后的朝代在这个方面也是一样的,在做外王事业的时候,该变的变,该坚守的坚守,而不能一概否定,也不能全盘接受。《论语·卫灵公》:"颜渊问为邦。子曰:'行夏之时,乘殷之辂,服周之冕,乐则韶舞。放郑声,远佞人。郑声淫,佞人殆。'"夏朝有哪些可以继承的?孔子举例子来说,夏朝的时令、时间。大家都知道,我们今天用的农历就是夏历。夏历以正月为每一年的开始,商朝是以十二月为每一年的开始,而周朝以十一月为每一年的开始。用正月为每一年的开始最符合人道,这个时令制度最符合人本位,孔子认为应该用夏朝的时令。商朝的车子做得比较坚固结实,很耐用,他认为可以用商朝的车子。而周朝礼帽文质兼备,之前的礼帽也有,但是不像周朝做得那么精美,且周朝规定不同的地位戴不同的帽子,所以说要"服周之冕"。音乐方面则"乐则韶舞",因为韶乐尽善尽美。孔子举各个朝代比较好的例子,来给大家讲治国平天下应该怎么做,要吸收之前每个朝代最好的东西,把它继承下来。比如说孔子处春秋之际,属于周朝,他那个朝代礼帽方面做得比较好,就可以继续来用。所以大家可以看到,孔子的圣之时者绝不是复古守旧。我们今天做外王事业应该同样有这个眼光,既吸收前代比较好的制度、措施,同时对该损减的也是要损减,该去掉的要去掉。

第三部分谈《中庸》思想的圆融性。大家看到"圆融"二字,可能从日常角度来理解。这里引用佛家华严宗的一些思想,大家可以看出圆融有自己特别的含义,而儒家可以说比较契合其思想。《中庸》是在佛家传入中国之前就产生的典籍，其思想可以和佛家进行会通。华严宗有行布门、圆融门之说，先看《三藏法数》对二门的定义。行布门："谓经中广明十住、十行、十回向、十地、等觉、妙觉四十二位法门，行列分布，令诸菩萨修行证入，从浅至深，次第不同，故名行布门也。"圆融门："谓经中广显法界之理，圆融无碍，令诸菩萨于前四十二位之中，了知随举一位，即摄诸位，功德无障无碍，故名圆融门也。"《华严经》提到菩萨修行的位次有四十二位，正常情况下是从浅到深，行列分布，就像我们今天说从小学一年级到六年级这样一个顺序来排列，这称为行布门。但是佛家的义理还讲所谓的圆融，圆融指在任何一位当中都可以具备其他之位的内容。举一个不恰当的例子，有些学生上小学的时候特别有智慧，他在一年级的时候可能已经掌握了六年级的内容，应该有这样的人，不过这样的人比较少。这是一个不太恰当的来说明圆融的例子，大家大概了解一下。佛家讲有行布、圆融两种表现，有些经典比较强调行布，有些经典比较强调圆融。圆融最典型的应该是顿悟，立地成佛。比如《法华经》中的龙女当下成佛，就是关于圆融很好的一个例子。

那么儒家的哪些思想可以体现圆融？《中庸》说："致中和，天地位焉，万物育焉。"又说："君子笃恭而天下平。"先看第一句，真正把中和的道理能推到极致，达到圆满，那么外在的天地万物的状态也会随之而变化。第二句提到，内圣的功夫达到笃恭，就能实现天下平。《论语》当中也有类似的表达，可以看出《中庸》对《论语》思想的继承性，就是"一日克己复礼，天下归仁"。当然对于"一日克己复礼，天下归仁"，大家有不同的理解。有人认为"天下归仁"是天下之人都相信、认可其仁。另外一种理解是说，真正达到克己复礼，在这种状态当中，事事皆仁。什么叫克己复礼？是指克制自己的私欲来达到礼的状态。

人克制自己的私欲与礼相应，最终达到与天理的相应。礼和乐相连，礼乐是根据人的本性、根据天理而制定的，就像开篇讲"天命之谓性，率性之谓道，修道之谓教"，礼乐是教化的内容，所以说它是有天道的根据的。但是我们国家到明清的时候很不幸，尤其是礼的制度严重扭曲、变味，变成吃人的礼教。而在以前，尤其是在周朝的时候，礼的正面作用发挥得比较多。《中庸》和《论语》的话让我们看到内圣与外王的圆融性。中和以及笃恭、克己复礼是内圣的表现，而天地位、万物育、天下平、天下归仁是外王的表现。

最后来讲讲内圣外王的流变。这部分本来我想多讲一些，但是前面陈老师已经讲得很好，他用历史的视角把内圣外王分析得已经很多，我就简单的来讲一讲。在《中庸》当中，有一句话："仲尼祖述尧舜，宪章文武。"仲尼就是孔子，他所效法的、推崇的就是尧舜、周文王和周武王，他们是内圣外王的标准，内在有圣人之德、圣人之才，而外在也实现了王道。《孟子·尽心上》说："尧舜，性之也；汤武，身之也；五霸，假之也。"孟子在此讲到了春秋时期内圣外王的流变。尧、舜、禹、商汤、周文王、周武王等人实现了内圣外王，但是在夏、商、周各朝中晚期也出现了很多问题。什么叫"尧舜，性之也"？就是说尧舜这样的人是属于生而知之、安而行之的人，他做事业毫无勉强，该怎么做就怎么做，内圣外王自然而然就做到了，不勉而中，不思而得，这就是性之也，本性如此。而汤武是"身之也"，通过修养来恢复本性，但是达到之后是一样的。后面的春秋五霸已经远离了尧舜汤武的那种境界，他们是假借仁义的名义来治国平天下。虽然说五霸也做了很多值得称道的事，对国家对百姓有大利益，不过他们的内心不是真的要仁义，而是打着仁义的旗号来做事。所以说假之以仁，他们假借仁义来治国，不是内心真正地想这么做，他们的内心没有达到仁义的状态。更不要说后代的夷狄之道，就是烧杀掳掠，完全用武力，以及进行经济等方面的掠夺，那跟五霸的差距已很远，更不用说跟王道相比。

下面引两个人的话，第一个是熊十力。他说："孔子内圣外王的精神，庄子犹能识之。至宋明诸师，而外王之学遂废。自此，民族愈益式微。此非我辈今日之殷鉴耶？夫以学业言之，人生精力自有限，长于此者，短于彼。然识量所涵，则不当拘此而遗彼也。"他提到孔子内圣外王的精神，庄子还认识，还能明确地表达。所以说内圣外王被儒道两家用，应该说既符合儒家的精神，也符合道家的精神。道家认为人应成为真人，成为真人之后治国平天下是小菜一碟。修身达到内圣之后，外王也就不在话下。熊十力又提到宋明时代外王之学的衰落。宋明时期儒家的心性之学是我们今天学习的重要内容，宋明儒家确实挖掘得特别好，远远超越了汉唐时期。不过他们在外王方面表现得不尽如人意，但是这也不能全怪他们。这或许牵扯到我们的国运，可以说从宋朝开始，中国的国运就开始走下坡路。他们虽然把内圣之学弘扬开来，但外王没能达到，宋朝的积贫积弱我们都很清楚，后来从明朝到清朝，特别是清朝处于低谷。而熊十力认为即使在外王方面不能实现像尧舜禹时代的情况，但至少要有这样的认识，不能认为只有内圣就行，更不能认为只有外王就行。

第二个人是马一浮，也是现代新儒家的代表人物。他说："今人不知有自性，亦即不知有天道，视天地万物皆与自己不相干，于是人与人互相贼害，威侮五常，暴殄天物，而天地亦为之不位，万物亦为之不育矣。"马一浮讲的是他那个时代的文化，"今人"就是指民国时期的人。在民国时期，中国人对内圣很漠视。民国时期漠视内圣是有原因的，满清政府不允许汉人研究心性之学，让学者们毕生精力耗在故纸堆里，做学问不明白大道，到民国时期就出现这种状况，不知道内圣外王的重要性，更不知道内圣外王的根据——自性和天道，自性和天道就是本体。出现的结果就是天地万物皆与自己不相干，人与人之间互相伤害，暴殄天物，天地不位，万物不育。内圣外王的根据、天道观念，以及内圣的修养功夫一旦被抛弃，后果难以想象。我今天就讲这么多，谢谢大家！

张美宏：谢谢永亮博士全面、细致的演讲，他的演讲从《中庸》开始，延伸到华严宗，再到现代新儒家马一浮等人。关于《中庸》的内圣外王之道，我们前面已经注意到了《中庸》开篇的那三句话（"天命之谓性，率性之谓道，修道之谓教"），对于这三句话，汉人和宋人有不同的理解。何为"命"？二程、朱熹等理学家把"命"理解为是人性禀受天理的根据，这个理解明显有点孟子"性天统一"的味道。但在今天看，这个理解可能是有点问题——过多地偏向思辨性，因为理学毕竟代表了公元10世纪到16世纪这600年间人们的思维方式。汉代人更愿意以"令"解"命"，"性"广义上可以理解为规定性，从天命的角度讲，人之为人的规定性是不以任何个体的改变而改变，所以具有普遍性。"率性之谓道"，"率"是遵循，遵循人道原则，或"人伦之道"——"五达道"（君臣、父子、夫妻、兄弟、朋友）。它们一并构成了个体在政治、社会层面的五种基本关系。表面上看，君臣关系今天虽然没有，但实质上今天依然有领导和下属关系，甚至，在公司里一定有管理层和普通职员的区分，在一定意义上，这也算一种广义的君臣关系。"五达道"是儒家对人在社会、政治层面所面对的几种关系的一般理解，这五种关系如何在内圣的维度得到担保？《中庸》强调通过修道之教化，"修道之谓教"，成就智、仁、勇"三达德"，即"知（智）者不惑，仁者不忧，勇者不惧"（《论语·子罕》）。"勇者不惧"的"勇"字很好理解，就是一种果断的道德担当能力。仅有担当能力尚且不够，还需要"智"来辨别其中的是非曲直。如在临危受命的情境中，到底是生还是死，应当有个选择吧！这种选择的做出，需要有一种对正义（"义"）的清醒认识，因为有时候为"成仁"而选择杀身（死），但结果却反而有害于"仁"，所以，需要用"智"来打消选择上的困顿（"惑"）。

记得《论语》中有一条记载，是孔子和弟子讨论管仲该不该死的问题，事情的经过需从《左传》的记载说起。齐襄公无道，鲍叔牙担心齐国将会出乱子，于是护送公子小白提前奔赴莒国避难。此后齐国果真发生内乱，公孙无知弑杀齐君。危急之下，管仲、召忽护送公子纠去了鲁国。等内乱平息，围绕君位继承问题出现了内斗，其中鲍叔牙支持小白，管仲、召忽力挺公子纠。结果公子小白争得君位（小白就是历史上大名鼎鼎的齐桓公），公子纠则被处死。见此情状，召忽效忠而死，管仲则请求囚禁自己。由于鲍叔牙非常赏识管仲的才能，于是上请齐桓公赦免管仲。开明的齐桓公最后不但采纳了鲍叔牙的建议，而且，还委托管仲以重任。管仲辅齐，励精图治，齐国一度称雄天下，齐桓公因此不假武力而会合诸侯。通过组织数次盟会，使原本衰微的周室在一定程度上有所复兴，更为重要的是，天下万民因此也从中获得了真正的实惠。公子纠被处死后，管仲到底该不该死呢？尽管孔子的弟子极力主张管仲应该像召忽那样为主子效忠而死，但孔子却非常反对管仲去死，他说："桓公九合诸侯，不以兵车，管仲之力也。如其仁！如其仁！"按孔子的意思，召忽心中只有他的主子，其死只能是士为知己者死；管仲不死并不意味着他无视主子，重要的是他心怀天下，在辅佐齐桓公期间，他劝诫齐桓公以和平（"不以兵车"）的方式会合诸侯，这是管仲的"大智"所在。

还有另外一个是"仁者不忧"的问题，就是儒家的求仁理想。其实，之前两位老师都提到过，儒家的求仁理想是非常远大的理想，"仁者"怎么会不忧？《论语》说"求仁而得仁，又何怨"？一个人如果以求仁为理想，那么，在这个过程中一旦行仁、得仁，即便遇到一些小小的困难或麻烦又能算什么？何怨之有？孔子赞美颜回"不改其乐"就属于这种情况："一箪食，一瓢饮，在陋巷。人不堪其忧，回也不改其乐。"分析地说，箪食、瓢饮、陋巷，这些东西本身是没有什么可乐的，常人对它们烦忧是可以理解的，但是颜回为什么会"不改其乐"？因为他的理想就是求仁，求仁得仁，何怨之有？在追求仁的过程中，他能够超越感官欲求层面的困顿，所以在精神上是自足的。儒家对仁道的追求，在精神特质上就是这么个样子。这一点在内容上永亮博士已经讲了，声柏教授前面讲到的万物一体境界也是同样的。《圣经》讲神爱世人，儒家则强调"仁民爱物"，这种爱不局限于有血有肉的人，更重要的是还应当推扩于天地万物之间，这是很特别的，是中国哲学的特殊之处。"三达德"作为内圣，"五达道"作为外王，而内圣与外王的结合在《中庸》中则被概括为"不勉而中、不思而得"。从这个意义上说，《中庸》在修身上更强调那种自觉自愿原则，通过这种自觉自愿，最终使道德实践成为完全自然的发生。

第一阶段的分享我们就进行到这里。接下来我们进入互动阶段，首先请两位演讲人到台上，然后大家就相关问题展开讨论。谁有问题，请举手示意！

同学提问：我想问一下陈老师，从目前来看，中华文明处于一个没落的状态，至少从外在形式上看已经是彻底断代了。刚才看了《庄子·天下》篇，如果在文化传承中能够保留着内圣外王这种状态，在思想中保留下来，甚至有一天它不再是暗而不明、郁而不发，那个时候哪怕中华文明的全部形式都已经消亡，是否还可以说中华文明继续存在？

陈声柏：谢谢这位同学，今天我讲的内容其实抛出了一个很大的议题，有点大而不当。你的问题有两部分，第一，你对现在的这种概括——中国文化没落之类的我不太同意，就像我说中国文化并没有什么消亡，或者是外在形式到了彻底断代的糟糕地步。对于中华文明而言，一个很重要的存在是她的文献存在。想想文艺复兴之前的欧洲，古希腊在哪里，几乎毫无所知，重新从阿拉伯世界才回归到欧洲。我的浅见是，只要文献留存，文化就不会消亡，正如"文以载道"。第二，你说的这个内圣外王的事，是不是我们只要有这个精神存在了，别的事都不重要。也许这个世界呈现给我们的是多样性、多个面相的，我强调中国人看到了内圣外王的一面，我觉得中国古人看到了多样性的面相中的一种，古希腊人也是。在这个意义上讲，我们这个修身的话题不是一种民族的回归，而是一种面向世界的开放。我觉得这个极为重要，它的存在不仅仅对中国有意义，对全球的文明同样有意义，让人们看到一个不同的世界。谢谢。

学生提问：三位老师好，我是西北师大研二的学生，听完今天的报告我有个比较粗的感受，想请问老师一个问题。今天的题目是修身的力量，从《大学》《中庸》的视角来看，但是两位老师的选题都是从内圣外王去出发，去做了这样一个阐释。陈老师有体证，李老师也是从一个大的方面去说，而从内容上看，应该是修身的力量如何去修，不一定要以内圣或外王做一个完全的例子。是不是修身体现在身上，在性上，还是有其他的方面？修身到底是什么，是修身的力量让我们去内圣外王，还是让我们个人向内圣外王进发？在我看来，修身是今天晚上关键的一个词，我感觉没有太弄清楚。当然两位老师都讲到修身与道，与天命的关系，对我们都很有帮助。我对两位老师的提问就是如何更好地修身，如何更好地从一个普通的角度去修身？谢谢。

李永亮：修身从内圣外王来讲的话，主要指的是内圣，内圣就是通过修身来实现的。至于达到什么样的程度，古人有一个分类，修身的最高境界是圣人，其次是贤人，其次是君子，再其次就是一般人了，这是修身达到的几个状态。在《中庸》中有非礼不动，这是讲如何来修身，在《论语》中孔子也讲到非礼勿视、非礼勿听、非礼勿言、非礼勿动，这也是修身的具体条目。前面我讲了三达德，还有《论语》中的仁、义，还有五常，这些都是修身的内容。

陈声柏：谢谢永亮，我觉得第一个论点我跟他是一样的，其实我们还是有重点的，主要是强调内圣的方面。理由是两点，第一，我前面讲到宋明理学把《大学》《中庸》单独拿出来，强调的也是内圣的方面，就是来对抗佛老的。第二，我们今天讲这个，也是对近代以来老是强调外王的一个反动，老是说我们积贫积弱，要抵抗外族侵略，抵抗列强，我们都败在经济上、舰炮上。关于如何修身，我有三点和大家分享。第一点，在观念上，要以我刚才讲的万物一体为基础。如果你不以这个观点看，中国哲学的几乎所有概念都讲不通，中国古代文献的思想更看不懂，我觉的这是一个基本的常识，我不觉得我说的只是个体证，这个也是可认知的。第二点，可以以具体的故事讲道理来理解思想。我很佩服姜宗强院长，因为他讲道理就很喜欢讲故事，我觉得有很多方面的大道理，通过故事是可以讲明白的，但是尽量不用比喻，比喻的表达不准确，容易误解，可能是不恰当的，最好在不得已的情况下才用。第三点，从比较的尺度，今天我们多了西方这个参照系，以前的问题到如今几乎都需要重新思考并检讨，这一点新文化运动期间的思想家们做了很多工作，不是无效的，我恰恰觉得是需要继承的。我觉得所有的东西都具有可分析性，我们今天要真正讲具体问题具体分析。在这个意义上，西方哲学进入中国是一件好事，正是因为有了这个参照系或视角，我们才有机会看到和朱熹眼里不一样的《大学》《中庸》。

胡好：我想提问三位老师，内容方面我就不多说了，我想提问的是一个治学态度和治学方法方面的问题。这个问题是什么呢？就是在中国哲学里面，对于怀疑和批判意识大概是怎么看的？因为我们学习西哲的一般把怀疑态度和批判意识当做好的品质，我们大概是按亚里士多德那个态度来的，"我爱我师，我更爱真理"，我完全可以批评和怀疑那些权威的思想和见解，而且这种怀疑是我们倡导的，从西哲方面看，这个完全是倡导的。现在我想了解一下在中哲这个大环境里，对怀疑精神和批判意识大概是一个什么态度，这是我的第一个问题。紧接着和这个问题相关的是一个权威问题，就是说，在中国哲学里，这个权威是靠什么东西确立起来的，刚才听陈老师说，在北宋也好，在其他朝代也好，大家都觉得自己才是正统，别人都理解错了。这种情况下，我想问一下，在中哲里头怎么确认真正的正统或者权威的。就这两个问题，向三位老师请教。

陈声柏：谢谢胡老师的好问题，这其实牵扯到治学的一个重要素养。我的演讲里或能体现，我其实是受西方哲学影响很重的一个人，怀疑精神和批判意识也是我欣赏甚至喜欢西方哲学的理由之一。在我的解读里，朱熹也是具有怀疑精神和批判意识的。所以对于第一个问题我的回应是，中国古代对于怀疑精神并不是完全不接受的，但是它的表达还是由经学的方式来达成的，而关于经学的理解方式存在争议，就好像我们对于古文和今文的问题有争议一样，其实这就有一个怀疑问题，这是一个说法。另外一个是从逻辑上说，经学方法里的任何对经典的注疏解释，都可以视为是对经典的否定。这样说或许有过度诠释之嫌疑，姑妄一说。

李永亮：关于第一个问题，在《论语》《孟子》里面有些记载，孔子说："君子于其所不知，盖阙如也"，说："吾犹及史之阙文也"，又说："夏礼，吾能言之，杞不足征也；殷礼，吾能言之，宋不足征也。文献不足故也，足则吾能征之矣。"当有疑问时，持一个阙疑的态度，或者继续探索研究，看有没有相关的文献资料。孔子比较严谨，比如说他谈上古的资料，他会从尧舜开始，而在尧舜之前还有黄帝，孔子有所怀疑，所以不去讲黄帝。在《孟子》当中，怀疑精神、批判精神明显要强一些，孟子说过一句话："尽信书，则不如无书。"《尚书》的有些内容跟儒家义理不太符合，古代的资料不太容易保存，有些内容是后人添加的、篡改的，所以孟子有一种怀疑精神。虽然说在先秦古籍中看到有怀疑精神、批判意识，但总体我感觉中国哲学体现的还是不够，举个例子来说，宋儒批判佛老，而宋代以来近1000年很多学者沿袭了二程、朱熹的观点。直到晚清专制体制结束以后，儒释道的关系才有一个重新的审视。这是关于第一个问题的回答。

关于第二个问题，我是这样来看待的：中国哲学推崇圣人，但圣人不是自封的，而是后人推戴的。比如在《论语》当中，孔子明确说他不敢自居圣人，从不认为自己是圣人，而后人根据他的思想、他的言行，认为他达到了圣人的标准，做到了极致，可以称为圣人。这是后人对孔子的一个评价。中国哲学中还有佛学的内容，佛学并不树立权威，比如佛经是佛陀修证境界的表现，后来的学佛者根据佛经去修行而有所验证，从而承认佛经是一个标准，把佛陀所说的作为求证的目标，而不是直接把佛陀当成一个权威。

张美宏：两位老师所讲的我非常同意。关于批判性和怀疑精神，怀疑的问题怎么理解？先秦哲学有"天人之辨"，之所以有"辨"，儒家有儒家的观点，道家有道家的立场。如果从我们今天的角度来分析，存在这么一个普遍主义和特殊主义的分野。道家对儒家有批评，而儒家对道家也有批评。人作为人意味着什么？是什么使我们成为人？在儒家那里，人之为人的规定性表现在"人禽之辨"中。孔子曾在批评那些隐士时指出，人应该对人之为人的规定有一种普遍的担当，并且积极地参与到社会、政治实践中去；荀子也曾批评道家为"蔽于天而不知人"，即一味地强调自然原则,进而忽视了人道原则的重要性。庄子则指责儒家为"以人灭天",认为儒家给人刻画出一个非常强大的本质,以致像枷锁一样笼罩在了人的生活世界中,这在根本上违背了人自然自在的本性。在庄子那里,所有的个体都是相对特殊的存在,因其特殊,故而大小具足,大者不以为大,小者不以为小;高者不以为高,矮者不以为矮,所以万物无论大小、长短,都各有各的自足之处。如果从世界哲学中的观点看,中国哲学中也存在这么一个普遍主义和相对主义相分野的批判视角。

  关于权威问题,我想在任何哲学中都有这样的意识,它确立一种方法,或是一个视角,一定要上升到普遍的高度。这一点即便在相对主义那里也不能避免,只是他们把相对最终给绝对化了,继而聚合为一种特别的"普遍"。当然,刚才两位老师讲的儒家权威的确立,应该说是通过历史性的继承和完善来实现的,用我们今天时髦的话说,就是"与时俱进"。"与时俱进"这个词,尽管在过去一、二十年被赋予了过多的政治性诠释,但它本身的确是一个地地道道的中国哲学表述,是说任何一种思想观念,其权威性的确立绝非来自任何武断的故步自封,而是源于理论自身在历史维度上的不断敞开和完善。中国古代哲学中的"道统"的权威性就是这么确立的。什么是"道统"?一个最基本的特质是,"道统"一定是对某一思想源泉的具体敞开,再具体一点说,就是要结合不同的历史场域对某一思想进行必要的损、益,使其最终得以完善。孔子有句话大家一定耳熟能详,"殷因于夏礼,周因于殷礼,郁郁乎文哉,吾从周。"(《论语·八佾》)我们可以看到,孔子遵从"周礼"不是盲目信奉,而是基于"周礼"对夏、商之礼的损、益完善,今天我们不是也讲批判性继承吗?就这样"道统"一直从尧、舜、禹,到周公,再到孔子、孟轲等,代代完善,薪火相传,其权威性就被确立起来了。唐宋以来,人们关注"道统"的接续和重建问题采取了同样的路径，韩愈也好，周敦颐和张载等也好，他们一方面强调"道统"的接续，另一方面却又在积极进行着理论的重建。尤其是周敦颐、张载等这些宋代哲人，他们都非常重视儒学在宇宙本体论层面的系统化重建，所以，他们所遵从的"权威"是经过论证的，而不是盲目奉从。就是这样，我答的不知道能不能契合你的要求。谢谢！

姜宗强：我们讨论的内圣外王是与时俱进的，从历史上来看，内圣外王很少有人做到，而我们说谁做到内圣外王？我们举的是尧舜禹等。很多都是传说中的人物，到底有没有这样的人？很难说。孔子做到了内圣，但没有外王。王阳明、曾国藩有内圣功夫，很成功，但也没有做到外王。秦始皇有外王的事业，但是秦始皇从来都不是讲道德的。我们在历史上看到的大量当帝王的人是不讲道德的，而讲道德的人几乎当不了王。过去继承王位是一件比较麻烦的事情，还有就是妃子太多，都没办法把国家治好。所以我觉得外王这个命题应该是过时了。孔子没做到外王，王阳明、曾国藩也没有做到外王，当了王的很多是品行不端的人。还有一个就是从大的方面来说，内圣说的是一个道德力量、道德舆论的力量，外王说的是一个行政的力量。我认为在现代社会，这两种力量恰恰应该分离，而不是说我是道德上最厉害的人，我是政治上最厉害的人，两个合到我身上，恰恰没有制衡也没有制约。

为什么外王在今天过时？因为在过去的那个体制下，我们说外王是指君王，一个君王决定国家的兴衰。随着现代民主政治的发展，是一个政治精英集团来决定一个国家的兴衰。那么到现在地球变成一个村子的时候，谁是外王？我认为联合国就是外王。联合国是要把世界变成一个和平的村落。这样外王已经不是一个个人的问题，而是一个政治体制的问题。而且不是一个人，而是一群精英去做。所以我认为内圣和外王在历史上看，没有结合到一起，从现实上看也没必要结合在一起。所以外王的命题，我认为不成立。

关于内圣问题，我觉得大有必要去发展。内圣的命题是什么？追根溯源，我非常同意声柏所说的内圣，还有永亮讲的内圣必须和天道结合起来。声柏讲到感通，一个人怎么才能做到内圣？我一直在思考一个问题，就是说，中国人和外国人到底区别在哪里？中国文化和外国文化到底区别在哪里？中国人喜欢感通，我跟他一看就对劲，这叫情意的感通。我和天地感通就有了天地之心，我和最终的那个生命本源、生命根源接通之后，我就达到成佛的境地。所以我要和生命最终的根源接通。中国人喜欢唐诗宋词，不喜欢逻辑，所以我认为感通是中国文化的根本特质。当和终极根源接通以后，与天地感通，和天地结合起来，这就是冯友兰讲的天地境界。所以我的看法是，中国文化中的内圣可以发展，让一个人和天地感通，感通之后获得的是神秘的经验，它超越了职业和小我，达到了一个很高的境界。这时候就是你意识到了生命的意义，你一生都在感悟生命的意义。我很赞同讲成仙成佛成圣都是可以与终极的东西接通的，所以中国文化讲天人合一。

我很赞同感通，中国人和外国人最大的区别不是逻辑，就是感通，而且了解到宇宙是一种有情意的、和人接通感通的宇宙，不是离开人的客观宇宙，生命意义就在这里。所以我非常希望声柏来讲一下他不想讲的问题。他不想讲是因为他捉摸不透，他外婆去世的时候，他有神秘的经验，我以为很可能是一个感通的境界。中国的一位学者钱穆，九十五岁时说中国文化的特征是天人合一。我现在就问天人怎么合一？究竟合在什么上面？我现在能感受到的能合，一个是卦象上的，《易经》里面的卦象上的合一，就是卦象可以合一。第二就是在我们的梦里可以合一，比方说天人能托梦给你。第三就是一种神秘经验。所以我非常希望声柏讲一讲这个经验，经验是你自己经历的，不一定有普遍性，但讲出来也是很好的。所以我请三位讲一讲最根本的东西，中国文化的根本特征到底是什么？我们的身份是什么？我们作为一个中国人和外国人的区别到底在哪里？我们的文化和西方文化根本区别到底在哪里？这样的问题请教三位。谢谢！

陈声柏： 谢谢宗强兄的评议，我也觉得是一个很好的评议。我倒过来回应。第一个当然是要我来分享我的私人经验，那是2001年的时候，我外婆在江西，在知道她去世的前一天晚上半夜，熟睡中的我突然抑制不住地抽泣起来，被我吵醒的太太觉得很莫名其妙。凌晨两点我哭得一塌糊涂，我只是感觉到我很想念我外婆！第二天一大早，大哥打电话说，外婆过世了！所以我觉得这是一个很神秘的经验，我跟我外婆有很深的感情，小时候我是她带大的。我无法解释这个现象，到后来也听到不同人分享各自类似的经历。所以有时候我会相信我们中国人讲的情到至深的时候会发生很多意外的情况！第二，内圣外王正说明我前面提到儒家思想就是美德伦理，这是一个高的甚至难以企及的要求，但是我们相信它有，可以"止于至善"，就像我们相信爱情。比如中国历史上没有一个真正实现外王的学人典范。孔子是个失意者，王阳明也是一个失意者，看看曾国藩，活得就更憋屈了。但是为什么内圣外王又是可行的？这是一种逻辑上的可能性，一种伦理上的理想。再回到倒数第二个问题，中国文化的根本特征是什么？其实我完全同意姜院长刚才概括为感通。我的认识是，中国的精神就感通来说，它既不是哲学，也不是宗教，但它同时既是哲学，又是宗教。前者是整全说，后者是分开说。

李永亮： 关于中国哲学的精神，这个问题我也一直在思考，想法也不太成熟。我更感觉到中国哲学比较强调天人合一、万物一体，而先贤所讲的应该说不仅是他们自己个体的体验，而有一定的共性，也不光是一种思考、或者说是一种推理。如果借助于佛家话语,可能讲得更清晰,佛家中得道的高僧所讲的对于道或者说对于本体的描述是基本上一致的。所以佛家经常说要见到本来面目,怎么说本来面目?因为他们对本来面目的描述是一样的,没有说是两样东西。对于道的这种理解在西方可能谈得少一些,或者说他们谈的有不同的情况。我觉得这是中国比较独特的,虽然儒家道家佛家讲的未必是在同一个层次、同一个境界上的,但对于本体的认知中国人讲的是很特别的。

张美宏:姜老师刚刚的问题是一个比较重要的问题,中国人是中国人,外国人是外国人,最核心的区别究竟在哪里?就今天这个世界来说,一个中国人凭什么是中国人,最起码的条件是你应该具有中国国籍。至于更深层的问题,我想有很大的讨论空间,总之,我们不好把最核心的东西一概而论,当然就哲学的层面而论,刚才两位老师也都讲到了。在如何理解人的问题上,中西方之间有什么不同?我想中国人理解人,大概更趋向于其群体性,很少把人理解为某一个体,所以,中国人理解的人都是在一个个关系网当中,比如荀子所设定的那个天、地、君、亲、师,及儒家提出的"五伦"等等。中国人不仅仅讲人是这样,讲人之外的对象世界也是如此。比如讨论天,中西之间表现出明显的不同。大家都知道,荀子和亚里士多德年岁相差不足百年,他俩都对天有所关注,一个有《天论》,一个有《论天》,但是,他俩关于天的思考压根就不在一个谱上:荀子说"善言天者必有征于人",亚里士多德似乎更关注天自身的属性。所以,中国人所讲的天是和人结合的,这一点不管是儒家、道家、或者墨家都一样,天对人有一个统摄,显得很特别。

因此,中国人理解人很少就人论人,而是与其所处的天地万物休戚相关。在天、地、君、亲、师这样一个大的伦序关系中,不但天有天伦,人有人伦,而且,天伦对人伦也有所承诺,这一点在中国古代哲学传统中多有体现。以《易传》为例,我们注意到,《易传》不仅讲"天地之大德曰生",也讲"与天地合其德"。天地究竟有没有德?就生活现象来看,天地的确生成了万物,但生活终归是平面的,如果上升到理论的高度,讲"天地之德"显然是一个假问题,其中隐含的是人对自在世界的泛道德思辨。理论认识上诚然如此,但这并不足以推翻"与天地合其德"是一个有意义的伦理命题。它预示着人应当以一种普遍的道德胸怀(天地胸怀)去成就"他者",这个"他者"既包括他人,又涵盖他物,所以说,这一命题承载了人类崇高的道德理想。为什么说它是崇高的道德理想?因为对一般人而言,它很难实现,不仅如此,人类所提出的很多崇高理想(包括《圣经》)都很难实现。因其难能,故而可贵。理想虽然难能实现,但人类又必须有理想。恰恰因为有理想,才使我们人作为一个类的存在从过去一直延伸到了今天,如果我们没有理想,人和人之间互为仇寇,那人类早就灭亡了。所以,理想作为生活的引导,对我们人而言"不可须臾离也"。

学生提问:我想接着姜老师的话头谈一谈,刚刚姜老师从卦象和梦境说中国和外国人的区别在感通方面,我有几个事情和姜老师想到一块儿去了。我以前经常问外国人是从什么时候开始信仰上帝的?我碰到的一个意大利女性,她说她在30岁之前是不相信上帝的,她说是一件很无聊的事,突然在35岁的一个晚上她感受了上帝的力量,她从此开始相信上帝。再比如回到我们中国来,梦境是一个非常奇特的东西,刚才陈老师说在很远的地方感受到了外婆的去世,中国人在梦境方面有很多东西比较奇特。比如说在中国农村,有人在去世之前有一些先兆,而这些先兆是科学无法解释的。有一个人去世之前,他家里的狗从三个月前就不叫了,可是人下葬以后狗又开始叫了,这是没办法去证实的。再比如说,我爷爷90岁,他在去世前的一周,他已经有感知,我们中国人常说回光返照,有一天他就将我们所有子孙叫在一起要安排一下。对于快要离世的人,他的这种感通是怎么来的,这个问题我一直也在想。辜鸿铭写过一本书,叫《中国人的精神》。其实我们中国有很多东西就是有点玄学的意思,有点像上帝这个存在。中国人说,举头三尺有神明,我们小学学过一首诗,写到"危楼高百尺,手可摘星辰。不敢高声语,恐惊天上人"。现在中国人说话声音很大,但外国人说话声音很小,他们两个人说话时第三个人是不能听到的。接着姜老师的话题,我就分享这两个故事,一个是卦象,孔子在去世之前已经算出自己大限将至,所以他有些交代。所以卦象能算,可能在今天卦象被看成是江湖之术。以前韩高年老师讲过《易经》是所有的经典之首,南怀瑾穷其一生在研究这个东西,而有的人只是知道皮毛就去算卦。西方的上帝在特殊之时可以感受到。借这个机会我分享一下我的感触,我没有问题提问。

张美宏: 谢谢这位同学!今晚两位老师关于内圣外王之道,从不同方面为我们做了分享,其中针对好多问题同大家做了交流,我想我们以后也可以就相关问题与大家再深入讨论。最后,感谢两位嘉宾,感谢同学们,同时也感谢中和集团洪总的支持和参与。

(主讲人:陈声柏　李永亮)

后 记

"中和论道"现在几乎已经成为我的一种生活习惯。每一次中和论道举办的夜晚，对我而言都如同参加一场盛大的嘉年华一般美妙，整晚都充满着期待与激动。"论道"不仅是主讲人的宣讲，更是在场者们的思想对话与争执。每一场论道不仅带给我新的识见，更是激发着我对相关问题的更好思考。寻常的生活往往由于我们这些思想共同体成员能够在那一个个夜晚与天地精神相往来而变得卓异不凡。

本书的出版首先要感谢兰州中和集团董事长洪涛先生对学术活动的满腔热忱与鼎力相助！感谢西北师范大学李朝东副校长对每一次活动从策划到结束的倾力付出，他的每一次学术评论都为"中和论道"的讲演增色不少！还要感谢学术沙龙每一位参与的师生，正是他们的问答互动促成了这风云际会的思想圆舞。

朱海斌
2019 年 3 月 23 日于西北师范大学哲学学院